libretto

CONTES DE L'ALHAMBRA

WASHINGTON IRVING

CONTES DE L'ALHAMBRA

Esquisses et légendes inspirées
par les Maures et les Espagnols

Traduit de l'anglais (États-Unis) par
ANDRÉ BÉLAMICH

libretto

Titre original :
Tales of the Alhambra

ISBN : 978-2-7529-0706-6

Né le 3 avril 1783 à New York dans une famille de commerçants, venu au monde quelques semaines avant la signature du traité de Versailles ratifiant l'indépendance des États-Unis, d'où le choix de son prénom en hommage au père de la patrie George Washington, le jeune Irving est le dernier enfant d'une fratrie de onze frères et sœurs. Très tôt passionné par les livres, il n'hésite pas à faire l'école buissonnière pour aller au théâtre, étudie le droit et obtient un diplôme d'avocat. Il s'intéresse cependant davantage aux articles satiriques qu'il rédige d'abord pour *The Morning Chronicle*, édité par l'un de ses frères, puis pour la revue *Salmagundi*, dans laquelle il croque ironiquement la vie culturelle new-yorkaise. En avril 1809, sa fiancée, âgée de dix-sept ans, décède et, en dépit d'un deuil douloureux – l'écrivain restera célibataire jusqu'à la fin de ses jours –, il publie la même année une *Histoire de New York racontée par Diedrich Knickerbocker*, évocation fantaisiste des premières années de Manhattan à l'époque de la colonie hollandaise. Accompagnée par une campagne publicitaire audacieuse qui préfigure le marketing, la sortie du livre est un succès et la carrière de son auteur lancée. Washington Irving écrira dans la même veine en 1819-1820, et alors qu'il est en Europe depuis plus de quatre ans, *Le Livre de croquis de Geoffrey Crayon, gentleman*, un recueil d'histoires fortement influencé par les contes populaires allemands, qui comprend quelques-unes de ses nouvelles les plus connues dont *La Légende de Sleepy Hollow* et *Rip van Winkle*. Établi successivement à Dresde, à Londres et à Paris puis en Angleterre où il aura une liaison avec Mary Shelley et deviendra l'ami de Walter Scott, Washington s'installe ensuite à Madrid. Il y rédige une série de livres sur l'Espagne du XVe siècle, parmi lesquels *Une histoire et les voyages de Christophe Colomb*, *La Chronique de la conquête de Grenade*, *Les Compagnons de Colomb*, et les fameux *Contes de l'Alhambra*. Quand il rentre à New York, dix-sept ans après en être parti, son accueil est triomphal ! Il est ni plus ni moins, avec James Fenimore Cooper, le premier auteur américain à avoir conquis une renommée internationale. Créateur du nom de « Gotham City » (Goat's Town, la ville des chèvres), expression qu'il utilisa pour désigner New York et depuis reprise dans *Batman*, Washington Irving fut aussi celui qui inventa, dans l'une de ses nouvelles, le mode de locomotion du Père Noël en traîneau volant. Cet homme de lettres et de trouvailles fut également l'un des premiers à se battre pour la reconnaissance du droit d'auteur et la protection de la propriété intellectuelle. Nommé ambassadeur des États-Unis en Espagne en 1842, poste qu'il occupera jusqu'en 1845, Washington Irving passe pourtant les dernières années de sa vie aux États-Unis, à Tarrytown, où il s'éteint le 28 novembre 1859, à soixante-seize ans, huit mois après avoir achevé une biographie dédiée à… George Washington.

«À Mr David Wilkie
«Mai 1832

«Cher Monsieur,

«Au cours des voyages que jadis nous fîmes ensemble dans certaines vieilles villes d'Espagne – je pense en particulier à Tolède et à Séville – vous vous souvenez peut-être combien nous fûmes sensibles à ce fort mélange de sarrasin et de gothique, qui date du temps des Maures, et au caractère particulier de certaines scènes de rues qui nous évoquaient des passages des Mille et Une Nuits. Vous m'engagiez à écrire quelque chose pour illustrer ces intéressantes particularités, «quelque chose à la manière de Haroun al-Rachid» et qui eût le parfum de ces aromates d'Arabie dont l'air de l'Espagne est encore tout imprégné. Je vous remets ce détail en mémoire pour vous montrer que, dans une certaine mesure, vous êtes à l'origine de ce présent ouvrage, dans lequel j'ai consigné quelques croquis «arabes» pris sur le vif, et des légendes inspirées de la tradition populaire, lors d'un séjour dans un des endroits les plus authentiquement hispano-mauresques de la péninsule.

«Je vous dédie ces pages en souvenir des scènes agréables auxquelles nous avons assisté ensemble dans ce pays des miracles et en témoignage d'une estime pour votre personne qui n'a d'égale, Monsieur, que l'admiration que je porte à votre talent.

«Votre ami et compagnon de voyage,
L'AUTEUR.»

LE VOYAGE

Au printemps de 1829, l'auteur de cet ouvrage, que la curiosité avait attiré en Espagne, fit une excursion de Séville à Grenade en compagnie d'un ami, membre de l'ambassade russe de Madrid. Venus l'un et l'autre de contrées éloignées du globe, le hasard nous avait réunis, et la similitude de nos goûts nous engagea à vagabonder ensemble parmi les romantiques montagnes de l'Andalousie. Quels que soient les lieux où l'aient conduit les devoirs de sa charge, dans le faste des cours ou parmi les richesses plus réelles de la nature, si jamais ces pages tombent sous ses yeux, puissent-elles lui rappeler, avec les images de notre aventureuse randonnée, celle de quelqu'un chez qui le temps ni la distance ne sauraient effacer le souvenir de son aimable et précieuse amitié !

Mais avant de commencer, qu'on me permette de faire quelques remarques préliminaires sur la terre d'Espagne et sur la façon dont on y voyage. En général, on se représente l'Espagne comme une molle région méditerranéenne, parée de tous les charmes brillants de la voluptueuse Italie. Bien au contraire : hormis quelques provinces maritimes, c'est un pays sombre et sévère qui, avec ses monts hérissés, ses plaines immenses et nues, ineffablement solitaires et silencieuses, présente tous les caractères de l'Afrique sauvage et désolée.

Ce qui accroît cette impression de silence, c'est l'absence d'oiseaux chanteurs, conséquence naturelle du manque de bosquets et de haies. L'aigle et le vautour décrivent de grands cercles autour des falaises, bien au-dessus des plaines, et l'outarde timide traverse en bandes les bruyères ; mais les myriades de petits oiseaux qui animent toute la physionomie des autres pays ne se trouvent en Espagne que dans quelques provinces, de préférence auprès des vergers et des jardins qui entourent la demeure de l'homme.

Dans les provinces de l'intérieur, il arrive parfois au voyageur de traverser d'immenses terres à blé, tantôt vertes et ondoyantes, tantôt sèches et brûlées, et il cherche en vain la main qui les a cultivées. Finalement, il aperçoit, sur une colline abrupte ou un roc décharné, un village avec sa tour de guet et ses remparts en ruine qui le défendaient autrefois contre les guerres civiles ou les incursions mauresques. La coutume de se grouper pour se protéger s'est d'ailleurs conservée chez les paysans, à la suite des méfaits des pillards.

Mais si l'Espagne est à peu près dépourvue de l'agrément des bois et des forêts ainsi que de l'ornement des plantes cultivées, en revanche, elle y gagne en hauteur et en noblesse – qualités qu'on retrouve chez son peuple : je crois mieux comprendre la fierté, la bravoure, la frugalité, la tempérance de l'Espagnol, son mâle mépris de l'infortune et son dégoût de la mollesse depuis que j'ai vu le pays qu'il habite.

L'austère simplicité de lignes du paysage espagnol est bien propre à éveiller dans l'âme le sentiment du sublime. Les plaines interminables des deux Castilles et de la Manche, dont l'œil n'atteint pas la limite, tirent un intérêt de leur nudité même, qui évoque la grandeur solennelle de l'océan. En parcourant du regard ces espaces infinis, on voit, çà et là, un troupeau éparpillé sous la garde d'un pâtre solitaire, immobile comme une statue, muni d'un long bâton effilé à la manière d'une lance ; ou bien c'est une longue file de mules qui chemine lentement sur le plateau, telle une caravane au milieu du désert; ou encore un berger, armé d'un tromblon et d'un stylet, qui rôde comme un bandit dans la plaine. Ainsi la terre, les mœurs, l'allure même des gens ont un cachet arabe. L'état d'insécurité générale du pays est attesté par le fait que tout le monde porte des armes. Le berger au champ, le pâtre dans la plaine ont leur mousquet et leur couteau. Le villageois se risque rarement jusqu'à la bourgade voisine sans son *trabuco*[1] et parfois même accompagné d'un domestique à pied portant son escopette en bandoulière. Le moindre déplacement s'entoure de préparatifs belliqueux.

Les périls de la route ont créé un mode de voyage qui s'apparente, quoique sur une moindre échelle, à celui des caravanes de l'Orient. Les *arrieros*, ou muletiers, se rassemblent en convois importants et bien armés qui se mettent en route à jours fixes; en chemin, de nouveaux voyageurs viennent grossir leur force et leur nombre. C'est de cette façon primitive que s'effectue le commerce du pays. Le muletier est le grand convoyeur en titre qui traverse toute la péninsule depuis les Pyrénées et les Asturies jusqu'aux Alpujarras, jusqu'à la *serranía* de Ronda et même aux portes de Gibraltar. Il vit frugalement: ses *alforjas*[2] de gros drap contiennent ses maigres provisions, et sa gourde de cuir, pendue à l'arçon de sa selle, le vin ou l'eau qui lui permettront de traverser ces montagnes stériles et ces plaines desséchées. La nuit, la couverture de sa mule, étendue sur le sol, lui sert de lit, la selle, d'oreiller. De petite taille, mais vigoureux et bien découplé, il respire l'énergie; son teint est brun, cuit par le soleil, son regard résolu mais serein, sauf lorsqu'il est pris d'une émotion subite; franc, viril et poli à la fois, il ne passe jamais près de vous sans vous adresser une grave salutation: *«¡Dios guarde a usted! ¡Vaya usted con Dios, caballero*[3] *!»*

1. Mousquet de gros calibre.
2. Sacoches pendues à la selle.
3. Dieu vous garde! Allez avec Dieu, cavalier!

Comme ces hommes risquent souvent toute leur fortune sur le dos de leurs mules, ils tiennent leurs armes à portée de la main, attachées à leur selle, toujours prêts à défendre chèrement leur vie en cas d'alerte. Mais leur nombre les garantit contre les petites bandes de pillards, et le *bandolero*[1] solitaire, armé jusqu'aux dents sur son coursier andalou, rôde autour d'eux sans oser les attaquer, comme un pirate autour d'un convoi de vaisseaux marchands.

Le muletier espagnol possède un inépuisable répertoire de chants et de ballades qui trompent la monotonie de ses continuels voyages. Ses airs sont rudes, simples, peu modulés ; il les chante d'une voix forte et traînante, assis en amazone sur sa mule qui semble l'écouter de l'air le plus grave du monde et marquer la mesure de son trottinement cadencé. Les paroles mises en musique sont souvent de vieilles romances traditionnelles sur les Maures, des légendes de saints ou bien des sérénades ; ou encore, ce qui est plus fréquent, quelque ballade en l'honneur d'un hardi *contrabandista* ou d'un intrépide bandolero, car, dans la poésie populaire, le contrebandier et le bandit font figure de héros. Souvent la chanson du muletier est composée en impromptu à l'occasion d'un événement typique ou d'un incident de voyage. Ce talent d'improvisation, si fréquent en Espagne, serait un héritage des Maures. C'est une sensation enivrante que d'écouter ces chansons au milieu des sites sauvages et désolés qui les ont fait naître, accompagnées, çà et là, par les sonnailles de la mule.

Rien n'est plus pittoresque que la rencontre d'un convoi de mules dans un col de montagne. On commence par entendre les grelots des premières mules dont la simple mélodie vient rompre le silence de ces hauteurs ; ou bien c'est la voix du muletier qui gronde une bête attardée ou capricieuse ou qui entonne à tue-tête une vieille ballade. Puis l'on aperçoit la file des mules qui se déroule en zigzag le long du défilé rocheux,

1. Voleur de grands chemins.

soit qu'elles descendent des pentes raides en silhouettes nettement découpées sur le ciel, soit qu'elles gravissent avec peine les flancs arides de l'abîme qui se creuse sous vos pieds. À mesure qu'elles se rapprochent, on peut distinguer les brillantes couleurs de leurs pompons de laine, de leurs glands et de leur harnais. Et lorsqu'elles passent près de vous, la vue de l'éternel trabuco accroché derrière les ballots et les selles vous rappelle l'insécurité de la route.

L'antique royaume de Grenade, où nous sommes sur le point de pénétrer, est l'une des régions les plus montagneuses de l'Espagne. De vastes *sierras*, sans la moindre trace d'arbustes ou de végétation et veinées de marbres et de granits diaprés, dressent leurs sommets calcinés par le soleil contre un ciel du bleu le plus pur ; pourtant, c'est au sein de cette aridité de pierre que verdoient les plus fertiles vallées où le jardin surgit du désert et où le roc lui-même se voit, pour ainsi dire, contraint de produire la figue, l'orange et le citron, de faire fleurir les myrtes et les roses.

Dans les défilés sauvages de ces montagnes, lorsqu'on aperçoit des villes ou des villages fortifiés, bâtis en nids d'aigle parmi les escarpements rocheux, avec leurs remparts mauresques, ou bien des tours en ruine perchées sur des pics aigus, l'esprit se reporte aux temps chevaleresques des guerres entre chrétiens et Maures et aux luttes épiques pour la conquête de Grenade. En traversant ces hautes sierras, le voyageur est souvent forcé de mettre pied à terre et de mener son cheval par la bride dans des montées et des descentes abruptes et discontinues comme un escalier brisé. Parfois, dépourvue de ces parapets qui protègent contre l'appel du gouffre, la route range les lacets d'un précipice vertigineux, avant de plonger à pic, dangereusement, dans le noir. Parfois encore, elle s'étire le long de *barrancos*, ou ravins pierreux, rongés par les torrents de l'hiver, et c'est cette piste secrète qu'emprunte le contrabandista ; de temps à autre, une croix sinistre, érigée sur un tas de pierres, à un point solitaire de la route, en souvenir d'un vol ou d'un crime, avertit le voyageur qu'il se trouve au voisinage de repaires de brigands et peut-être à l'instant même sous les yeux de quelque bandolero à l'affût. Tandis qu'il suit les sinuosités d'une étroite vallée, il arrive qu'un mugissement sauvage le fasse sursauter, et il aperçoit alors dans les hauteurs, dans un vert recoin du versant, un troupeau de féroces taureaux andalous destinés aux combats de l'arène. Il y a quelque chose d'affreux dans la vue de ces formidables animaux, doués d'une force terrible, qui parcourent leurs prés dans un état de sauvagerie indomptée et ignorent presque la face de l'homme : ils ne connaissent que le berger solitaire qui les soigne, et encore celui-ci n'ose-t-il pas toujours les approcher. Le sourd beuglement de ces taureaux, leur aspect menaçant sur la crête des rochers rendent plus farouche encore le paysage environnant.

Je me suis laissé entraîner, sans m'en rendre compte, à une digression plus longue que je ne le voulais sur ces particularités : c'est que toute réminiscence d'Espagne possède un charme qui enchante l'imagination.

C'est le 1er mai que mon compagnon et moi-même quittâmes Séville en direction de Grenade. Nous avions fait tous les préparatifs requis par notre expédition qui devait nous faire traverser des régions montagneuses, où les chemins ne sont guère que des sentiers muletiers, trop souvent infestés de voleurs. Nous avions confié la partie la plus précieuse de nos bagages aux arrieros, ne conservant que du linge, le nécessaire de voyage et l'argent dont nous aurions besoin sur les routes, notamment un pécule particulier qui, en cas d'agression, devait satisfaire aux exigences des voleurs et nous préserver des mauvais traitements auxquels s'expose le voyageur qui ne s'est pas ainsi prémuni. Nous louâmes deux bons chevaux pour nous-mêmes, un troisième qui fut affecté à notre maigre bagage, et un vigoureux Biscayen d'une vingtaine d'années censé nous guider à travers l'enchevêtrement des chemins de montagne, s'occuper des bêtes, nous servir parfois de domestique et toujours de garde du corps : il avait pour nous défendre des *rateros*, ou bandits solitaires, un formidable trabuco dont il était excessivement fier ; mais, au risque de diminuer sa gloire, il faut bien que je dise que, la plupart du temps, l'arme pendait, non chargée, derrière la selle. Au demeurant, le meilleur garçon du monde, fidèle, bon, tenant des discours farcis de proverbes et de dictons, à l'instar de la perle des écuyers, le célèbre Sancho, dont nous lui donnâmes le nom ; mais en véritable Espagnol qu'il était, bien que traité par nous comme un compagnon, il ne dépassa jamais, même au plus fort de son hilarité, les bornes de la déférence et du respect.

Ainsi équipés et escortés, nous nous mîmes en route, bien décidés à goûter tout le charme de notre aventure. Dans cet état d'esprit, quel pays pour le voyageur que cette Espagne où l'auberge la plus misérable offre autant d'aventures qu'un château enchanté, et où le moindre repas prend figure d'exploit ! Que d'autres y regrettent les hôtels somptueux, les routes civilisées et tous les raffinements compliqués des pays où règne l'insipide banalité ; ce que je veux, moi, c'est la rude ascension montagnarde, la route hasardeuse, pleine d'imprévu, et ces manières franches, hospitalières, bien qu'un peu sauvages, qui donnent une saveur si âpre et si authentique à l'Espagne !

Notre première soirée fut, à cet égard, typique. Après un trajet épuisant dans une vaste plaine déserte où nous avions été plus d'une fois douchés par des averses, nous arrivâmes à la tombée de la nuit dans une petite ville nichée parmi des collines. Dans l'auberge, nous trouvâmes un groupe de *miqueletes*[1] qui patrouillaient dans le pays, à la poursuite des voleurs. L'apparition d'étrangers était assez insolite dans cette petite ville perdue : notre hôte s'en alla dans un coin de la *posada* étudier nos passeports en compagnie de deux ou trois camarades qui chuchotaient, dans leurs capes brunes,

1. Soldats de la garde des gouverneurs de province.

tandis que l'alguazil prenait des notes, à la lueur indécise d'une lampe. Les passeports, rédigés en langues étrangères, n'étaient pas faits pour dissiper leur perplexité, mais notre écuyer Sancho leur vint en aide, et avec une emphase tout espagnole nous posa à leurs yeux comme de grands personnages. Entre-temps, quelques cigares, royalement distribués à la ronde, nous avaient gagné tous les cœurs ; et bientôt tout ce monde parut s'empresser à nous recevoir dignement. Le *corregidor* lui-même vint nous saluer et notre hôtesse avança avec solennité un imposant fauteuil paillé pour cet important personnage. Le capitaine de la patrouille vint dîner avec nous ; c'était un Andalou pétillant, qui avait fait une campagne en Amérique du Sud. Il nous conta éloquemment, avec force grands gestes et œillades mystérieuses, ses exploits amoureux et belliqueux, nous assura qu'il savait les noms de tous les brigands du pays, qu'il était certain de pouvoir bientôt dénicher ; enfin, il nous offrit pour escorte quelques soldats de sa garde.

– Un seul suffirait à vous protéger, *señores*, nous dit-il, les voleurs me connaissent, moi et mes hommes ; la vue d'un seul d'entre eux suffira à répandre la terreur dans toute la sierra.

Nous le remerciâmes de son offre et lui répondîmes, tout aussi simplement, qu'avec la protection de notre redoutable Sancho nous n'avions rien à craindre de tous les *ladrones* réunis de l'Andalousie.

Pendant que nous dînions avec notre ami le matamore, nous entendîmes les accords d'une guitare, le cliquetis de castagnettes, puis des voix qui chantaient en chœur un air populaire : notre hôte avait eu la délicate attention de réunir en notre honneur les musiciens et les rustiques beautés du voisinage. Le patio, quand nous y entrâmes, nous offrit le spectacle d'une véritable fête espagnole. Nous prîmes place, avec nos hôtes et le capitaine de la patrouille, sous la tonnelle de la cour ; la guitare passait de main en main ; elle trouva son

Orphée en la personne d'un jovial cordonnier à la plaisante figure pourvue d'énormes favoris noirs ; manches retroussées sur les coudes, il pinçait la guitare avec une sûreté magistrale et chantait de petites aubades en lançant des œillades incendiaires aux femmes, auprès desquelles il était manifestement populaire. Il se leva ensuite et, pour la plus grande joie des spectateurs, dansa un fandango avec une plantureuse Andalouse. Aucune des jeunes personnes présentes n'eût pu cependant se comparer à la jolie Pepita, la fille de notre hôte ; après être allée en cachette adapter sa toilette à la circonstance et couronner sa chevelure de roses, elle se distingua dans un boléro qu'elle dansa avec un jeune et beau dragon. Nous avions donné ordre de faire couler le vin et les rafraîchissements à discrétion, mais personne parmi cette assemblée disparate de soldats, de muletiers et de villageois ne dépassa les bornes de la sobriété. Un joli tableau s'offrait à nos yeux, qu'on eût souhaité d'immortaliser : le groupe pittoresque des danseurs, les miqueletes dans leur accoutrement vaguement militaire, les paysans enveloppés dans leurs capes brunes, et, ne l'oublions point, le vieil alguazil, maigre dans sa houppelande noire, qui, assis dans son coin, parfaitement indifférent aux réjouissances, écrivait sans relâche d'une main alerte, à la pâle lumière d'une massive lampe de cuivre datant sans doute de Don Quichotte.

Comme je n'ai pas la prétention de donner ici un récit suivi, ni de conter par le menu les différents incidents qui se produisirent au cours de cette excursion de plusieurs jours par monts et par vaux, à travers plaines et montagnes, je me contenterai de dire, en résumé, que nous voyageâmes tout à fait à la façon du contrabandista, acceptant toute chose, agréable ou non, telle qu'elle se présentait à nous et nous mêlant aux gens de tout rang et de toute condition dans une sorte de compagnonnage de la route. C'est le meilleur moyen de voyager en Espagne. Sachant le maigre ordinaire des auberges et nous apprêtant à traverser des étendues désertes, nous avions pris grand soin, au départ, de bourrer les alforjas de notre écuyer de provisions et d'emplir jusqu'au goulot sa grosse *bota*, ou gourde de cuir, d'un bon vin de Valdepeñas. Comme c'était là pour notre campagne un genre de munition qui nous était d'une utilité plus grande encore que son trabuco, nous l'exhortâmes à y avoir l'œil. Et je dois dire à son honneur que son homonyme Sancho, l'ami de la bonne chère, ne l'aurait pas surpassé dans ses fonctions d'intendant. Bien que soumises au cours du voyage à de fréquents et vigoureux assauts, les alforjas et la bota, comme par miracle, ne se vidaient jamais ; notre vigilant écuyer prenait soin de faire main basse sur les restes de nos dîners à l'auberge afin d'assurer le déjeuner du lendemain.

Ah ! quels plantureux festins nous faisions à midi, assis dans l'herbe au bord d'un ruisseau ou d'une fontaine, à l'ombre d'un arbre ! De quelles délicieuses siestes les faisions-nous suivre en nous étendant sur nos capes !

Nous nous arrêtâmes un jour pour faire un pareil repas dans un charmant petit pré entouré de collines couvertes d'oliviers. Nous avions étendu nos capes sur l'herbe au pied d'un orme, au bord d'un cours d'eau murmurant ; nos chevaux, mis à l'attache, pouvaient paître leur content. Sancho nous exhiba ses alforjas avec un air de triomphe : elles contenaient la récolte de quatre jours d'errances, mais s'étaient aussi considérablement enrichies du butin constitué la veille dans une auberge particulièrement fournie d'Antequera. Notre écuyer en tira, un à un, les articles les plus disparates, et cela n'en finissait plus. Ce fut d'abord une épaule de chevreau rôti à peine faisandé, puis une perdrix entière, un gros morceau de morue salée enveloppé dans du papier, un reste de jambon, un demi-poulet, le tout accompagné de plusieurs petits pains et d'une profusion d'oranges, de figues, de raisins secs et de noix. Quant à sa bota, elle s'était enflée d'excellent vin de Málaga. À chaque nouvelle apparition de vivres, il se délectait de notre stupéfaction, se renversait sur l'herbe et riait à gorge déployée. Rien ne faisait plus plaisir à ce cœur simple que d'être comparé, pour sa dévotion à la bonne chère, au célèbre écuyer de Don Quichotte. Il connaissait à fond l'histoire du chevalier à la triste figure, que, à l'instar d'une majorité du petit peuple espagnol, il ne songeait aucunement à révoquer en doute.

– Mais, tout ça, c'est arrivé il y a longtemps, n'est-ce pas, señor ? me demanda-t-il un jour avec un regard interrogateur.

– Il y a très longtemps, oui.

– Il y a plus de mille ans, je crois ? continua-t-il, incertain encore.

– Pas moins, lui répondis-je, et sa curiosité fut satisfaite.

Or, cependant que, au milieu de notre repas, nous nous divertissions de l'innocente drôlerie de notre écuyer, nous vîmes approcher un mendiant. Manifestement très vieux et évoquant l'aspect d'un pèlerin, il arborait une barbe grise et cheminait à l'aide d'un bâton, bien que l'âge ne l'eût pas courbé ; toujours très droit en effet et conservant quelques vestiges d'une beauté ancienne, il était coiffé d'un chapeau rond d'Andalousie, vêtu d'une veste en peau de mouton et d'un pantalon de cuir, chaussé de guêtres et de sandales ; bien qu'élimés, rapiécés, ses vêtements étaient décents, et ses manières, pleines de franchise. Il s'adressa à nous avec la grave courtoisie qu'on trouve même chez l'Espagnol le plus pauvre. Nous étions d'une humeur propice à accueillir pareil visiteur et, mus par un vague et fantasque élan de charité, nous lui offrîmes de l'argent, une miche de bon pain de froment et un gobelet de notre bon vin de Málaga. Il reçut le tout avec une gratitude exempte d'obséquiosité. Il goûta le vin, l'éleva à la lumière, l'examina avec une légère lueur de surprise dans les yeux, puis, l'avalant d'un trait :

– Voilà bien des années que je n'ai pas bu un tel vin, dit-il. C'est un cordial pour le cœur d'un vieillard ; puis, regardant le beau pain de froment : *¡ Bendito sea tal pan !* Béni soit un tel pain ! s'exclama-t-il, avant de le glisser dans sa besace.

Nous le priâmes de le manger sans plus tarder.

– *No*, señores, répondit-il, pour le vin, je devais le boire ou le laisser, mais le pain, je dois l'apporter chez moi pour le partager avec ma famille.

Après nous avoir consultés du regard et obtenu notre assentiment muet, Sancho donna au vieillard quelques bons morceaux de notre repas, en insistant toutefois pour qu'il s'assît et mangeât en notre compagnie.

Il s'assit donc, un peu à l'écart, et, lentement, commença de manger, avec une modération et une élégance de manières qui n'eussent pas déshonoré un hidalgo. Notre invité faisait en outre montre d'une aisance et d'une tranquille maîtrise de soi qui me firent supposer qu'il avait connu des jours meilleurs. Son langage également, bien que simple, avait parfois des tournures pittoresques, voire poétiques. Je décidai à part moi que c'était quelque chevalier ruiné, mais je me trompais, ce que j'appréciais en lui n'étant rien d'autre que la courtoisie innée de l'Espagnol et la couleur poétique de langage et de pensée qu'on trouve même dans les classes les plus humbles de ce peuple brillant. Après avoir gardé les troupeaux pendant cinquante ans, nous dit-il, il n'exerçait à présent aucun métier et vivait donc dans l'indigence.

– Quand j'étais jeune, rien ne pouvait m'atteindre ni me troubler, je me trouvais bien partout, j'étais toujours gai ; aujourd'hui, à soixante-dix-neuf ans, me voilà réduit à la mendicité, et le cœur commence à me manquer.

Il n'était pas mendiant de son état, seul le besoin l'avait récemment contraint à cette dégradation. Il nous fit une émouvante peinture du conflit qui s'était produit en lui entre la fierté et la faim quand, pour la première fois, il avait été en proie aux affres de celle-ci ; retournant chez lui de Málaga sans argent, il n'avait pas mangé depuis quelque temps et traversait une de ces vastes plaines d'Espagne où les habitations sont extrêmement rares. Lorsque, à moitié mort de faim, il avait frappé à la porte d'une *venta*, ou auberge de campagne : « *¡ Perdone usted por Dios, hermano !* » (Frère, excusez-nous, pour Dieu !) lui avait-on répondu, selon la formule employée en Espagne pour refuser l'aumône.

– Je m'en allai, fit-il, avec une honte plus grande encore que ma faim, car mon cœur était alors encore bien fier. Parvenu sur les hautes rives d'un fleuve impétueux, je fus tenté de me jeter dans le courant ; pourquoi vivre quand on n'est plus qu'une vieille loque, un inutile ? Mais, quand je fus au bord de l'eau, je pensai à la Sainte Vierge, m'en éloignai et me remis donc en marche. Je vis une ville, un peu à l'écart de la route et j'entrai dans une cour ; la porte de la maison était fermée, mais deux jeunes señoras se tenaient à une fenêtre. Je m'approchai et tendis la main. « *¡ Perdone usted por Dios, hermano !* » me répondit-on de nouveau en fermant la fenêtre. Je m'esquivai comme un voleur, mais la faim fut la plus forte et, défaillant, croyant ma dernière heure venue, je m'étendis devant la grille d'entrée, recommandai mon âme à la Sainte Vierge et couvris mon visage pour mourir. Mais bientôt, le maître de la maison, qui rentrait chez lui, me vit étendu devant sa grille ; il me découvrit le visage, eut pitié de mes cheveux gris, me fit entrer dans sa maison et me donna à manger. Ainsi, señores, vous voyez qu'il faut toujours avoir foi en la protection de la Vierge.

Le vieillard retournait à son village natal, Archidona, juché, non loin de là, sur le sommet d'une montagne abrupte et hérissée. Il nous montra du doigt les ruines d'un vieux château arabe :

– Ce château, fit-il, était jadis habité par un roi maure, du temps des guerres de Grenade. La reine Isabelle lança contre lui une grande armée, mais le roi, du haut de son château perdu dans les nuages, la défiait avec mépris ! La Vierge apparut un jour à la reine et la guida, avec son armée, par un mystérieux chemin de montagne que personne ne connaissait. Quand le Maure la vit arriver, il fut si stupéfait qu'il se jeta avec son cheval dans un précipice où il fut broyé ! On voit encore sur le bord du rocher les marques des sabots du cheval. Regardez, señores, vous voyez, là-bas, c'est la route par laquelle la reine et son armée sont montées ; on dirait un ruban sur le versant de la montagne, mais le miracle est qu'on ne l'aperçoit que de loin, quand on s'en approche, il disparaît !

La route évanescente qu'il nous désignait était sans doute un ravin sablonneux qui, de loin, paraissait étroit et nettement dessiné, mais qui, de près, s'élargissait jusqu'à perdre toute forme.

Sous l'effet des libations qui réchauffaient son cœur, le vieil homme nous conta également l'histoire du trésor enseveli sous le château par le roi maure. La maison de notre hôte de fortune touchait presque aux fondations du château. Le curé et le notaire ayant, par trois fois, fait le rêve qu'ils retrouvaient ce trésor, ils entreprirent des fouilles à l'endroit que le songe leur avait révélé. Le beau-fils du mendiant entendit même, la nuit, le bruit des pioches et des bêches. Ce qu'ils découvrirent, personne ne le sut, mais, du jour au lendemain, ils devinrent riches et jamais ne divulguèrent leur secret. Ainsi notre vieillard avait-il été le voisin de la fortune, mais il était dit qu'il ne vivrait jamais sous son toit.

J'ai remarqué que les histoires de trésors enfouis par les Maures, si populaires dans toute l'Espagne, reviennent souvent dans la bouche des plus infortunés. C'est ainsi que mère Nature, miséricordieuse, offre des mirages à ceux qui manquent de choses palpables. L'homme altéré rêve de fontaines et d'eaux courantes, l'affamé, de banquets fabuleux, et le miséreux, de monceaux d'or enfouis ; rien n'est plus riche que l'imagination d'un mendiant.

Le dernier croquis de voyage que je donnerai ici sera une scène de nuit dans la petite ville de Loja. Autrefois célèbre poste frontière devant lequel, au temps des Maures, Ferdinand avait été repoussé, la ville abritait la forteresse du vieil Aliatar, le beau-père de Boabdil ; c'est de là que le vieux guerrier farouche avait déclenché avec son gendre cette désastreuse offensive qui devait s'achever par la mort du chef et la capture du roi. Loja occupe une situation fantastique sur les rives du Genil, au fond de gorges profondes, entre des rochers et des bois, des prairies et des jardins. Ses habitants semblent conserver l'esprit farouche d'antan. Notre auberge était dans le ton du lieu. Elle était tenue par une jeune et belle veuve andalouse dont la sémillante *basquiña* de soie noire, frangée de perles de verre, faisait valoir la gracieuse ligne d'une silhouette ronde et souple. Sa démarche était élastique et assurée, son œil noir, plein de feu, et la coquetterie de ses façons ainsi que ses atours montraient qu'elle avait l'habitude d'être admirée.

Formant avec son frère, qui avait à peu près son âge, un couple parfait, tous deux correspondaient aux types idéaux du *majo* et de la *maja* andalous. Lui, était grand, vigoureux, bien fait, avait un teint clair, un peu olivâtre, des yeux de braise, et des favoris marron, bouclés, qui se rejoignaient sous son menton. Il était superbement vêtu d'un boléro de velours vert qui le moulait et qui s'ornait d'une profusion de boutons d'argent et de mouchoirs blancs à chaque poche, d'un pantalon du même tissu bordé de rangées de boutons descendant des hanches aux genoux ; un mouchoir de soie rose, passé autour du cou, était noué par un anneau sur les plis impeccables de sa chemise ; un foulard assorti était serré à sa taille ; des jambières du plus beau cuir roux, artistement travaillées, découvraient les bas à la hauteur du mollet ; enfin, il avait chaussé des souliers de même ton, qui mettaient en valeur un beau pied.

Comme il se tenait à la porte, un cavalier vint à lui et lui parla sérieusement à voix basse. Vêtu d'une façon presque aussi raffinée, trapu, offrant une belle physionomie romaine par malheur légèrement gâtée par la petite vérole, ce dernier était un homme âgé d'environ une trentaine d'années ; il avait l'air hardi, quelque peu audacieux. Sa puissante monture noire, ornée de pompons, brillamment caparaçonnée, portait une paire de tromblons derrière sa selle. L'homme pouvait être l'un de ces contrabandistas que j'ai vus depuis dans les montagnes de Ronda, et semblait s'entendre assez bien avec le frère de mon hôtesse ; si je ne m'abuse, il était un admirateur déclaré de la jolie veuve. À vrai dire, on sentait le contrebandier dans toute l'auberge et chez ceux qui la fréquentaient. Dans un coin, le tromblon voisinait avec la guitare. Le cavalier passa la soirée dans la posada et chanta avec fougue plusieurs airs de montagne. Comme nous dînions, nous vîmes arriver deux pauvres Asturiens qui demandèrent si on voulait bien les nourrir et les héberger pour la nuit. Alors qu'ils revenaient d'une foire dans les montagnes, ils étaient tombés dans un guet-apens tendu par des voleurs et ceux-ci leur avaient dérobé le cheval harnaché de toutes leurs marchandises, les avaient dépouillés de leur argent et de leurs habits, les avaient battus parce qu'ils avaient résisté, et abandonnés presque nus sur la route. Mon compagnon, avec sa générosité si spontanée, leur commanda un dîner et une chambre et leur remit une somme d'argent qui leur permettrait de s'en retourner chez eux.

À mesure que l'heure avançait, les *dramatis personæ* augmentaient. Un homme d'une soixantaine d'années, grand et fort, entra d'un pas nonchalant dans l'auberge et entama une causerie avec l'hôtesse. Vêtu de l'ordinaire costume andalou, il était néanmoins armé d'un énorme sabre ; ses grandes moustaches lui donnaient un air superbe, crâneur. Tous semblaient lui témoigner un profond respect.

Notre écuyer Sancho nous murmura que c'était don Ventura Rodriguez, le héros et défenseur de Loja, fameux pour ses prouesses et la force de son bras. Lors de l'invasion française, il avait surpris six soldats endormis : après avoir mis leurs chevaux en sécurité, il les avait attaqués avec son sabre, en avait tué quelques-uns et avait fait les autres prisonniers. Pour cet exploit, le roi lui avait fait une pension d'une peseta par jour, soit le cinquième d'un douro, et conféré le titre de *Don*.

Je m'amusai de sa grandiloquence, de ses manières pompeuses. C'était évidemment un pur Andalou, aussi vantard qu'il était brave. Il avait toujours son sabre en main ou sous son bras, le promenant avec lui comme une fillette sa poupée. Il l'appelait sa *Santa Teresa* et déclarait que lorsqu'il le tirait : *¡ tiembla la tierra !* la terre tremblait !

Je veillai longtemps à écouter les divers propos de ce groupe disparate qui avait fraternisé aussitôt, comme on fait dans les posadas espagnoles. Nous eûmes des chansons de contrebandiers, des histoires de voleurs, des exploits de *guerrilla* et des légendes mauresques. Finalement ce fut au tour de notre belle hôtesse de nous faire un récit poétique des *infiernos*, les régions infernales de Loja – sombres cavernes où des eaux et des cascades souterraines résonnent de bruits mystérieux. Les gens du peuple disent que depuis le temps des Maures, les faux-monnayeurs ont coutume de s'y enfermer et que les rois maures y gardaient jadis leurs trésors.

Je pourrais, si cela ne dépassait pas le cadre de mon récit, emplir ces pages de toutes les anecdotes que j'ai pu glaner au cours de notre vagabonde expédition, mais tel n'est pas mon propos.

Voyageant ainsi que je l'ai dit, nous émergeâmes finalement des montagnes pour déboucher dans l'admirable *vega*[1] de Grenade. C'est dans un bosquet d'oliviers, au bord d'un ruisseau, que nous prîmes notre dernier déjeuner, face à la vieille capitale mauresque surgie dans le lointain, fascinés par les tours vermeilles de l'Alhambra, tandis que, bien au-dessus d'elles, les sommets neigeux de la sierra Nevada brillaient comme de l'argent. C'était un jour sans nuages, de fraîches brises de montagne venaient tempérer l'ardeur du soleil.

1. Plaine fertile.

Après avoir pris notre repas, nous étendîmes nos manteaux et fîmes notre dernière sieste, bercés par le bourdonnement des abeilles parmi les fleurs et le roucoulement des ramiers alentour. Quand les heures les plus chaudes furent passées, nous reprîmes notre voyage et, après avoir cheminé entre des haies d'aloès et de cactus, à travers d'immenses jardins, nous arrivâmes au crépuscule devant les portes de Grenade.

Pour les voyageurs épris d'histoire et de poésie, l'Alhambra est un objet de vénération, autant que la Ka'ba, le sanctuaire de La Mecque, l'est pour tous les véritables pèlerins musulmans. Que de légendes et de traditions, vraies ou fabuleuses ; que de chansons et de romances, arabes et espagnoles, que d'histoires d'amour, de guerre, de chevalerie sont liées à ce romantique édifice ! Le lecteur peut donc juger de notre ravissement lorsque, peu après notre arrivée à Grenade, le gouverneur de l'Alhambra nous donna la permission d'occuper dans le palais mauresque ses appartements vacants. Mon compagnon fut bientôt rappelé par les devoirs de sa charge ; quant à moi, j'y demeurai plusieurs mois, retenu par le charme de ses pierres enchantées. Les pages qui vont suivre sont le fruit des rêveries et des recherches que je fis au cours de cette délicieuse captivité. Si elles ont le pouvoir de faire sentir le sortilège de ces lieux à l'imagination de mon lecteur, il ne regrettera point de s'attarder une saison avec moi dans les salles légendaires de l'Alhambra.

GOUVERNEMENT DE L'ALHAMBRA

L'Alhambra est une ancienne forteresse, ou château fortifié, des rois maures de Grenade ; c'est là qu'ils régnaient sur leur glorieux paradis terrestre ; c'est là qu'ils s'accrochèrent en dernier lieu pour sauver leur pouvoir en Espagne. Le palais lui-même n'occupe qu'une partie de la forteresse, dont les murs, garnis de tours, couronnent de façon irrégulière tout le sommet d'une haute colline qui domine la ville et se rattache à la sierra Nevada, la montagne Neigeuse.

Du temps des Maures, la forteresse pouvait abriter en son enceinte une armée de quarante mille hommes et servait aux souverains, le cas échéant, de bastion contre leurs sujets révoltés. Lorsque le royaume fut passé aux mains des chrétiens, l'Alhambra continua d'être une résidence royale et fut habitée de temps en temps par les Rois Catholiques. L'empereur Charles Quint entreprit de construire un somptueux palais à l'intérieur de ses murs, mais de nombreux tremblements de terre l'empêchèrent de l'achever. Ses derniers hôtes royaux furent, au début du XVIIIe siècle, Philippe V et sa belle épouse, la reine Élisabeth de Parme, pour la réception de qui on organisa de grands préparatifs. Le palais et les jardins furent restaurés et l'on bâtit une nouvelle série d'appartements que décorèrent des artistes venus spécialement d'Italie. Mais le séjour des souverains fut de courte durée et leur départ laissa, une fois de plus, le palais désert. Pourtant il conserva un certain apparat militaire. Le gouverneur le tenait directement de la couronne ; sa juridiction s'étendait jusqu'aux faubourgs de la ville et restait indépendante de celle du capitaine général de Grenade. Une garnison considérable y était maintenue ; le gouverneur avait ses appartements en face du vieux palais mauresque et ne descendait jamais à Grenade sans une escorte. La forteresse, en fait, constituait en soi une petite ville avec des rues, un couvent franciscain et une église paroissiale.

Cependant, le départ de la cour avait porté un coup fatal à l'Alhambra. Ses salles splendides furent abandonnées, certaines d'entre elles tombèrent en ruine, les jardins se dégradèrent et les fontaines cessèrent de jouer. Peu à peu la résidence s'emplit d'individus sans foi ni loi : contrabandistas qui profitaient de l'indépendance juridique du palais pour mener leur trafic sur une grande échelle, bandits et voleurs de tout poil qui faisaient de la forteresse un repaire d'où ils pouvaient impunément aller piller Grenade et ses environs. Le bras puissant du gouvernement intervint enfin, tout le monde fut passé au crible et on ne toléra à l'Alhambra que les personnes de réputation honorable, qui eurent légalement le droit d'y résider. La plupart des maisons furent démolies, à l'exception d'un petit hameau, de l'église paroissiale et du couvent franciscain. Durant les troubles récents d'Espagne, lorsque Grenade tomba aux mains des Français, l'Alhambra fut occupé par leurs troupes et le palais fut habité un certain temps par le commandement français. Avec ce goût si délicat qui a toujours caractérisé la nation française dans ses conquêtes, ce monument de l'élégance et de la grandeur des Maures fut sauvé de la ruine et du délabrement complets auxquels il semblait voué. Les toits furent réparés, les salons et les galeries, protégés contre les intempéries, les jardins, cultivés, les conduites d'eau, remises en état et les fontaines, appelées de nouveau à lancer leurs jets étincelants. L'Espagne peut donc remercier ses envahisseurs de lui avoir conservé le plus beau et le plus intéressant de ses monuments historiques.

En partant, les Français firent sauter plusieurs tours de la muraille extérieure et laissèrent les fortifications, pour ainsi dire, indéfendables. Depuis, l'importance militaire de ce poste est nulle. La garnison n'est plus constituée que par une poignée d'invalides, dont la principale fonction est de garder quelques tours extérieures, qui servent parfois de prisons d'État; le gouverneur, qui a abandonné la haute colline de l'Alhambra, réside aujourd'hui au centre de Grenade, où il exerce plus commodément ses fonctions officielles. Je ne puis achever ce rapide exposé de l'état de la forteresse sans rendre hommage aux louables efforts de son commandant actuel, don Francisco de Serna, qui consacre toutes les maigres ressources dont il peut disposer à la restauration du palais; grâce à ses judicieuses précautions, la menace d'une ruine trop certaine a pu être écartée pour un temps. Si ses prédécesseurs s'étaient acquittés de leurs devoirs avec le même dévouement, l'Alhambra apparaîtrait encore dans sa beauté primitive. Si le gouvernement lui accorde un appui égal à son zèle, cet édifice subsistera, pour la gloire de l'Espagne et le plaisir de maintes générations de curieux et d'amoureux du beau, venus de tous les coins du monde.

L'INTÉRIEUR DE L'ALHAMBRA

L'Alhambra a été si souvent et si minutieusement décrit par les voyageurs qu'une simple esquisse suffira, je pense, à rafraîchir la mémoire de mon lecteur ; je lui ferai donc une brève relation de la visite que nous y fîmes dans la matinée qui suivit notre arrivée à Grenade.

Au sortir de notre *Posada de la Espada*, nous traversâmes la fameuse place de Bibarrambla, où se déroulaient autrefois les joutes et les tournois des Maures ; aujourd'hui s'y tient un marché. De là, nous prîmes le Zacatín, l'allée principale de ce qui, du temps des Maures, était le Grand Bazar ; ses échoppes et ses traverses en ont conservé un cachet oriental. Puis, après avoir traversé une grande place en face du palais du capitaine général, nous montâmes par une venelle tortueuse dont le nom nous rappela l'époque chevaleresque de Grenade. Elle s'appelle la *calle* de Gomeres, du nom d'une célèbre famille mauresque, citée dans les chroniques et les romances. Enfin, nous débouchâmes sur une porte massive, construite, dans le style grec, au temps de Charles Quint et par où l'on entre dans le domaine de l'Alhambra.

À quelques pas de là, deux ou trois vétérans loqueteux somnolaient sur un banc de pierre : c'étaient là les successeurs des Zegris et des Abencérages. Un individu long et maigre, dont la cape couleur rouille était manifestement destinée à dissimuler l'état de ses vêtements, flânait au soleil et bavardait avec une vieille sentinelle qui montait la garde. Comme nous franchissions la porte, il vint nous proposer de nous montrer la forteresse.

Je me méfie, comme tous les voyageurs, des cicérones officieux et, d'autre part, l'accoutrement du solliciteur ne me plaisait guère.

– Vous connaissez bien cet endroit, je présume ?

– *Ninguno más ; pues, señor, soy hijo de la Alhambra.* (Mieux que personne, monsieur, je suis fils de l'Alhambra.)

Les gens du peuple, en Espagne, ont une manière si poétique de s'exprimer. « Fils de l'Alhambra », ce terme me conquit d'emblée ; les guenilles même de ma nouvelle connaissance en prirent une espèce de dignité à mes yeux. Elles étaient l'emblème des vicissitudes de ces lieux et convenaient au rejeton d'une ruine !

Je lui posai quelques questions et découvris que son titre n'était pas usurpé, sa famille ayant vécu dans la forteresse, de génération en génération, depuis le temps de la conquête. Il s'appelait Mateo Jiménez.

– Alors, vous êtes peut-être, lui dis-je, le descendant du célèbre cardinal Jiménez ?

– *Dios sabe,* Dieu le sait, señor. C'est bien possible. Nous sommes la plus vieille famille de l'Alhambra. *Cristianos viejos,* des chrétiens pur sang, sans tache de Maure ou de Juif. Je sais que nous appartenons à une grande famille, mais j'ai oublié laquelle. Mon père sait tout ça ; il a des armoiries pendues à sa maisonnette, là-haut dans la forteresse.

Il n'est pas un Espagnol, si pauvre soit-il, qui ne revendique une noble origine. Le premier titre de cet illustre loqueteux avait suffi pour me captiver. J'acceptai donc volontiers les services du fils de l'Alhambra.

Nous nous trouvions alors dans une vallée profonde et resserrée, peuplée d'arbres magnifiques ; un raidillon et divers sentiers capricieux la traversaient, parmi des bancs de pierre et des fontaines. À notre gauche, nous pouvions voir en amont les tours de l'Alhambra ; à notre droite, sur l'autre versant de la vallée, nous dominaient également des tours rivales, posées sur une éminence rocheuse. C'étaient, nous dit-on, les *Torres Bermejas*, ou tours Vermeilles, ainsi appelées d'après leur couleur rougeâtre. Elles sont d'une date bien antérieure à l'Alhambra. Personne n'en connaît l'origine ; d'aucuns supposent qu'elles ont été construites par les Romains, d'autres, par une colonie nomade de Phéniciens. Ayant gravi l'avenue ombragée, nous arrivâmes au pied d'une énorme tour carrée, formant une sorte de barbacane, par laquelle s'ouvrait la principale entrée de la forteresse. Là, nous tombâmes sur un autre groupe de vétérans ; l'un d'eux montait la garde devant la porte, tandis que les autres, enveloppés dans leurs capes trouées, dormaient sur les bancs de pierre. Cette entrée se nomme la porte de la Justice, à cause du tribunal qui s'y tenait pendant la domination musulmane, pour l'examen des procès courants, coutume familière aux peuples de l'Orient et citée plus d'une fois dans les Écritures.

Le grand vestibule, ou porche d'entrée, est formé par un immense arc en fer à cheval qui s'élève à mi-hauteur de la tour et sur la clé de voûte duquel est gravée une main énorme. À l'intérieur, sur un arc plus petit, est sculptée de la même manière une clé gigantesque. Ceux qui prétendent avoir une certaine connaissance des symboles mahométans affirment que la main est l'emblème de la doctrine, et la clé, celle de la foi ; cette dernière, selon eux, aurait été gravée, à la manière arabe, lorsque les musulmans soumirent l'Andalousie, pour remplacer la croix des chrétiens. Le fils légitime de l'Alhambra nous en donna quant à lui une explication différente, et plus conforme aux croyances populaires qui attribuent du mystère et de la magie à tout ce qui est musulman et qui associent toutes sortes de superstitions à la vieille forteresse musulmane. Selon Mateo, la tradition, qui s'était transmise depuis l'origine et que lui tenait de son père et de son grand-père, voulait que la main et la clé eussent une valeur symbolique dont dépendait la destinée de l'Alhambra. Le roi maure qui l'avait bâti était un grand magicien (certains prétendaient même qu'il avait vendu son âme au Diable) et il avait placé la forteresse sous un charme magique. C'est pour cette raison qu'elle avait tenu tant de siècles, défiant orages et tremblements de terre, alors que presque tous les autres bâtiments des Maures étaient tombés en ruine et avaient disparu. Ce charme, selon cette même tradition, continuerait à agir jusqu'au jour où la main de l'arc extérieur descendrait saisir la clé : alors le monument s'écroulerait en poussière et les trésors enfouis par les Maures apparaîtraient au jour.

Malgré cette inquiétante prédiction, nous nous aventurâmes sous la porte, quelque peu rassurés contre tous ces artifices magiques par la Vierge dont l'image décorait l'entrée.

Après avoir franchi la barbacane, nous gravîmes un étroit sentier qui serpentait entre des murailles et nous débouchâmes sur une esplanade comprise dans la forteresse. On l'appelle la *Plaza de los Aljibes*, ou place des Citernes, à cause des grands réservoirs que les Maures y ont taillés dans le roc vif pour les besoins de la forteresse. Il y a également un puits, d'une grande profondeur, qui donne l'eau la plus pure et la plus fraîche qui soit, autre preuve du goût raffiné des Maures, qui n'épargnaient aucun effort pour obtenir ce liquide dans toute sa pureté cristalline.

En face de cette esplanade se dresse le magnifique palais érigé par Charles Quint, en vue, dit-on, d'éclipser la demeure des rois musulmans. Malgré toute sa grandeur et ses mérites architecturaux, il nous fit l'effet d'un orgueilleux intrus. Nous nous contentâmes de le dépasser et bientôt, par une porte d'allure toute simple, nous pénétrâmes dans le palais musulman.

Ce passage eut quelque chose de magique ; d'un coup, nous étions transportés dans une autre époque, dans un autre royaume, au milieu du théâtre de l'histoire arabe. Nous nous trouvâmes dans une grande cour qui, pavée de marbre blanc et ornée à chaque extrémité de légères galeries mauresques, s'appelait *el Patio de la Alberca*[1]. En son milieu, elle contenait un immense bassin, de cent trente pieds de long et trente de large, peuplé de poissons rouges et bordé de massifs de roses. Au-dessus de la galerie nord s'élevait l'énorme tour de Comares.

De là nous entrâmes, par un arc arabe, dans la célèbre cour des Lions. Pas une partie de l'Alhambra ne donne, autant que celle-ci, une idée plus complète de sa beauté et de sa magnificence primitives, car aucune d'elles n'a aussi peu souffert des ravages du temps. En son centre s'élève la fontaine si fameuse dans les chansons et les romances. Ses vasques d'albâtre répandent toujours leurs gouttes adamantines et les douze lions qui les soutiennent rejettent leurs flots de cristal comme au temps de Boabdil. La cour est couverte de parterres de fleurs et entourée d'un ensemble d'arcs arabes filigranés, que supportent de graciles colonnes de marbre blanc. Ici comme ailleurs, l'architecture se caractérise par l'élégance plus que par la grandeur et révèle un goût subtil et charmant, enclin à l'indolence. Lorsqu'on regarde la nervure féerique des péristyles et les guipures, apparemment si fragiles, des murs, il est difficile de croire que tout cela a survécu à l'usure des siècles, aux tremblements de terre, aux violences de la guerre et au pillage, plus pacifique, mais non moins dangereux, des touristes enthousiastes; cela seul suffirait à justifier la croyance populaire qui veut que tout l'édifice soit protégé par un charme magique.

D'un côté de la cour, un portique richement orné donne accès à une grande salle pavée de marbre blanc, la salle des Deux Sœurs. Une coupole à alvéoles laisse passer l'air et la lumière d'en haut. Les soubassements des murs sont décorés

1. Cour du Bassin.

de superbes faïences arabes et certains d'entre eux portent le blason des rois maures; le haut est revêtu de stuc, selon un procédé inventé à Damas et qui consiste à joindre artistement de grandes plaques formées au moule, de façon à donner l'impression qu'elles ont été patiemment sculptées à la main, avec leurs légers reliefs et leurs capricieuses arabesques mêlées de textes du Coran et d'inscriptions poétiques en caractères arabes et coufiques. Les ornementations murales et les motifs de la coupole sont richement dorés, et les interstices sont colorés en lapis-lazuli et en d'autres teintes également brillantes et durables. De chaque côté de la salle sont aménagées des alcôves. Au-dessus d'une porte intérieure est un balcon qui communiquait avec l'appartement des femmes. Les *jalousies* *[1] subsistent encore, derrière lesquelles les brunes beautés du harem pouvaient épier, sans être vues, les festivités de la salle du bas.

Il est impossible de contempler cette retraite favorite des Maures d'autrefois sans se souvenir des romances arabes, ni s'attendre presque à voir le bras blanc de quelque mystérieuse princesse nous faire signe du balcon, ou un œil noir briller derrière la jalousie. Cet asile de beauté s'offre à nos yeux comme s'il était habité hier encore, mais où sont les Zorayda et les Lindaraja d'antan?

De l'autre côté de la cour des Lions se trouve la salle des Abencérages, du nom des vaillants chevaliers de cette illustre maison qui y furent traîtreusement assassinés. Certains dénient tout fondement à cette histoire, mais notre humble Mateo nous désigna le portillon par lequel, dit-on, ils furent introduits un par un et la fontaine de marbre blanc au centre de la salle où ils furent décapités. Il nous désigna également de larges taches rougeâtres sur le sol, traces de leur sang qui, selon la croyance populaire, restaient ineffaçables. Comme

1. En français dans le texte, comme tous les mots en italique suivis d'un astérisque que l'on rencontrera par la suite.

nous l'écoutions avec intérêt, il ajouta qu'on entendait souvent, la nuit, dans la cour des Lions, une espèce de bruit indistinct comme un brouhaha, ponctué de temps en temps d'un tintement sourd semblable à celui de chaînes heurtées dans le lointain. Ce n'était, sans doute, rien d'autre que le clapotis et le ruissellement des eaux qui, dans leurs conduites, venaient sous le marbre alimenter les fontaines ; mais, à en croire le fils de l'Alhambra, c'étaient les esprits des Abencérages assassinés qui revenaient chaque nuit sur les lieux du crime invoquer la vengeance du Ciel sur leur meurtrier.

De la cour des Lions, revenant sur nos pas, nous traversâmes la cour de la Alberca en direction de la tour de Comares, qui porte le nom de l'architecte arabe qui la construisit. Puissante, massive, hautaine, elle domine l'ensemble de l'édifice et surplombe le versant de la colline qui tombe à pic jusqu'au bord du Darro. Un passage voûté nous fit pénétrer dans une salle fort haute et fort spacieuse qui occupe l'intérieur de la tour. Elle servait autrefois de salle de réception aux monarques musulmans, d'où son nom de salle des Ambassadeurs. Elle porte encore les vestiges de son ancienne splendeur. Ses murs sont richement revêtus de stuc et décorés d'arabesques. Sa magnifique coupole en bois de cèdre, dont le sommet se perd dans l'obscurité, brille encore de toutes ses dorures et de ses brillantes couleurs. Sur trois côtés, de profondes fenêtres ont été pratiquées dans l'énorme épaisseur des murs et leurs balcons dominent la verdoyante vallée du Darro, les rues et les couvents de l'Albaicín, et, plus loin, la vega.

Je pourrais décrire en détail les autres appartements, tous délicieux, qui sont situés de ce côté-ci du palais : le *Tocador*, ou toilette, de la reine, belvédère en plein air au sommet d'une tour, où les sultanes goûtaient les brises pures de la montagne et la vue sur le paradis qui les environnait ; le jardin de Lindaraja, petit patio secret, avec sa vasque d'albâtre, ses massifs de myrtes et de roses, de citronniers et d'orangers ; les salles voûtées des bains, sombres comme des cavernes, où l'aveuglante touffeur du jour se tamise en fraîche et douce lumière... Mais je m'interdis de décrire plus avant, mon propos étant simplement de présenter au lecteur cette retraite où, s'il le veut bien, il flânera avec moi au cours des pages qui suivent, tout en se familiarisant peu à peu avec ses détails.

Une abondante réserve d'eau, amenée des montagnes par les vieux aqueducs maures, circule par tout le palais, alimentant ses bassins et ses bains, étincelant en jets d'eau dans ses salles, ou murmurant dans ses canaux de marbre. Après avoir rendu hommage à la demeure royale et visité ses jardins et ses prés, elle s'écoule le long d'une grande allée vers la ville, friselis de ruisseaux et bouillonnements de fontaines qui maintiennent une perpétuelle verdure dans les bois qui couronnent toute la colline de l'Alhambra.

Seuls ceux qui connaissent les ardents climats du Sud pourront imaginer les délices d'une telle retraite où la brise de la montagne s'allie à la verdure de la vallée.

Cependant qu'en bas la ville halète sous la canicule et que la vega craquelée danse dans la vapeur, les souffles légers de la sierra Nevada, en jouant dans les salles du palais, leur apportent le parfum des jardins environnants. Tout y invite au sommeil – suprême plaisir des climats méridionaux – et, tandis que l'œil mi-clos, du haut des balcons à l'ombre, perçoit vaguement l'étincelant paysage, l'oreille se laisse bercer par le frémissement des feuilles et le murmure des eaux courantes.

LA TOUR DE COMARES

Après avoir eu un croquis intérieur de l'Alhambra, le lecteur pourra désirer se faire une idée générale des alentours. La matinée est pure et délicieuse, le soleil n'a pas encore pris assez de force pour dissiper la fraîcheur de la nuit. Nous allons monter au sommet de la tour de Comares et prendre une vue panoramique de Grenade et de ses environs.

Allons, lecteur, mon camarade, suis mes pas dans ce vestibule ouvragé de riches dentelles qui donne accès à la salle des Ambassadeurs. Nous n'y pénétrerons pas, mais tournerons sur la gauche, vers cette petite porte qui s'ouvre dans le mur. Attention ! les marches sont abruptes et mal éclairées ; c'est pourtant par cet escalier en colimaçon, étroit et obscur, que les fiers monarques de Grenade et leurs reines sont montés aux créneaux de la tour pour guetter l'approche des armées chrétiennes ou surveiller le déroulement des batailles dans la vega. Enfin, nous voici sur la terrasse. Nous pouvons souffler un moment, tout en jetant un coup d'œil circulaire sur le splendide panorama de la ville et de la campagne : montagne rocheuse, vallée verdoyante, plaine fertile, château, cathédrale, tours mauresques, dômes gothiques, vestiges, ruines et bosquets en fleurs.

Approchons-nous des créneaux et jetons un coup d'œil en

bas. Regarde ! De ce côté-ci, le plan de l'Alhambra s'étale devant nous, nous dominons les cours et les jardins. Au pied de la tour, nous apercevons la cour de la Alberca, avec son grand bassin bordé de fleurs ; plus loin, la cour des Lions, avec sa fameuse fontaine et ses légères arcades mauresques ; et, enfoui au centre, au cœur même du palais, le petit jardin de Lindaraja, où fleurissent les roses, les citronniers et une verdure d'émeraude.

Cette ceinture de remparts garnis de tours carrées, dont la ligne irrégulière couronne tout le sommet de la colline, forme la limite extérieure de la forteresse. Certaines de ces tours, tu peux le voir, sont en ruine, et leurs massifs éboulements sont ensevelis parmi les vignes, les figuiers et les aloès.

Regardons maintenant du côté nord de la tour. Quelle hauteur vertigineuse ! Les fondations de la tour s'élèvent au-dessus des bois de ce versant à pic. Vois ! cette longue fissure dans ces murs épais révèle que la tour a été crevassée par un de ces tremblements de terre qui, de temps en temps, jettent la consternation dans Grenade, et qui, tôt ou tard, finiront par réduire ce monument chancelant en un monceau de ruines. Ce ravin étroit, à nos pieds, qui s'élargit peu à peu au sortir de la montagne, c'est la vallée du Darro ; tu peux aussi distinguer la petite rivière qui serpente au-dessous de terrasses aux toits de branchages, parmi des vergers et des parterres de fleurs. Ce cours d'eau était fameux autrefois pour l'or qu'il charriait, et de temps en temps, on examine encore ses sables pour y trouver le précieux métal. Certains de ces pavillons blancs qui brillent çà et là entre les massifs et les vignes servaient aux Maures de retraites rustiques où ils goûtaient la fraîcheur de leurs jardins.

Ce palais aérien qui, avec ses hautes tours blanches et ses longues galeries, s'élève là-bas sur la colline, parmi de somptueux bosquets et des jardins suspendus, c'est le Generalife, la résidence d'été des rois maures, où ils se réfugiaient durant les grandes chaleurs, pour jouir d'un site encore plus ventilé que l'Alhambra. La cime dénudée de la hauteur qui le domine, où tu aperçois des ruines informes, c'est la *Silla del Moro*, la Chaise du Maure, ainsi nommée parce que l'infortuné Boabdil, lors d'une insurrection, était allé s'y réfugier et, assis sur cette éminence, avait promené ses regards désolés sur la ville rebelle.

Un murmure d'eau s'élève par moments de la vallée. Il vient de l'aqueduc de ce moulin maure que tu aperçois là, presque au pied de la colline. Plus loin, au bord du Darro, cette avenue, c'est l'Alameda, très fréquentée le soir par les citadins, rendez-vous des amoureux pendant les nuits d'été qu'ils font longtemps résonner de leur guitare, sur les bancs des allées. En ce moment, on y voit flâner quelques moines et un groupe de porteurs d'eau qui viennent de la fontaine de l'Avellano.

Tu sursautes ! Ce n'est qu'un épervier que nous avons fait fuir. Cette vieille tour est le refuge idéal des oiseaux migrateurs : l'hirondelle et le martinet peuplent ses moindres fissures et crevasses qu'ils survolent tout le jour en cercles ; tandis que, la nuit, quand les autres se reposent, la chouette mélancolique sort de sa cachette et lance son cri de mauvais augure du haut des créneaux. Regarde comme l'épervier que nous avons dérangé plonge à nos pieds, rase la cime des arbres et remonte à tire-d'aile vers les ruines qui dominent le Generalife !

Laissons ce côté-ci de la tour et dirigeons notre regard vers l'ouest. Tu aperçois au loin une chaîne de montagnes qui borne la vega ; c'était l'ancienne limite entre Grenade et les terres chrétiennes. Parmi ses hauteurs, on discerne encore des citadelles dont les murs et les créneaux gris font corps avec le roc sur lequel ils s'élèvent, tandis que, çà et là, une *atalaya*, ou tour de guet, solitaire, érigée sur un pic, domine du haut du ciel, pour ainsi dire, ses deux versants. C'est par un défilé escarpé, le *Paso de Lope*, que les armées chrétiennes se répandirent dans la vega. C'est autour de la base de cette montagne grise et nue, presque isolée du reste, et qui pousse hardiment son promontoire rocheux dans le sein de la plaine, que débouchèrent les escadrons de l'envahisseur, bannières déployées, dans un tintamarre de tambours et de trompettes. Que la scène a changé ! Au lieu des étincelantes troupes de guerriers en cottes de mailles, elle nous montre le patient convoi du muletier qui chemine lentement en lisière de la montagne. Derrière ce promontoire se trouve le pont aux Pins, fertile en événements, rendu fameux par plus d'un engagement sanglant entre Maures et chrétiens, et, plus encore, connu pour être l'endroit où Christophe Colomb fut rejoint et rappelé par le messager de la reine Isabelle, au moment où, en désespoir de cause, il se préparait à soumettre son projet de découverte à la cour de France.

Voici encore un endroit célèbre dans la vie du grand homme. Cette ligne, là-bas, de murailles et de tours qui luisent au soleil du matin, au cœur de la vega, c'est la ville de Santa Fe, construite par les Rois Catholiques durant le siège de Grenade après qu'un incendie eut détruit leur camp. C'est dans ces murs que fut rappelé Colomb par la reine héroïque et que fut conclu le traité qui conduisit à la découverte du monde occidental.

Là, vers le sud, l'œil se régale des luxuriantes beautés de la vega : ce n'est plus qu'une immense étendue de bois et de jardins fleurissants et de denses vergers, parmi lesquels le Genil, en méandres d'argent, alimente d'innombrables ruisseaux qui, conduits dans les vieux canaux d'irrigation des Maures, maintiennent le paysage dans une perpétuelle verdure. C'est là que se trouvent les tonnelles, les jardins et les maisons de campagne tant aimés des Maures, et pour lesquels ils se battirent avec un acharnement désespéré. Il n'est pas jusqu'aux fermes et aux cabanes, aujourd'hui habitées par les paysans, dont les traces d'arabesques et de décorations raffinées ne rappellent qu'elles furent d'élégantes résidences, du temps des Maures.

Au-delà de la fertile région de la vega se dessine au sud une ligne de collines arides, au bas de laquelle chemine lentement une longue file de mules. C'est du haut d'une de ces collines que le malheureux Boabdil jeta son dernier regard sur Grenade et laissa échapper la douleur de son âme en rendant ce qu'on appellerait désormais *l'Ultime Soupir du Maure*, tant célébré dans les chansons et les légendes.

Lève maintenant les yeux vers le sommet neigeux de cette masse montagneuse, qui brille comme un blanc nuage d'été dans le ciel bleu. C'est la sierra Nevada, l'orgueil et l'agrément de Grenade, la source de ses brises rafraîchissantes et de son éternelle verdure, de ses fontaines bouillonnantes et de ses cours d'eau intarissables. C'est cette admirable chaîne de montagnes qui procure à Grenade une combinaison de délices si rares dans une ville du Sud : la fraîche végétation et les souffles tempérés des climats du Nord qui s'unissent à l'ardeur vivifiante d'un soleil tropical et à l'azur sans tache d'un ciel méridional. Cet aérien trésor de neige, fondant à mesure que s'accroît la chaleur de l'été, se transforme, dans tous les ravins et toutes les gorges des Alpujarras, en ruisseaux et rivières qui font naître la verdure et la fertilité à travers une série d'heureuses vallées secrètes.

Ces montagnes peuvent bien être appelées la gloire de Grenade. Elles dominent toute l'Andalousie et se voient de ses points les plus éloignés. Le muletier les salue lorsque, de la plaine brûlante, il aperçoit leurs cimes chenues ; et le marin espagnol, sur le pont de son embarcation, là-bas, très loin, au milieu de la bleue Méditerranée, les contemple d'un œil pensif en songeant alors à Grenade la délicieuse et en chantonnant à voix basse une vieille romance des Maures.

Mais, suffit pour le moment – le soleil est haut dans le ciel et verse sur nous ses ardents rayons. Déjà la terrasse de la tour brûle sous nos pieds. Abandonnons-la et descendons prendre le frais sous les galeries qui entourent la fontaine des Lions.

RÉFLEXIONS SUR LA DOMINATION MUSULMANE EN ESPAGNE

Je dois avouer ma prédilection pour le balcon central de la salle des Ambassadeurs qui s'ouvre dans la haute tour de Comares. Je viens justement de m'y asseoir pour mieux jouir des derniers moments d'un long jour de lumière. Le soleil, en se couchant derrière les montagnes pourpres d'Alhama, déverse un flot de clarté sur la vallée du Darro et recouvre d'une mélancolique splendeur les tours cuivrées de l'Alhambra, tandis que la vega, frémissante d'une buée de chaleur, semble s'étendre à l'infini comme un océan doré. Pas un souffle n'altère la paix de l'instant, et si parfois une faible rumeur faite de rires et de musique s'élève des jardins du Darro, elle ne fait qu'approfondir le silence intense du palais qui m'abrite. C'est une de ces heures et de ces scènes où le souvenir prend un pouvoir presque magique et où, à l'instar du crépuscule qui baigne ces tours croulantes, il projette ses feux en amont, sur les gloires du passé.

Comme je m'attardais à contempler l'effet du crépuscule sur l'Alhambra, je fus amené à réfléchir sur le caractère élégant, léger et voluptueux de son architecture interne et à l'opposer à la solennité grandiose et sombre des édifices gothiques érigés par les conquérants espagnols. Les pierres même nous révèlent les natures antagonistes et irréconciliables de ces deux peuples guerriers qui luttèrent longtemps ici même pour la domination de la péninsule. Peu à peu, j'en vins à rêver à la destinée singulière de ces Arabes ou Maures d'Espagne, dont l'existence, pareille à une légende, constitue un des épisodes les plus étranges et les plus splendides à la fois de l'histoire; si puissante et durable qu'ait été leur domination, c'est tout juste si nous savons comment les appeler, et ils forment pour ainsi dire une nation sans nom ni pays légitime. Lancée contre les côtes de l'Europe, cette vague extrême du grand raz-de-marée arabe eut la violence d'un torrent déchaîné. L'allure des conquêtes, du roc de Gibraltar aux sommets des Pyrénées, fut aussi rapide et brillante que celle des victoires musulmanes de Syrie et d'Égypte. Davantage même: s'ils n'avaient pas été arrêtés dans les plaines de Tours, la France, l'Europe auraient été submergées avec autant de facilité que les empires de l'Orient, et Paris, Londres verraient encore aujourd'hui scintiller le croissant sur leurs temples.

Repoussées au-delà des Pyrénées, les hordes asiatiques et africaines qui composaient cette grande armée renoncèrent au principe musulman d'expansion et cherchèrent à établir en Espagne une domination pacifique et durable. En tant que conquérants, leur héroïsme n'avait d'égal que leur modération et en ces deux vertus ils l'emportèrent, pendant un certain temps, sur les nations avec lesquelles ils se mesuraient. Séparés de leur terre natale, ils aimèrent celle qui leur était donnée, croyaient-ils, par Allah, et s'appliquèrent à la pourvoir de tout ce qui pouvait contribuer au bonheur de l'homme. Appuyant leur pouvoir sur un ensemble de lois sages et équitables, cultivant avec zèle les arts et les sciences, développant l'agriculture, l'artisanat et le commerce, ils édifièrent peu à peu un empire d'une prospérité inégalée dans toute la chrétienté, et, en rassemblant amoureusement tous les ornements et les raffinements qui caractérisaient l'empire arabe en Orient au temps de sa civilisation la plus brillante, ils répandirent la lumière de l'est dans les régions occidentales encore plongées dans la nuit du Moyen Âge européen.

Les villes de l'Espagne arabe se peuplèrent d'artisans chrétiens qui y faisaient leur apprentissage. Les universités de Tolède, de Cordoue, de Séville et de Grenade voyaient affluer de pâles étudiants venus d'ailleurs pour s'initier aux sciences des Arabes et à la culture antique ; les amis du gai savoir se rendaient à Cordoue et à Grenade pour s'imprégner de la musique et de la poésie de l'Orient, et les guerriers nordiques, dans leur armure d'acier, s'y pressaient en foule pour s'initier aux gracieux exercices et aux usages courtois de la chevalerie.

Si les monuments musulmans d'Espagne, si la mosquée de Cordoue, l'*alcázar* de Séville et l'Alhambra portent toujours des inscriptions qui vantent la puissance et la permanence de leur domination, peut-on rire d'une telle prétention, la trouver arrogante et vaine ? Les générations succédaient aux générations, les siècles aux siècles, les Maures gouvernaient toujours le pays. Une période s'était écoulée, plus longue que celle qu'avaient connue les Normands après la conquête de l'Angleterre, et les descendants de Mûsa et de Târik pouvaient aussi peu prévoir qu'ils seraient rejetés en exil à travers le détroit qu'avaient traversé leurs ancêtres triomphants que les descendants de Rollo, de Guillaume et de leurs pairs n'auraient pu imaginer d'être refoulés sur les côtes normandes.

Pourtant, l'empire musulman ne fut guère en Espagne qu'une sorte de superbe plante exotique qui ne sut prendre racine dans le sol qu'elle embellissait. Coupés de tous leurs voisins d'Occident par les infranchissables barrières de la religion et des mœurs, séparés par des mers et des déserts de leurs congénères de l'Orient, les Maures d'Espagne restaient un peuple isolé. Leur existence s'avéra n'être qu'une lutte prolongée, vaillante et chevaleresque, pour se maintenir dans un territoire usurpé.

Ils formaient l'avant-garde de l'Islam. La péninsule fut le grand champ de bataille qui vit se mesurer et s'affronter pour la conquête les Goths et les musulmans ; le courage farouche de ceux-ci dut céder devant la vaillance obstinée de ceux-là.

Jamais anéantissement ne fut plus complet que celui des Maures d'Espagne. Où sont-ils ? Interrogez les rivages de Barbarie et ses déserts. Ce qui restait de cet empire si puissant s'est fondu dans l'exil parmi les barbares d'Afrique et a cessé d'être une nation. Après avoir été pendant près de huit cents ans un peuple connu, ils n'ont pas même laissé un nom. La terre qu'ils ont adoptée et occupée pendant des siècles refuse de les reconnaître, si ce n'est comme envahisseurs et usurpateurs. Seuls survivants, quelques monuments en ruine attestent leur puissance révolue, à la façon dont certains rochers solitaires, perdus dans l'intérieur d'un pays, portent témoignage de l'étendue de quelque importante inondation. Tel est l'Alhambra : palais musulman au sein d'une terre chrétienne, édifice oriental parmi les bâtiments gothiques occidentaux, élégant vestige d'un peuple brave, intelligent et raffiné qui conquit, gouverna, et passa.

LA MAISONNÉE

Il est temps que je donne une idée de mon installation domestique dans cette singulière résidence. Le palais royal de l'Alhambra est confié à la charge d'une aimable vieille fille nommée doña Antonia Molina que, selon la coutume espagnole, on appelle plus familièrement *Tía Antonia*, tante Antonia. Chargée de l'entretien des salles mauresques et des jardins, elle les montre aux étrangers, services qui lui valent, outre les gratifications des visiteurs, le produit des jardins, sur lequel elle prélève un petit tribut de fruits et de fleurs qu'elle remet de temps en temps au gouverneur. Avec pour toute famille un neveu et une nièce, enfants de deux frères différents, elle loge dans un coin du palais. Le neveu, Manuel Molina, est un valeureux jeune homme, d'une gravité tout espagnole. Après avoir servi dans l'armée en Espagne et aux Antilles, il étudie à présent la médecine et caresse l'espoir d'obtenir un jour ou l'autre dans la forteresse un poste qui lui procurerait au moins cent quarante douros par an. Quant à la nièce, c'est une petite Andalouse grassouillette aux yeux noirs, prénommée Dolores, mais qui, pour sa mine pimpante et réjouie, mériterait un nom plus gai. Elle est l'héritière déclarée de tous les biens de sa tante, savoir, certains baraquements ruineux sis dans la forteresse qui lui assureront une rente de cent cinquante douros au bas mot. Je ne fus pas longtemps à l'Alhambra avant de me rendre compte que le bon Manuel faisait discrètement la cour à sa sémillante cousine et que, pour unir leurs mains et leurs espérances, ils n'attendaient plus que son diplôme de docteur et une dispense du pape, à cause de leur consanguinité.

Comme nous en sommes convenus, la bonne doña Antonia me fournit le logement et le couvert ; l'allègre petite Dolores fait mon ménage et sert mes repas. J'ai également à mon service un grand garçon blondasse et bègue prénommé Pepe, qui travaille dans les jardins et m'aurait volontiers servi de domestique s'il n'avait été précédé dans la place par Mateo Jiménez, le fils de l'Alhambra ! Cet astucieux individu, en effet, s'est arrangé, je ne sais comment, pour ne pas me lâcher d'un pas depuis l'instant où je l'ai rencontré à l'entrée de la forteresse et pour s'insinuer dans tous mes plans jusqu'au jour où j'ai dû le nommer mon domestique en titre, cicérone, guide, garde du corps, écuyer, chroniqueur, etc. J'ai dû, bien entendu, améliorer sa garde-robe pour qu'il ne fût point indigne de tant de fonctions ; il a mis au rancart sa vieille cape brune, comme un serpent qui fait peau neuve, et se montre maintenant dans la forteresse avec un chapeau et une veste andalouse dont l'élégance le ravit en même temps qu'elle stupéfie ses camarades. Un zèle outré à se rendre utile, tel me paraît être le défaut majeur du bon Mateo. Sachant fort bien, étant donné mes goûts simples et tranquilles, que son emploi est une vraie sinécure, il se creuse sans cesse la cervelle pour inventer le moyen d'accroître mon bien-être, de sorte que je suis pour ainsi dire victime de son ardeur ; je ne peux mettre le pied hors du palais ou errer autour de la forteresse sans l'avoir sur le dos à vouloir m'expliquer tout ce que je vois ; et si je me hasarde à me promener sur les collines environnantes, il insiste pour m'escorter, bien que je le suspecte fort, en cas d'attaque, de se fier bien plus au secours de ses jambes qu'à la force de son bras. Malgré tout, le pauvre diable est parfois un amusant compagnon; simple, pétillant de bonne humeur, bavard comme un coiffeur de village, il connaît tous les potins de l'endroit et des environs; mais ce dont il est le plus fier, ce sont toutes ses connaissances relatives au palais et les histoires merveilleuses qu'il peut conter à propos de chaque tour, de chaque voûte, de chaque porte de la forteresse, histoires en lesquelles il a une foi inébranlable.

La plupart d'entre elles, dit-il, il les doit à son grand-père, petit tailleur légendaire qui, au cours d'une existence centenaire, ne s'est aventuré que par deux fois hors des murs de la citadelle. Sa boutique, pendant près d'un siècle, avait été le rendez-vous d'une poignée de vénérables phraseurs qui y passaient la moitié de la nuit à causer des temps anciens, des événements merveilleux et des secrets de l'Alhambra. Ainsi la vie, les gestes, les pensées et les actes de ce petit tailleur prodigieux s'étaient déroulés dans l'enceinte de la forteresse; c'est là qu'il était né, qu'il avait vécu, respiré et vieilli; c'est là qu'il était mort et qu'on l'avait enterré. Heureusement pour la postérité, ses traditions orales ne moururent pas avec lui. Enfant encore, son digne petit-fils écoutait de toutes ses oreilles les récits du vieil homme et de ses compagnons rassemblés dans son échoppe, aussi possède-t-il aujourd'hui un fonds de connaissances sur l'Alhambra qu'on ne trouve pas dans les livres et qui mérite bien l'attention de tous les voyageurs curieux.

Tels sont les personnages qui pourvoient à mon confort domestique dans l'Alhambra; je me demande si aucun des potentats musulmans ou chrétiens qui m'ont précédé dans le palais a jamais été servi avec autant de fidélité ou a régné aussi pacifiquement dans ces lieux que moi.

Le matin, quand je me lève, Pepe, le jardinier bègue, m'apporte en guise de salutation des fleurs fraîchement cueillies que Dolores, se piquant d'orner mon intérieur, arrange ensuite habilement dans des vases. Mes repas, je les prends où bon me semble : parfois dans une des salles mauresques, parfois sous les arcades de la cour des Lions, parmi les fleurs et les fontaines. Quand je sors, je suis conduit par le zélé Mateo aux retraites les plus romantiques des montagnes, aux creux les plus délicieux des vallées prochaines, qui ont toutes été le théâtre de quelque conte merveilleux.

Bien que j'aime passer la plus grande partie de la journée seul, il m'arrive de me mêler, le soir, au petit cercle de doña Antonia. Il se tient, en général, dans une vieille salle mauresque, qui sert à la fois de cuisine et de salon. Une grossière cheminée a été pratiquée dans un coin ; la fumée a décoloré les murs et presque effacé les vieilles arabesques. Une fenêtre, dont le balcon domine la vallée du Darro, laisse pénétrer la brise du soir. C'est là que je prends mon frugal dîner de lait et de fruits, tout en me mêlant à la conversation de la famille. Les Espagnols possèdent un talent naturel qui fait d'eux des compagnons vivants et agréables, quelle que soit leur condition sociale, et si imparfaite qu'ait été leur éducation ; ajoutez à cela qu'ils ne sont jamais vulgaires ; la nature les a doués du sens de la dignité. La bonne Tía Antonia, sans être cultivée, a une intelligence vive et forte et la brillante Dolores, qui n'a lu de toute sa vie que trois ou quatre livres, offre un séduisant mélange de *naïveté** et de bon sens ; souvent je suis surpris par la saveur des traits d'esprit qui lui viennent tout naturellement. Parfois, le neveu nous lit une ancienne comédie de Calderón ou de Lope de Vega, désireux sans doute, autant que de l'instruire, d'amuser sa cousine. Mais, à sa grande mortification, la jeune personne s'endort presque toujours avant la fin du premier acte. De loin en loin, Tía Antonia organise une petite réception et réunit des gens du hameau voisin, humbles amis ou épouses d'invalides. Tous, eu égard à sa fonction, la traitent avec grande déférence et lui font la cour en lui apportant des nouvelles de la forteresse ou des rumeurs de Grenade qui se sont frayé un chemin jusqu'à leurs oreilles. À ces veillées, j'ai recueilli plus d'un fait curieux illustrant les mœurs du pays et les particularités du voisinage. Ce ne sont que de simples anecdotes auxquelles la nature des lieux confère tout leur intérêt et toute leur importance. Je me vois marcher sur un sol foulé par des ombres, entouré de souvenirs romantiques. Depuis ma plus tendre enfance, du jour où, sur les rives de l'Hudson, je me plongeai dans un vieux livre d'histoire des guerres de Grenade, cette ville a été pour moi un objet de rêve, et bien souvent, en imagination, j'ai traversé les célèbres salles de l'Alhambra. Mais voici que, pour la première fois, le rêve s'est réalisé... Pourtant, j'en crois à peine mes yeux, je me demande encore si j'habite réellement le palais de Boabdil et si, des balcons, c'est la chevaleresque Grenade que je domine. Tandis que j'erre dans cette demeure orientale en écoutant le murmure des fontaines et le chant du rossignol, que je respire le parfum de la rose et la douceur de ce climat embaumé, je suis presque tenté de me croire transporté au paradis de Mahomet où la mignonne Dolores serait une des brillantes houris chargées d'offrir la félicité aux vrais croyants.

LE VOLAGE

Depuis que j'ai écrit ces lignes, nous avons eu un petit drame à l'Alhambra qui a rembruni le clair visage de Dolores. Cette jeune personne a une passion toute féminine pour toutes sortes d'animaux, et l'étendue de son amour a eu pour effet d'emplir de ses favoris toute une cour en ruine de l'Alhambra. Un paon royal et sa femelle semblent y régner sur d'orgueilleux dindons, de chagrines pintades et un menu peuple de coqs et de poules. La prédilection de Dolores, néanmoins, s'était portée depuis quelque temps sur un couple de pigeons que venaient d'unir les liens sacrés du mariage et qui avaient même supplanté dans ses faveurs une chatte tigrée et ses chatons. Pour installer le jeune ménage, elle leur avait préparé une petite chambre contiguë à la cuisine et dont la fenêtre donnait sur une tranquille cour mauresque. C'est là qu'ils coulaient leurs jours, dans une heureuse ignorance de tout ce qui n'était pas leur cour et ses toits ensoleillés. Jamais ils n'avaient aspiré à prendre leur essor au-dessus des créneaux ou à s'élever au sommet des tours. Leur vertueuse union fut enfin couronnée par deux œufs d'une blancheur immaculée. Rien n'était plus touchant que la conduite des deux jeunes époux en cette intéressante circonstance. Ayant d'abord couvé à tour de rôle, ils se relayaient à présent au nid pour protéger leur tendre progéniture. Tandis que l'un restait au logis, l'autre s'en allait chercher à l'extérieur une nourriture qu'il rapportait toujours abondante à sa famille.

Mais ce tableau de félicité conjugale devait brusquement se gâter. Hier matin, de bonne heure, tandis que Dolores donnait à manger au pigeon mâle, la fantaisie lui a pris de lui découvrir le vaste monde. Elle a ouvert la fenêtre qui domine la vallée du Darro et lancé d'un coup le volatile hors des murs de l'Alhambra. Voilà que pour la première fois de sa vie le pigeon étonné doit compter sur la force de ses ailes. Il plonge dans la vallée, puis, s'enlevant d'un seul élan, remonte jusqu'aux nuages. Jamais il ne s'est élevé si haut, jamais il n'a goûté à ce point la griserie de voler. Comme un jeune dépensier qui vient d'arriver à l'âge d'homme, le voici ébloui par son infinie liberté et par le champ d'action illimité qui s'ouvre devant lui. Tout le jour, en cercles capricieux, il va d'une tour à l'autre et d'arbre en arbre. C'est en vain que l'on essaie de l'attirer en répandant du grain sur les toits ; il semble avoir perdu tout souvenir de sa maison, de sa tendre compagne et de ses oisillons pas encore emplumés. Comme pour accroître l'inquiétude de Dolores, il a été rejoint par deux *palomas ladronas*, ou pigeons voleurs, qui ont l'art d'entraîner les pigeons vagabonds dans leurs pigeonniers. Le fugitif, comme tant de jeunes étourdis lorsqu'ils se lancent dans le monde, semble fasciné par les adroits compères qui se chargent de lui faire connaître la vie et de l'introduire dans la société. Il s'élève maintenant avec eux au-dessus des toits et des clochers de Grenade. Une petite tempête a balayé la ville, mais il n'a pas songé à rentrer pour autant. La nuit est tombée, et il n'est toujours pas là. Pour corser le drame, sa compagne, lasse de rester au nid et d'attendre la relève, s'en est allée à la recherche de l'infidèle. Mais si longue a été son absence que les petits sont morts, faute de chaleur maternelle. À une heure tardive, Dolores apprend que le vagabond a été aperçu au-dessus des tours du Generalife.

Or, il se trouve que l'*administrador* de cet antique palais a, lui aussi, un pigeonnier, qui compte parmi ses hôtes deux ou trois pigeons voleurs, terreur de tous les colombophiles du voisinage. Dolores en conclut aussitôt que les deux aventuriers à plume, en compagnie de qui on a vu son fugitif, sont les brigands du Generalife. Séance tenante, elle réunit un conseil de guerre dans la chambre de Tía Antonia. Le Generalife est soumis à une juridiction différente de celle de l'Alhambra et les rapports entre les gardiens sont pointilleux, sinon inamicaux. On décide donc d'envoyer Pepe, le jardinier bègue, en ambassadeur auprès de l'administrador pour le prier, dans le cas où l'on trouverait un étranger dans ses terres, de bien vouloir le lui remettre en tant que sujet de l'Alhambra. Voilà donc notre Pepe qui s'en va accomplir sa mission diplomatique par les bois et les avenues baignés par le clair de lune. Hélas, il nous revient, une heure plus tard, avec la désolante nouvelle que l'on n'a pas trouvé l'oiseau dans le pigeonnier du Generalife. Toutefois, l'administrador lui a donné sa parole d'honneur que, si le fugitif y faisait une apparition, même à minuit, il serait instantanément arrêté et ramené prisonnier à sa petite maîtresse brune.

Voilà où en est cette triste affaire qui a répandu l'affliction dans le palais et condamné l'inconsolable Dolores à une nuit blanche.

« Chagrin du soir, joie du matin », dit le proverbe. Le premier spectacle qui ce matin au sortir de ma chambre frappe mes yeux, c'est Dolores qui, le regard étincelant de joie, tient l'infidèle dans ses bras. Il s'est montré de bonne heure sur les créneaux et, après avoir voleté gauchement de toit en toit, a finalement pénétré par la fenêtre et s'est constitué prisonnier. Mais son retour ne lui vaut qu'un mince crédit ; à la voracité avec laquelle il s'est lancé sur la nourriture qu'on lui a offerte, on a bien vu que, comme le fils prodigue, seule la faim l'a ramené au foyer. Dolores le gronde pour son inconstance, l'appelle volage et vagabond, mais, en femme qu'elle est, elle le serre contre son sein et le couvre de baisers. J'ai observé pourtant que, pour prévenir toute escapade future, elle a pris soin de lui rogner les ailes, précaution que je cite à l'intention de toutes celles qui ont des amants légers ou des maris papillonnants. L'histoire de Dolores et de son pigeon pourrait nous indiquer une précieuse moralité.

LA CHAMBRE DE L'AUTEUR

Lorsque je m'installai à l'Alhambra, on aménagea pour me recevoir une série de chambres d'architecture moderne, jadis destinées au gouverneur et alors vides. Situées en face du palais, elles donnaient sur l'esplanade; l'autre extrémité du corridor débouchait sur de petites pièces mi-mauresques, mi-modernes, qu'habitaient Tía Antonia et sa famille et qui communiquaient avec une grande salle, à la fois loge, cuisine et salle d'audience de la brave dame. Elle avait dû briller de quelque éclat du temps des Maures, mais une cheminée, pratiquée dans un coin, avait décoloré ses murs, presque effacé ses ornements et répandu une teinte sombre sur l'ensemble. De ces appartements obscurs, un couloir étroit et un escalier en colimaçon, aussi noirs l'un que l'autre, menaient à un angle de la tour de Comares. Après avoir avancé à tâtons, on ouvrait une petite porte tout au fond et, soudain ébloui, on émergeait dans la lumineuse antichambre de la salle des Ambassadeurs, où l'on voyait étinceler en face de soi la fontaine de la cour du Bassin.

Mécontent d'être logé dans un appartement moderne en dehors du palais, je désirais vivement m'introduire au cœur même de ces merveilles. Comme je me promenais un jour le long des salles mauresques, je trouvai dans une galerie écartée une porte que jusque-là je n'avais pas remarquée. Elle communiquait apparemment avec un vaste appartement fermé au public. Voilà un mystère, voilà l'aile hantée du château, me dis-je. Je me procurai une clé, sans difficulté d'ailleurs, et la porte s'ouvrit devant une enfilade de chambres désaffectées, d'une architecture européenne, bien que bâties au-dessus d'une galerie mauresque, et longeant le petit jardin de Lindaraja. Il y avait deux hautes pièces, dont les plafonds étaient revêtus de profonds lambris de cèdre, richement et artistement sculptés de fruits et de fleurs mêlés de masques grotesques malheureusement brisés en plus d'un endroit. Sans doute tendus autrefois de damas, les murs étaient nus, griffonnés çà et là des noms d'insignifiants visiteurs ; les fenêtres, délabrées, exposées au vent et aux intempéries, ouvraient sur le jardin de Lindaraja, dont les citronniers et les orangers poussaient leurs branches jusque dans la chambre. Plus loin, deux salons moins hauts donnaient également sur le jardin. Dans les caissons de leurs plafonds, une main habile avait peint des paniers de fruits et des guirlandes de fleurs, passablement conservés. Les murs aussi avaient été peints à fresque, dans le goût italien, mais les motifs étaient presque effacés. Les fenêtres étaient dans le même état de délabrement que celles des autres pièces. Cette capricieuse enfilade de chambres aboutissait à une galerie découverte munie de balustrades, qui faisait angle droit avec un autre côté du jardin. L'appartement montrait tant de délicatesse et d'élégance dans sa décoration, il avait quelque chose de si rare et de si secret par sa situation même qu'il éveilla mon désir de connaître son histoire. Je m'en informai et découvris qu'il avait été aménagé par des artistes italiens, au début du siècle dernier, en prévision de l'arrivée de Philippe V et de la belle Élisabeth de Parme. Il était destiné à la reine et à sa suite. Une des grandes salles lui avait servi de chambre à coucher ; un escalier étroit, aujourd'hui muré, conduisait directement au délicieux belvédère – à l'origine le *mirador* des sultanes –

dont on avait fait en son honneur un boudoir, qui porte encore le nom de *Tocador* de la Reine. La chambre à coucher dont je viens de parler donnait d'un côté sur le Generalife et ses tonnelles, tandis que, sous une autre fenêtre, jouait le jet d'eau du jardin de Lindaraja; ce dernier fit remonter encore plus loin mes pensées, à l'époque où y régnaient d'autres beautés: les sultanes.

« Ô combien délicieux est ce jardin! dit une inscription en arabe, ce jardin où les fleurs de la terre rivalisent d'éclat avec les astres des cieux! À quoi cette vasque d'albâtre, emplie d'une eau cristalline, est-elle donc comparable? À la lune seule qui, en sa splendeur, brille au pur firmament! » Les siècles avaient passé depuis, mais combien vivante était restée la beauté apparemment fragile de ces lieux! Le jardin de Lindaraja était toujours paré de fleurs; la fontaine offrait toujours le clair miroir de ses eaux... Il est vrai que l'albâtre avait perdu sa blancheur et que le bassin en contrebas, envahi de mauvaises herbes, était devenu le repaire du lézard; mais, dans la ruine même, quelque chose avivait l'intérêt du tableau en rappelant l'inconstance qui est le sort irrévocable de l'homme et de toutes ses œuvres. La désolation des chambres qui furent la demeure de la fière et élégante Élisabeth avait également pour moi un charme plus touchant que si j'avais pu les voir dans leur splendeur primitive, brillant de tous les fastes de la cour. Je décidai d'emblée de m'installer dans cet appartement.

Ma décision provoqua une grande surprise dans la famille, qui ne pouvait imaginer de motif raisonnable au choix d'un appartement si solitaire, si retiré, si abandonné. La bonne Tía Antonia y trouvait beaucoup de danger; le voisinage, disait-elle, était infesté de vagabonds; les grottes des collines alentour grouillaient de gitans; le palais était en ruine et on pouvait y pénétrer en plus d'un endroit; le bruit qu'un étranger s'était installé seul dans un appartement délabré, où il était incapable de se faire entendre des autres habitants, pouvait tenter des visiteurs nocturnes, d'autant plus que les étrangers passent toujours pour avoir la bourse bien garnie. Dolores me représentait l'effrayante solitude de ces lieux peuplés de chauves-souris et de chouettes ; un renard et un chat sauvage, cachés sous les arcades voisines, rôdaient même alentour la nuit venue...

Je ne renonçai pas pour autant à mon caprice. Avec l'aide d'un charpentier et du toujours zélé Mateo Jiménez, je fis bientôt remettre les portes et les fenêtres dans un état qui m'assurerait une sécurité relative. Malgré toutes ces précautions, il me faut bien avouer que la première nuit que je passai « chez moi » fut pénible au-delà de toute expression. Toute la famille m'escorta jusqu'à ma chambre et, lorsqu'elle prit congé de moi et s'en retourna par les vastes antichambres et les galeries sonores, je me rappelai ces contes de fées où le héros doit subir l'épreuve du manoir enchanté.

La pensée même de la belle Élisabeth et de sa charmante suite, qui avaient orné ces salles de leur présence, ajoutait, par une malice de mon imagination, à la mélancolie de la scène. Ces lieux avaient été le décor de leur joie et de leur grâce passagères ; ils portaient encore les traces de leur élégance et de leurs réjouissances. Qu'étaient devenues ces beautés ? De la poussière et des cendres, prisonnières de la tombe ! Des ombres de la mémoire !

Une appréhension vague et indescriptible m'envahissait peu à peu. J'aurais bien voulu l'attribuer à la pensée des voleurs dont il avait été question tout à l'heure, mais je sentais qu'elle tenait à quelque chose de surnaturel et d'absurde. En un mot, les craintes de mon enfance, que je croyais oubliées depuis longtemps, ressuscitaient et dominaient mon imagination. Tout fut affecté par le travail de ma fantaisie. Le chuchotement du vent parmi les citronniers, sous ma fenêtre, avait quelque chose de sinistre. Je jetai un coup d'œil dans le jardin de Lindaraja : les bois n'étaient qu'un gouffre d'ombre, les massifs, des formes indistinctes et inquiétantes. Je fus heureux de fermer la fenêtre, mais alors ma chambre fut gagnée par la contagion. Une chauve-souris, qui s'y était introduite, vint voleter autour de ma tête et zigzaguer près de ma lampe solitaire ; les visages grotesques gravés dans le cèdre se mirent à grimacer. Je me ressaisis et, souriant à demi de ma faiblesse momentanée, je résolus de la vaincre. Lampe en main, je sortis faire le tour de l'antique palais. Malgré tous mes efforts, ce fut une épreuve assez dure. Les rayons de ma lampe s'arrêtaient à une faible distance autour de moi ; j'avançai, pour ainsi dire, dans un simple halo de lumière au-delà duquel s'étendait une obscurité d'encre. Les couloirs voûtés me faisaient l'effet de cavernes, les coupoles des salles se perdaient dans le noir. Un ennemi invisible me guettait-il par-devant ou par-derrière ? Mon ombre projetée sur les murs et l'écho de mes propres pas suffisaient à me troubler.

Assez peu rassuré, je traversais la salle des Ambassadeurs lorsque des bruits réels vinrent s'ajouter à mes fantaisies. De faibles gémissements et des plaintes indistinctes semblèrent s'élever sous mes pieds. Je m'arrêtai pour écouter. On eût dit que cela venait maintenant de l'extérieur de la tour. Parfois cela ressemblait aux hurlements d'un animal, parfois à des cris étouffés, mêlés de paroles incohérentes. L'effet saisissant de ces bruits dans le silence de la nuit et dans un endroit aussi singulier mit fin chez moi à toute envie de poursuivre cette ronde solitaire. Je retournai dans ma chambre avec plus d'empressement que je n'en étais sorti et je respirai plus librement lorsque je me retrouvai entre ses murs, la porte verrouillée derrière moi. Lorsque je m'éveillai le lendemain, le soleil brillait à ma fenêtre et illuminait tous les détails du palais de ses joyeux et francs rayons. J'eus quelque peine à me souvenir des fantômes et des imaginations qu'avaient suscités les ténèbres de la veille, à croire que les objets qui m'entouraient, si nets, si clairs, avaient pu se déguiser d'une façon si effrayante.

Pourtant, les hurlements et les plaintes affreuses que j'avais entendus n'étaient pas un effet de mon imagination. Ma servante Dolores m'expliqua bientôt que c'étaient les cris d'un pauvre maniaque, frère de sa tante, sujet à de violentes crises pendant lesquelles on l'enfermait dans une chambre voûtée, située au-dessous de la salle des Ambassadeurs.

L'ALHAMBRA AU CLAIR DE LUNE

J'ai donné une image de mon appartement tel qu'il était lorsque j'en pris d'abord possession; il a suffi de quelques soirs pour modifier complètement le tableau et mes impressions. La lune, qui était alors invisible, a gagné peu à peu sur la nuit. La voici qui roule dans toute sa splendeur au-dessus des tours, inondant de sa tendre clarté les salles et les cours. Sous ma fenêtre, le jardin est doucement illuminé, les orangers et les citronniers sont pailletés d'argent, et la fontaine étincelle dans le clair de lune et l'on perçoit même la rougeur de la rose.

J'ai passé des heures à ma fenêtre à respirer l'air embaumé du jardin et à rêver aux fortunes diverses de ceux dont ces élégants vestiges rappellent l'histoire. Parfois à minuit, lorsque tout repose, je descends errer à travers le palais. Qui pourrait dire la beauté d'un clair de lune sous ce climat et dans un tel lieu? La température d'un minuit d'été andalou est purement céleste. On se sent comme transporté dans une atmosphère supérieure; l'âme tranquille, l'esprit léger, le corps heureux, le seul fait de vivre nous devient un délice. L'effet du clair de lune sur l'Alhambra a également quelque chose de magique; les fentes et les crevasses, les moindres taches de rouille disparaissent, le marbre reprend sa blancheur primitive, les longues colonnades paraissent s'éclaircir, les salles s'illuminent d'un rayonnement diaphane... On se croirait dans un palais enchanté des *Mille et Une Nuits*.

J'aimais alors monter au petit pavillon qu'on appelle le boudoir de la reine pour jouir de la vue étendue et diverse qu'on y a. À droite, les cimes neigeuses de la sierra Nevada brillaient comme des nuages d'argent contre le firmament foncé ; les contours de la montagne se dessinaient en lignes pures et adoucies. Mais mon plus grand plaisir était de m'accouder au parapet du Tocador et de contempler Grenade étendue à mes pieds comme un plan, plongée dans un profond repos, ses palais et ses couvents pour ainsi dire endormis au clair de lune.

Tantôt j'entendais les faibles roulades de castagnettes : c'était un groupe de danseurs qui s'attardait dans l'Alameda ; tantôt c'étaient les notes hésitantes d'une guitare ; puis, une voix nue s'élevait d'une rue solitaire, et je me représentais quelque jeune cavalier faisant une sérénade à la fenêtre de sa belle, coutume charmante d'autrefois, qui malheureusement se perd, sauf dans les petites villes et les villages écartés d'Espagne. Telles étaient les scènes qui me retenaient des heures durant, au cours de mes promenades parmi les patios et les balcons du château, où j'éprouvais un mélange délicieux de rêverie et d'impressions qui, dans le Sud, supprime la sensation du temps. Il faisait presque jour lorsque je regagnais mon lit, et je m'endormais bercé par le clapotis du jet d'eau de Lindaraja.

LES HABITANTS DE L'ALHAMBRA

J'ai souvent observé que, plus les hôtes d'une demeure ont été superbes au temps de sa splendeur, plus ils sont humbles au temps de sa décadence, et que le palais du roi finit fréquemment par devenir le gîte du mendiant.

À l'Alhambra, la transition s'effectue de la même façon. Dès qu'une tour tombe en ruine, elle devient la proie d'une famille de gueux qui occupent, en compagnie des chauves-souris et des chouettes, ses salles dorées, et qui accrochent leurs haillons, ces drapeaux de la misère, aux fenêtres et aux meurtrières.

Je me suis amusé à observer quelques-uns de ces personnages pittoresques qui ont ainsi réquisitionné l'ancienne résidence des rois et y semblent placés exprès pour donner une conclusion burlesque au drame de la fierté humaine. L'un d'eux porte même par fantaisie un titre royal. C'est une petite vieille, Maria Antonia Sabonea, qui porte le surnom de Reine Coquille. Elle est petite comme une fée, et pourrait bien l'être, car nul ne connaît son origine. Elle a élu pour domicile une espèce de recoin sous l'escalier extérieur et, assise dans la fraîcheur du couloir, on la voit tirer l'aiguille en chantant du matin au soir ; si elle est des plus pauvres, elle est également une des plus joyeuses petites vieilles qui aient jamais existé et elle réjouit tout le monde de ses bons mots. Son grand mérite est de savoir conter ; elle a, j'en suis convaincu, autant d'histoires dans son sac que l'infatigable Schéhérazade. Je l'ai entendue en raconter quelques-unes lors des *tertulias* organisées par Tía Antonia, auxquelles elle participe avec l'humilité requise.

Il faut bien que cette mystérieuse petite vieille détienne un pouvoir magique, car elle a connu la chance extraordinaire – minuscule, laide et misérable comme elle est – d'avoir eu, si on l'en croit, cinq maris et demi, comptant pour moitié un jeune dragon qui mourut au temps où il la courtisait. On pourrait lui donner comme pendant un vieillard corpulent, au nez en pied de marmite, qui arbore un accoutrement couleur rouille, un tricorne verni et une cocarde rouge. Fils légitime de l'Alhambra, lui aussi, il y a passé toute sa vie dans divers emplois : alguazil en second, sacristain à l'église paroissiale et marqueur d'un jeu de pelote installé au pied de l'une des tours. Pauvre comme Job mais fier comme Artaban, il se vante de descendre de l'illustre maison d'Aguilar, d'où sortit Gonzalo Fernández de Córdoba, le *Gran Capitán*. Il porte le nom d'Alonso de Aguilar, si célèbre dans l'histoire de la *Reconquista* ; mais les mauvais railleurs de la forteresse l'ont baptisé *El Padre Santo*, le Saint Père, titre que je croyais trop sacré aux yeux d'un vrai catholique pour servir à une plaisanterie. Quel caprice de la fortune que de présenter le descendant du fier Alonso de Aguilar, le miroir de la chevalerie andalouse, dans la personne grotesque de ce va-nu-pieds, qui mène une vie de mendiant – ou presque – dans la forteresse même que son ancêtre contribua à reconquérir ! Mais tel aurait pu être le sort des descendants d'Agamemnon et d'Achille s'ils étaient demeurés sur les ruines de Troie !

Dans cette communauté bariolée, la famille de mon loquace Mateo Jiménez forme une part non négligeable, ne serait-ce que par le nombre. Quant à la prétention de mon écuyer d'être un fils de l'Alhambra, elle n'est pas dénuée de fondement. Sa famille a habité la forteresse depuis le temps de la conquête et s'est transmis, de père en fils, une invariable pauvreté ; on n'a jamais su qu'aucun d'eux ait possédé le moindre *maravedi*. Son père, qui a succédé au petit tailleur légendaire comme chef de famille et qui exerce la profession de tisseur de rubans, a maintenant près de soixante-dix ans et vit dans une cabane de roseaux et de plâtre qu'il a bâtie de ses mains, juste au-dessus de la porte de Fer. Les meubles se limitent à un lit disloqué, une table, deux ou trois chaises, et un bahut de bois contenant son linge et les archives de la famille, c'est-à-dire des papiers relatifs à de vieux procès, qu'il ne sait pas lire ; mais la gloire de la cabane, c'est un blason aux armes de la famille, brillamment peint et accroché au mur dans un cadre. Il indique nettement, par ses quartiers, les diverses familles nobles auxquelles cette nichée d'affamés se prétend alliée.

Quant à Mateo, il a fait de son mieux pour s'assurer une descendance ; sa femme et sa nombreuse progéniture vivent au village dans une baraque délabrée. De quoi subsistent-ils, Dieu seul, qui pénètre tous les mystères, peut le dire. La vie d'une famille espagnole de cette espèce est pour moi une énigme. Pourtant, on survit et, mieux encore, on montre du plaisir à vivre. La femme de Mateo ne manque jamais de descendre le dimanche au *Paseo* avec un enfant dans les bras et une ribambelle à ses trousses ; l'aînée – c'est déjà une jeune fille – se met des fleurs dans les cheveux et danse gaiement au son des castagnettes.

Les plus fortunés et les plus misérables forment ici deux classes pour lesquelles la vie n'est qu'un long dimanche ; les premiers n'ont besoin de rien faire ; les seconds n'ont rien à faire. Personne, mieux qu'un Espagnol pauvre, ne s'y entend à ne rien faire et à vivre de rien. Le climat y est pour une part, le tempérament pour une autre. Donnez à un Espagnol de l'ombre en été, du soleil en hiver, un quignon de pain, de l'ail, de l'huile, des *garbanzos*, ou pois chiches, une vieille cape brune et une guitare, que lui importe alors le monde ! La pauvreté, pour lui, ce n'est pas un déshonneur. Il s'y drape fièrement, comme dans sa cape en guenilles. Il reste hidalgo, même en haillons.

Les fils de l'Alhambra sont une remarquable illustration de cette philosophie pratique. De même que les Maures s'imaginaient que le paradis céleste coïncidait avec ces lieux privilégiés, j'incline à croire parfois que l'âge d'or s'attarde encore parmi cette communauté déguenillée. Ils ne possèdent rien, ne font rien, ne se soucient de rien. Oisifs toute la semaine, ils observent tous les jours fériés aussi scrupuleusement que l'artisan le plus laborieux. Ils sont de toutes les fêtes, de toutes les danses de Grenade et des environs, allument des feux de joie sur la colline à la Saint-Jean, et dernièrement je les ai vus danser toute la nuit au clair de lune, sur un petit champ, enclos dans la forteresse, en l'honneur d'une moisson qui a bien rapporté quelques boisseaux de blé...

Avant d'en finir avec ces observations, je voudrais mentionner un divertissement typique qui m'a beaucoup frappé. J'avais déjà observé un grand escogriffe perché au sommet d'une des tours, tout occupé apparemment à manœuvrer une ou deux cannes à pêche, comme s'il voulait attraper les étoiles. Les évolutions de ce pêcheur céleste m'intriguèrent passablement ; ma curiosité redoubla lorsque j'en remarquai d'autres pareillement affairés en différents points des remparts et des bastions. Je m'en ouvris à Mateo Jiménez, qui me donna la clé du mystère.

Il semble que l'atmosphère pure et aérienne de la forteresse fait affluer – comme dans le manoir de Macbeth – une multitude d'hirondelles et de martinets, qui évoluent au-dessus de ses murs avec la jubilation d'une marmaille qu'on vient de lâcher de l'école. Attraper ces oiseaux au milieu de leurs étourdissants tournoiements, voilà l'amusement favori des fils de l'Alhambra en guenilles qui, avec l'infaillible ingéniosité des fainéants fieffés, ont inventé l'art de pêcher dans le ciel.

LA COUR DES LIONS

Le charme particulier de ce vieux palais de rêve est son pouvoir de faire naître dans l'esprit de vagues rêveries et des images du passé qui revêtent les faits abstraits des illusions de la mémoire et de l'imagination. Comme j'aime à me mouvoir parmi ces vaines ombres, je recherche volontiers les endroits de l'Alhambra qui se prêtent le plus à ces fantasmagories de l'esprit ; aucun n'y est mieux approprié que la cour des Lions et les salles qui l'entourent. La main du temps s'étant posée ici avec plus de légèreté, les vestiges de l'élégance et de la splendeur mauresques y éclatent dans leur fraîcheur quasi originale. Les tremblements de terre ont secoué les fondements de l'édifice et crevassé ses tours les plus massives, mais voyez, pas un des sveltes pilastres ne s'est déplacé, pas un arc de la légère et fragile colonnade n'a cédé, la dentelle féerique des dômes, irréelle comme les fantaisies de cristal d'un matin de gelée, subsiste après tant de siècles aussi neuve que si elle sortait de la main de l'artiste musulman.

J'écris ces lignes parmi tous ces témoins du passé, à la fraîcheur du petit matin, dans la salle fatidique des Abencérages. J'ai devant moi la fontaine sanglante, qui rappelle leur massacre. Son hardi jet d'eau lance sa poussière humide jusque sur mon papier. Comme il est difficile de concilier la vieille légende de violence et de sang avec la douceur et la paix de ce cadre ! Tout y semble fait pour inspirer des sentiments heureux et tendres, car tout y est délicat et charmant. La lumière même y filtre discrètement par une coupole teinte et ciselée comme par des mains de fées. Derrière le grand arc sculpté de la porte, j'aperçois la cour des Lions, qui brille de toute sa colonnade ensoleillée et de ses fontaines étincelantes. L'agile hirondelle plonge dans la cour, avant de s'élancer en gazouillant au-dessus des toits ; l'abeille laborieuse butine parmi les massifs de fleurs ; des papillons bigarrés folâtrent çà et là et se poursuivent au soleil. Point n'est besoin de forcer son imagination pour se représenter quelque belle sultane pensive, retirée en ce discret asile du raffinement oriental.

Mais qui souhaite contempler ces lieux sous un aspect plus en rapport avec leur fortune doit les visiter quand les ombres crépusculaires adoucissent l'éclat de la cour et déversent leur obscurité dans les salles avoisinantes. Rien alors ne peut être plus sereinement mélancolique ou plus en harmonie avec la légende de leur grandeur évanouie.

C'est alors que j'aime à rêver dans la salle de la Justice, dont les profondes arcades ténébreuses s'étendent à l'extrémité supérieure du patio. C'est là que fut célébrée, en présence de Ferdinand, d'Isabelle et de leur cour triomphante, une messe solennelle à l'occasion de la prise de l'Alhambra. On voit encore la croix sur le mur près duquel l'autel fut érigé et où, assisté des plus hauts dignitaires du pays, officia le grand cardinal d'Espagne. J'imagine la scène, la salle emplie par les soldats vainqueurs, les prélats mitrés et les moines tonsurés, les chevaliers bardés d'acier et les courtisans vêtus de soie ; les croix, les crosses, les étendards religieux mêlés aux pennons armoriés et aux bannières des grands d'Espagne brandis triomphalement dans ces salles mauresques. Je m'imagine Colomb, qui allait découvrir un monde, modestement retiré dans un coin, humble spectateur de la cérémonie. Je vois en imagination les Rois Catholiques agenouillés devant l'autel et remerciant Dieu de leur triomphe, tandis que les voûtes retentissent du son des mélodies sacrées et du grave *Te Deum*.

Mais voici que s'évanouit la fugace illusion, que s'efface le pompeux spectacle... Monarques, prêtres, guerriers retombent dans l'oubli avec les pauvres musulmans dont ils ont triomphé. La salle qui commémore leur victoire est déserte, désolée ; la chauve-souris tournoie sous les arceaux ombreux et, là-bas, sur la tour de Comares gémit la chouette.

Comme j'entrais un soir dans la cour des Lions, je tressaillis en y apercevant un Maure enturbanné tranquillement assis près de la fontaine. J'eus un instant l'impression qu'une superstition de l'Alhambra venait de se réaliser et qu'un de ses anciens habitants, rompant le charme des siècles, ressuscitait sous mes yeux. En réalité, simple mortel, c'était un marchand originaire de Tétouan, en Barbarie, qui possédait un magasin dans le Zacatín, où il vendait de la rhubarbe, des bibelots et des parfums. Comme il parlait couramment l'espagnol, je pus m'entretenir avec lui. Il me dit que, en été, il montait de temps à autre sur la colline afin de passer au moins une partie du jour à l'Alhambra, qui lui rappelait les vieux palais de Barbarie, bâtis et décorés dans le même style, quoique d'une façon moins fastueuse.

Tandis que nous nous promenions dans le palais, il me désignait des inscriptions arabes d'une grande beauté poétique.

– Ah, señor, me dit-il, quand les Maures tenaient Grenade, ils étaient bien plus gais que de nos jours ! Ils ne songeaient qu'à l'amour, à la musique et à la poésie. Ils faisaient des vers à propos de tout et de rien et les mettaient en musique. Celui qui faisait les plus beaux vers et celle qui avait la plus belle voix étaient sûrs d'être distingués et choyés. En ce temps-là, quand quelqu'un venait quêter un quignon de pain, on lui demandait un couplet en échange ; le plus misérable mendiant, s'il savait rimer, recevait souvent une pièce d'or.

– Est-ce que le goût de la poésie a tout à fait disparu chez vous ? lui demandai-je.

– Nullement, señor ; chez moi, même dans les classes pauvres, on fait toujours des vers, comme autrefois ; mais aujourd'hui le talent n'est pas aussi bien récompensé ; les riches préfèrent le son de leurs pièces d'or à celui de la poésie et de la musique.

Tandis qu'il parlait, il aperçut une des inscriptions qui prédisaient l'éternité au pouvoir et à la gloire des monarques musulmans, maîtres de ce palais. Il secoua la tête et haussa les épaules en la déchiffrant :

– Cela aurait pu être le cas, dit-il. Les musulmans pourraient encore régner dans l'Alhambra, si Boabdil n'avait pas livré sa ville aux chrétiens. Les monarques espagnols n'auraient jamais pu la conquérir par la force.

J'essayai de laver la mémoire de l'infortuné Boabdil de cette accusation et de montrer que les dissensions qui entraînèrent la chute du trône des Maures résultaient de la cruauté de son père, mais mon interlocuteur n'admettait aucune circonstance atténuante.

– Muley Hassan, dit-il, a pu être cruel, pourtant il était brave, vigilant et patriote ; s'il avait été dignement secondé, Grenade serait encore à nous, mais son fils Boabdil a entravé ses plans, amoindri son pouvoir, semé la trahison dans le palais et la dissension dans le camp. Que la malédiction de Dieu le châtie pour sa félonie ! jura-t-il avant de quitter l'Alhambra.

L'indignation de mon compagnon enturbanné concorde avec une anecdote que je tiens d'un ami. Celui-ci, au cours d'un voyage en Barbarie, avait eu une entrevue avec le pacha de Tétouan. Le gouverneur maure lui avait posé toutes sortes de questions sur le sol et, en particulier, sur les régions privilégiées de l'Andalousie, les délices de Grenade et les vestiges du palais royal. Les réponses de mon ami avaient réveillé chez son interlocuteur les souvenirs de la puissance et de la gloire de l'ancien empire d'Espagne, si chéri des Maures. Se tournant vers sa suite, le pacha avait pris sa barbe dans ses mains et s'était répandu en lamentations passionnées ; un tel sceptre, gémissait-il, était tombé des mains des vrais fidèles ! Mais il se consolait à l'idée que le pouvoir et la prospérité de la nation espagnole étaient en décadence et qu'un temps viendrait où les Maures recouvreraient leur légitime possession. Et le jour n'était peut-être pas si loin où le culte mahométan serait célébré de nouveau dans la mosquée de Cordoue et où un prince mahométan siégerait sur son trône, à l'Alhambra.

Telles sont l'aspiration et la croyance des Maures de Barbarie, qui considèrent l'Espagne, et particulièrement l'Andalousie, comme leur héritage légitime, dont ils ont été dépouillés par la traîtrise et la violence. Ces idées sont toujours entretenues chez les descendants des exilés de Grenade, dispersés dans les villes de Barbarie. Beaucoup d'entre eux résident à Tétouan, ils conservent leurs anciens noms, tels que Páez et Medina, et s'abstiennent de toute alliance avec des familles qui ne peuvent prétendre à une aussi haute origine. Le peuple les entoure d'un respect que les communautés musulmanes témoignent rarement à la naissance, sauf quand il s'agit du sang royal.

Ces familles, dit-on, continuent de soupirer après le paradis terrestre de leurs ancêtres ; elles adressent le vendredi des prières à Allah et l'implorent de hâter la restitution de Grenade aux vrais croyants, chose qu'elles désirent avec une ardeur et une confiance égales à celles que les Croisés témoignèrent en luttant pour la délivrance du saint sépulcre. On dit même que certaines d'entre elles conservent les cartes et les titres des biens et des jardins de leurs ancêtres et jusqu'aux clés des maisons, preuve de la légitimité de leur héritage qu'elles produiront au jour de la restauration.

La cour des Lions a également sa part de légendes surnaturelles. J'ai déjà cité la croyance selon laquelle des murmures et des bruits de chaînes seraient produits la nuit par les esprits des Abencérages assassinés. Mateo Jiménez raconta un soir, à l'une des réunions de Tía Antonia, un fait qui était survenu du vivant de son grand-père, le petit tailleur légendaire.

Un soldat invalide avait jadis pour fonction de guider les étrangers dans l'Alhambra. Un soir, au moment du crépuscule, comme il traversait la cour des Lions, il entendit résonner des pas dans la salle des Abencérages. Quelque visiteur s'y attarde, pensa-t-il, et il s'avança à sa rencontre lorsque, tout à coup, à sa stupéfaction il aperçut quatre Maures, richement habillés, avec des cuirasses d'argent, des cimeterres et des poignards luisant de pierres précieuses. Ils allaient et venaient d'un pas solennel ; puis, s'arrêtant, ils lui firent signe d'approcher. Le vieux soldat prit la fuite et, depuis, on n'a jamais pu le décider à remettre les pieds à l'Alhambra. C'est ainsi que parfois on tourne le dos à la fortune, car, selon Mateo, les Maures avaient l'intention de révéler l'endroit où leurs trésors étaient ensevelis. Mais le vieux soldat eut un successeur plus malin qui, arrivé pauvre à l'Alhambra, s'en retourna après une année à Málaga, où il acheta maison et équipage et où il est encore un des hommes les plus vieux et les plus riches de la ville – il avait bien entendu découvert le trésor secret des soldats fantômes, conclut Mateo.

BOABDIL EL CHICO

Ma conversation avec l'homme de la cour des Lions avait acheminé ma rêverie vers le singulier destin de Boabdil. Jamais surnom ne fut plus mérité que celui que lui donnèrent ses sujets : « el Zogoybi », savoir, le Malchanceux. Ses infortunes commencent presque au berceau. Dès sa tendre enfance, il est emprisonné et menacé de mort par un père inhumain ; il ne s'en tire que grâce à un stratagème maternel ; plus tard, sa vie est empoisonnée et souvent mise en danger par l'hostilité d'un oncle usurpateur ; son règne est troublé par des invasions de l'extérieur et des dissensions intestines ; il est tour à tour l'ennemi, le prisonnier, l'ami, et toujours la dupe de Ferdinand, jusqu'au moment où il est vaincu et détrôné par l'habileté et la force de ce monarque perfide. Exilé de sa terre natale, il se réfugie auprès d'un prince d'Afrique et tombe obscurément dans une bataille livrée pour un étranger. Mais son guignon ne cessa pas avec sa mort. Si Boabdil avait jamais désiré laisser un nom honorable dans les annales, combien ses espoirs ont été cruellement déçus ! Qui a prêté la moindre attention à la romantique histoire de la domination mauresque en Espagne sans s'enflammer d'indignation devant les prétendues atrocités de Boabdil ? Qui n'a pas été touché par les malheurs de sa belle et charmante épouse, soumise par lui à une épreuve mortelle, après une fausse accusation d'infidélité ? Qui n'a pas été révolté par l'assassinat de sa sœur et de ses deux enfants, qu'il aurait commis dans un accès de colère ? Qui n'a pas senti son sang bouillir dans ses veines au récit de l'odieux massacre des trente-six valeureux Abencérages qu'il aurait fait décapiter dans la cour des Lions ? Toutes ces accusations se sont répétées sous diverses formes ; elles ont passé dans les ballades, les drames, les romances, et se sont si bien ancrées dans la croyance populaire qu'il est impossible de les en déraciner. Il n'est pas un étranger cultivé qui ne visite l'Alhambra sans demander où se trouve la fontaine près de laquelle les Abencérages ont été décapités, qui ne regarde avec horreur la grille derrière laquelle on dit que la reine a été enfermée ; pas un paysan de la vega ou de la sierra qui ne chante ces tristes faits dans ses frustes mélodies en s'accompagnant à la guitare, tandis que ses auditeurs apprennent à exécrer le nom même de Boabdil.

En vérité, jamais nom n'a été aussi hideusement noirci. J'ai examiné toutes les lettres et chroniques authentiques écrites par des auteurs espagnols contemporains de Boabdil, dont certains, admis à la confidence des Rois Catholiques, furent effectivement témoins de la guerre. J'ai consulté toutes les autorités arabes, auxquelles j'ai pu avoir accès par des traductions, et je n'y trouve rien qui justifie ces odieuses accusations. Source de ces légendes calomnieuses, un ouvrage intitulé *Les Guerres civiles de Grenade* contient une pseudo-histoire des querelles entre les Zegris et les Abencérages au temps du déclin de l'empire maure. Cette soi-disant chronique, publiée primitivement en espagnol, se prétendait traduite de l'arabe par un certain Ginés Pérez de Hita, citoyen de Murcie. Depuis, elle a été traduite en plusieurs langues et Florian l'a beaucoup utilisée dans sa légende de Gonzalve de Cordoue ; dès lors, elle a fini par usurper l'autorité de l'histoire véritable auprès du peuple, et en particulier des paysans de Grenade. Ce n'est pourtant qu'un ramassis d'inventions, assaisonné de quelques faits plus ou moins arrangés qui lui donnent une apparence de véracité. Il recèle d'ailleurs les preuves internes de sa fausseté ; les us et coutumes des Maures y sont représentés de façon extravagante, les scènes décrites sont totalement incompatibles avec leurs mœurs et leur foi ; un écrivain mahométan jamais n'aurait pu les écrire.

Je dois dire que cette volonté de tout déformer me paraît bien criminelle. On peut accorder une grande latitude à la fiction romanesque, mais il y a des limites qu'il ne faut pas dépasser. Le nom des morts célèbres ne doit pas plus être calomnié que celui des vivants illustres. On aurait pu croire que l'infortuné Boabdil avait suffisamment payé de la perte de son royaume sa légitime hostilité envers les Espagnols, qu'il serait épargné par la honteuse calomnie, la moquerie, que son nom ne deviendrait pas, dans son pays natal et jusque dans la demeure de ses pères, synonyme d'infamie !

Je n'ai pas l'intention d'affirmer ici que les crimes imputés à Boabdil sont dépourvus de tout fondement historique ; toutefois, les recherches semblent indiquer qu'ils ont été commis par son père, Aben Hassan, que les chroniqueurs arabes et chrétiens s'accordent à peindre féroce et cruel. C'est lui qui mit à mort les chevaliers de l'illustre maison des Abencérages, parce qu'il les soupçonnait de comploter contre son trône.

De même, la légende de la reine accusée et enfermée dans une des tours a son origine dans un épisode appartenant à la vie du père de Boabdil. Aben Hassan avait épousé, à un âge déjà avancé, une belle captive chrétienne de famille noble qui avait pris le nom musulman de Zorayda et lui avait donné deux fils. Ambitieuse, elle voulait voir ses enfants lui succéder sur le trône. Elle aiguisa dans ce but le caractère soupçonneux du roi, l'enflamma de jalousie contre les enfants qu'il avait eus de ses autres femmes et concubines, qu'elle accusait de comploter contre sa vie et contre le trône. Certains d'entre eux furent tués par leur père féroce. Aïcha *la Horra*, la vertueuse mère de Boabdil, qui avait été autrefois la favorite, devint elle aussi l'objet de ses soupçons. Il l'enferma avec son fils dans la tour de Comares et eût sacrifié Boabdil à sa furie si sa tendre mère ne l'avait fait descendre de la tour, en pleine nuit, au moyen d'écharpes, lui permettant ainsi de s'enfuir vers Guadix. Telle est la seule apparence de vérité que je puisse trouver à la légende de la reine accusée et captive ; là, Boabdil apparaît comme le persécuté et non le persécuteur.

Durant son règne, bref, agité et désastreux, Boabdil se révéla être un homme doux et aimable. Dès l'abord, il gagna tous les cœurs par ses manières gracieuses et affables ; clément, il ne punissait jamais sévèrement ceux qui se soulevaient parfois contre lui. Brave, il manquait néanmoins de caractère et, dans les moments critiques, se montrait hésitant, irrésolu. Cette faiblesse précipita sa chute, tandis qu'elle le dépouillait du prestige héroïque qui, en lui conférant la grandeur et la gloire, l'eût rendu digne d'achever l'épisode houleux, dramatique de la domination musulmane en Espagne.

SOUVENIRS DE BOABDIL

L'esprit encore occupé par mon sujet, je décidai de suivre les traces de ce prince infortuné, sur les lieux même qui virent sa grandeur et ses épreuves. Dans la galerie de tableaux du Generalife se trouve un portrait de lui. Le visage est doux et beau, quelque peu mélancolique, avec un teint clair et des cheveux blonds ; si la peinture est fidèle, il a pu être incertain et flottant, mais son aspect n'a rien de dur ni de cruel.

Ensuite je visitai le cachot où il fut enfermé pendant son enfance, lorsque son terrible père méditait de le tuer. C'est une pièce voûtée située dans la tour de Comares, sous la salle des Ambassadeurs ; une pièce identique, reliée à la première par un étroit couloir, était la prison de sa mère, la vertueuse Aïcha la Horra. Les murs sont d'une prodigieuse épaisseur, et des barres de fer protègent les petites fenêtres. Une étroite galerie de pierre, munie d'un parapet très bas, fait saillie sur trois côtés de la tour, juste au-dessous des châssis, mais à une hauteur considérable du sol. C'est de cette galerie, suppose-t-on, que la reine, au moyen de ses écharpes et de celles de ses femmes, fit descendre son fils, en pleine nuit, jusque sur le versant de la colline, au pied de laquelle l'attendait un domestique accompagné d'un pur-sang qui devait emmener le prince dans la montagne. Tandis que je parcourais la galerie, mon imagination me peignait la reine anxieuse, penchée sur le parapet, écoutant, le cœur battant, les derniers échos des pas du cheval qui se perdaient dans l'étroite vallée du Darro.

Je me mis en quête de la porte par laquelle Boabdil sortit de l'Alhambra lorsqu'il alla livrer sa capitale; caprice d'un cœur désolé, il avait demandé aux monarques catholiques de ne plus permettre ensuite l'accès de cette porte à personne. D'après les anciennes chroniques, la sympathie d'Isabelle fit qu'on honora son souhait: on mura la porte. Pendant quelque temps, je m'enquis en vain de son existence; finalement, mon humble suivant, Mateo, apprit des vieux résidants de la forteresse qu'il existait une porte en ruine par laquelle le roi maure aurait quitté l'édifice, mais qui n'avait jamais été ouverte, aussi loin qu'ils pouvaient s'en souvenir.

Il m'y conduisit. La porte se trouve au centre de ce qui fut autrefois une tour immense, *la Torre de los Siete Pisos*, la Tour à sept étages. C'est un endroit célèbre dans les superstitions du voisinage où elle est le théâtre d'apparitions étranges et d'enchantements.

Autrefois redoutable, le donjon n'est plus qu'une ruine; les Français le firent sauter lorsqu'ils abandonnèrent la forteresse. D'énormes blocs gisent çà et là, ensevelis sous une herbe luxuriante, dans l'ombre des vignes et des figuiers. L'arc, bien que fissuré par le choc, subsiste encore et, une fois encore, le dernier souhait de Boabdil se trouve réalisé – à la faveur du hasard, il est vrai – car la porte, obstruée par les pierres, demeure infranchissable.

Sur les traces du monarque musulman, je traversai à cheval la colline de *los Mártires*, longeai le jardin d'un couvent qui porte le même nom, puis plongeai dans un ravin abrupt, embroussaillé d'aloès et de cactus, bordé de grottes et de cabanes fourmillant de gitans. C'était la route qu'avait empruntée Boabdil pour contourner la ville. La descente était si raide et si inégale que je dus mettre pied à terre et mener ma monture par la bride.

Émergeant du vallon et passant par la *Puerta de los Molinos*, la porte des Moulins, je débouchai sur la promenade publique du Prado et, suivant le cours du Genil, j'arrivai à une ancienne mosquée, aujourd'hui l'ermitage de San Sebastián. Une plaque sur le mur indique que c'est à cet endroit que Boabdil remit les clés de Grenade aux souverains castillans. De là, je parcourus lentement la vega jusqu'à un village où la famille et les domestiques du malheureux roi étaient allés l'attendre, car il les avait envoyés la veille en éclaireurs afin que sa mère et sa femme ne fussent point mêlées à son humiliation, ni exposées au regard des vainqueurs. Suivant toujours les pas du triste cortège des exilés royaux, je parvins au pied d'une chaîne d'arides et sombres collines qui forment la base des monts de l'Alpujarra. C'est d'un de ces sommets que l'infortuné Boabdil jeta un dernier coup d'œil sur Grenade ; il porte le nom expressif de *Cuesta de las Lágrimas*, colline des Larmes. Plus loin, un chemin sablonneux serpente à travers un rude désert de pierres, doublement attristant pour le malheureux monarque, car il le conduisait à l'exil.

J'éperonnai mon cheval et grimpai au sommet d'un roc, à l'endroit où Boabdil poussa sa dernière exclamation de désespoir lorsqu'il détourna les yeux des lieux qu'il quittait ; on a baptisé le rocher *El Ultimo Suspiro del Moro*, l'Ultime Soupir du Maure. Qui peut s'étonner de la douleur qu'il éprouva en se voyant chassé d'un pareil royaume et d'une pareille résidence ? Avec l'Alhambra, il paraissait céder tous les honneurs de son origine, toutes les gloires et toutes les délices de la vie.

C'est là également que son affliction fut portée à son comble par le reproche que lui adressa sa mère, Aïcha, qui l'avait pourtant si souvent réconforté dans les moments difficiles et avait vainement essayé de lui infuser son esprit de détermination :

– Tu fais bien, lui dit-elle, de pleurer comme une femme ce que tu n'as pas su défendre comme un homme ; paroles qui dénotaient plus l'orgueil d'une princesse que la tendresse d'une mère.

Lorsque cette anecdote fut rapportée à Charles Quint par l'évêque Guevara, l'empereur s'associa au mépris de la sultane pour la faiblesse de caractère de l'irrésolu Boabdil :

– Si j'avais été de lui ou lui de moi, dit l'altier souverain, j'eusse préféré faire de l'Alhambra mon sépulcre plutôt que de vivre sans royaume dans l'Alpujarra.

Comme il est facile, au sommet de la gloire et de la prospérité, de prêcher l'héroïsme aux vaincus !

Comme on comprend mal, alors, que la vie puisse avoir plus de valeur pour les infortunés, lorsqu'il ne leur reste plus rien que la vie !

LE BALCON

Dans la salle des Ambassadeurs, la fenêtre centrale est pourvue d'un balcon en encorbellement qui, pareil à une cage, fait saillie sur la tour, au-dessus de la cime des arbres qui poussent sur le versant de la colline abrupte. Il me tient lieu, en quelque sorte, d'observatoire, où je m'installe souvent pour contempler non seulement le ciel, mais aussi la terre. Outre le magnifique panorama sur la montagne, la vallée et la vega, il offre à mon observation un petit tableau humain toujours changeant. Au pied de la colline se trouve une *alameda*, ou promenade publique, qui, sans prétendre à l'élégance du moderne et splendide Paseo du Genil, peut se vanter de recevoir une foule variée et pittoresque. On y voit la petite bourgeoisie des faubourgs, mêlée aux prêtres et aux frères, qui se promènent pour aiguiser leur appétit ou faciliter leur digestion, les majos et les majas (les élégants et les élégantes du peuple), vêtus de leurs costumes typiques, des contrebandiers fanfarons et parfois quelque mystérieux aristocrate, le visage à demi dissimulé, venu à un rendez-vous secret.

Cela compose un tableau mouvant et bigarré de la vie espagnole que je me délecte à étudier; à l'instar du naturaliste qui examine au microscope, je possède une lorgnette qui rapproche à tel point les visages des différents groupes que j'ai parfois l'impression, au jeu et à l'expression de leur physionomie, de deviner bientôt leur conversation. Observateur invisible, sans quitter ma solitude, je peux en un instant me plonger au milieu de la société – rare avantage pour une personne un peu timide et pondérée qui, comme moi, aime à observer le drame de la vie sans y être acteur.

Au-dessous de l'Alhambra, un large faubourg chemine le long de l'étroite vallée et s'étend, en face, sur la colline de l'Albaicín. Beaucoup de ses maisons sont bâties dans le style arabe, autour de patios rafraîchis de fontaines ; comme les gens passent beaucoup de temps dans leurs cours et sur leurs terrasses pendant l'été, on comprendra que plus d'un aspect de leur vie domestique puisse être saisi par un spectateur aérien comme moi qui les regarde des nuages.

Je jouis, pour ainsi dire, des avantages de ce personnage de roman qui, du haut des toits, découvrait Madrid[1]. Mon loquace Mateo Jiménez, digne d'Asmodée, ne se prive pas de me conter des anecdotes sur telle ou telle maison et ses habitants.

Je préfère, cependant, échafauder des histoires pour mon plaisir. Ainsi, je reste des heures à former, à partir d'incidents et d'indications que le hasard offre à mes yeux, la trame des plans, des intrigues et des occupations des mortels qui s'affairent en bas. À peine y a-t-il un joli visage ou une silhouette remarquable, parmi les personnages que je vois chaque jour, autour desquels je n'aie bâti peu à peu toute une histoire dramatique. Mais il arrive que mes protagonistes agissent au rebours de ce que leur indique leur rôle et déconcertent toute ma pièce. Voilà quelques jours, j'inspectais avec mes lunettes les ruelles de l'Albaicín quand j'aperçus la procession escortant une novice qui allait prendre le voile. Je

1. Il s'agit du *Diablo Cojuelo, Le Diable boiteux*, de Luis Vélez de Guevara, écrivain du XVIe siècle. On y voit un étudiant nommé Cleofas Pérez Zambullo délivrer le diable Asmodée du flacon où il est emprisonné.

notai plusieurs détails qui excitèrent ma plus vive sympathie pour le sort de cette jeune personne qu'on allait enfermer vivante dans une tombe. Je m'assurai, non sans satisfaction, qu'elle était belle et, à la pâleur de sa joue, je compris qu'elle était une victime et non une professe volontaire. Elle était parée d'une robe de mariée et d'une guirlande de fleurs blanches, mais manifestement son cœur se révoltait contre cette parodie de noces et n'aspirait qu'à des amours terrestres. L'homme de haute taille et d'allure sévère qui marchait à ses côtés était évidemment le père tyrannique qui, par bigoterie ou calcul, l'avait obligée à ce sacrifice. Dans la foule, le beau jeune homme brun, en costume andalou, qui semblait la fixer d'un œil désespéré était sans aucun doute l'amoureux secret dont elle allait être pour toujours séparée. Mon indignation redoubla lorsque je remarquai l'expression maligne qui se peignait sur le visage des moines et des frères qui l'accompagnaient. La procession arriva à la chapelle du couvent; le soleil brilla une dernière fois sur la guirlande de la pauvre novice lorsqu'elle traversa le seuil fatal et disparut derrière les murs. La foule la suivit avec la croix et le chœur des chanteurs; l'amoureux s'arrêta un instant devant la porte. Je pouvais deviner le tumulte de son âme, mais il le domina et entra. Un long intervalle de temps s'écoula... J'imaginais la scène, à l'intérieur : la pauvre novice, dépouillée de ses atours et revêtue de la robe du couvent, la couronne nuptiale ôtée de son front, sa belle tête déparée de ses longues tresses soyeuses, murmurait l'irrévocable vœu. Je la vis plus tard, enveloppée dans un suaire, couchée dans la bière; le service funèbre s'accomplissait, j'entendais les notes graves de l'orgue, le plaintif requiem chanté par les nonnes; le père devait conserver son regard dur et insensible. Quant à l'amoureux... mais non, mon imagination refusait de me peindre l'amoureux, il restait à l'état d'ébauche dans le tableau.

Passé un moment, la foule sortit et se dispersa, heureuse

de retrouver la lumière du soleil et de se mêler de nouveau au mouvement de la vie. La victime était restée derrière eux. Enfin apparurent le père et l'amoureux, qui discutaient avec animation. Le jeune homme gesticulant avec véhémence, je m'attendais à voir mon histoire s'achever sur un incident violent, mais l'angle d'une maison me cacha la scène. Depuis, mes yeux se sont souvent tournés vers le couvent avec un intérêt attristé. J'y remarquais, tard dans la nuit, une lumière brillant à une fenêtre isolée dans l'une des tours, et je me disais : « C'est là que la pauvre nonne passe la nuit à pleurer dans sa cellule, tandis que son amoureux rôde dans la rue, désespéré. » L'officieux Mateo vint un jour interrompre mes rêveries et en un instant détruisit la toile tissée par ma fantaisie. Ayant, avec son zèle coutumier, recueilli les informations relatives à l'événement, il mit par terre mon bel échafaudage. L'héroïne de mon roman n'était ni jeune ni belle, elle n'avait pas d'amoureux, était entrée au couvent de sa propre volonté et s'y montrait une pensionnaire des plus gaies.

Je mis quelque temps à pardonner à la nonne le tort qu'elle me faisait en osant être ainsi heureuse dans sa cellule, au mépris de toutes les conventions du roman ; mais j'oubliai mon dépit en observant le joli manège d'une fille brune aux yeux noirs qui, de son balcon enseveli sous une végétation en fleur et protégé d'un store de soie, échangeait des signes mystérieux avec un beau cavalier brun, aux abondants favoris, qu'on pouvait voir souvent dans la rue, sous sa fenêtre. Parfois je le voyais au petit matin se glisser hors de la maison, enveloppé jusqu'aux yeux dans sa cape. Changeant toujours son déguisement, il venait se poster à un angle où, sans doute, il attendait le signal convenu pour s'introduire dans la maison. La nuit, une guitare lançait ses accords, et l'on voyait une lanterne se déplacer sur le balcon. J'imaginais une intrigue, dans le genre de celle du comte Almaviva, mais toutes mes suppositions s'écroulèrent encore lorsque j'appris que l'amant supposé – contrebandier notoire – était l'époux de la dame et que les mystérieux signaux, l'inlassable va-et-vient cachaient quelque trafic louche…

Du haut de mon balcon, je m'amuse parfois à noter les changements d'éclairage qui, selon les diverses phases du jour, s'opèrent sur le tableau que j'ai sous les yeux.

À peine l'aube grise a-t-elle rayé le ciel et le premier coq a-t-il chanté aux villas de la colline que les faubourgs se raniment; les fraîches heures du petit matin sont précieuses en été sous ces climats chauds. Tout le monde s'empresse de commencer avec le soleil la nouvelle journée de labeur. Le muletier fait sortir ses bêtes déjà chargées pour le voyage; le voyageur passe sa carabine derrière sa selle et enfourche sa monture à la porte de l'auberge; le rude paysan presse ses ânes chargés de corbeilles de fruits dorés et de légumes encore luisants de rosée, car déjà les actives ménagères se hâtent vers le marché.

Le soleil s'est levé et son éclat étincelle dans la vallée, derrière le translucide feuillage des bois. Les mélodieuses matines résonnent dans l'air limpide, annonçant l'heure du culte. Le muletier arrête ses bêtes devant la chapelle, passe son bâton derrière sa ceinture, lisse ses cheveux de jais, puis entre, le chapeau à la main, écouter la messe et prier pour le succès de son voyage dans la sierra. Voici maintenant s'avancer, légère comme une fée, la gentille señora avec sa pimpante basquiña, l'éventail toujours en mouvement, et ses yeux noirs qui pétillent sous les plis gracieux de sa mantille. Elle recherche une église élégante pour y faire ses dévotions matinales; mais la toilette raffinée, le soulier exquis, le bas élégant, les cheveux d'ébène délicatement partagés en tresses, la rose fraîchement cueillie qui étincelle parmi eux comme un joyau, tout indique que la terre partage avec le ciel l'empire de son cœur. Ouvrez bien l'œil sur elle, mère attentive, vieille parente ou vigilante duègne qui marchez derrière elle!

Tandis que la matinée avance, le bruit de la ville augmente

de toutes parts ; les rues sont peuplées d'hommes, de chevaux et de bêtes de somme ; le bourdonnement s'enfle en une clameur de vague. Au fur et à mesure que le soleil monte à son zénith, la rumeur et l'agitation déclinent ; à l'apogée du midi, une pause s'établit, la ville haletante s'écroule sous le poids de la lassitude et, pendant plusieurs heures, c'est le repos général. Les fenêtres sont fermées, les rideaux tirés, tout le monde s'est réfugié dans les pièces les plus fraîches ; le moine repu ronfle dans le dortoir, le solide porteur s'est étendu sur le trottoir, près de son fardeau, le paysan et le manœuvre sont couchés sous les arbres de l'Alameda, bercés par la stridulation monotone des cigales. Nul passant n'apparaît dans les rues, à l'exception du porteur d'eau dont le cri : « Eau plus froide que la neige des montagnes », rafraîchit l'oreille.

Puis le soleil décline, la ville se ranime et, quand les cloches du soir annoncent que l'astre a disparu, la nature semble se réjouir de la chute du tyran. C'est alors que commencent l'animation et le plaisir, tout le monde sort pour respirer l'air du soir et jouir du bref crépuscule dans les promenades et les jardins du Darro et du Genil.

Lorsque tombe la nuit, cette scène mouvante prend un nouvel aspect. L'une après l'autre, les lumières se mettent à clignoter. Ici c'est un cierge à la fenêtre d'un balcon, là, une lampe votive devant l'image d'un saint. Peu à peu, la ville émerge ainsi de l'ombre qui l'envahit, étincelant de tous ses feux épars, tel le firmament étoilé. Alors, des cours et des jardins, des rues et des venelles s'élève le chant d'innombrables guitares, accompagné du cliquetis des castagnettes qui se fond, à ces hauteurs, en une confuse rumeur de fête. « Jouis de l'heure présente ! », telle est la devise de l'ardent Andalou ; et jamais il ne l'applique aussi intensément que par ces nuits d'été embaumées où il offre à sa maîtresse des danses, des aubades et des sérénades passionnées.

Un soir que j'étais installé à mon balcon à goûter la brise

légère qui faisait frémir les frondaisons de la colline, mon humble historiographe Mateo, assis à mes côtés, me désigna un immeuble de belle apparence dans une rue obscure de l'Albaicín, et me conta à peu près dans ces termes l'histoire qui va suivre.

L'AVENTURE DU MAÇON

Jadis à Grenade vivait un pauvre maçon qui observait toutes les fêtes des saints et qui, malgré sa dévotion, devenait chaque jour si pauvre qu'il pouvait à peine acheter du pain pour sa nombreuse famille. Tiré une nuit de son premier sommeil par un coup frappé à sa porte, il alla ouvrir et se trouva face à un long prêtre décharné de mine cadavérique.

– Écoute, mon brave, lui dit l'inconnu, j'ai remarqué que tu étais un bon chrétien et un homme fiable; voudrais-tu, cette nuit même, entreprendre pour moi un travail?

– De tout cœur, señor *padre*, à condition toutefois que je sois payé en conséquence.

– Tu le seras, si tu consens à te laisser bander les yeux.

Le maçon ne s'y opposant point, il fut conduit, les yeux bandés, par des sentiers raboteux et des passages tortueux, jusqu'au seuil d'une maison. Le prêtre introduisit la clé, qui fit grincer la serrure, et ouvrit un portail qui parut au maçon fort massif. Ils entrèrent, le prêtre referma et verrouilla le portail, et, par un couloir sonore et un vestibule spacieux, conduisit notre homme à l'intérieur de la maison. Là, le bandeau ôté, il se trouva dans un patio faiblement éclairé par une seule lampe. Au centre, on voyait le bassin à sec d'une vieille fontaine mauresque, sous laquelle le prêtre lui demanda de bâtir une petite niche avec les briques et le ciment préparés à son intention. Il travailla toute la nuit, mais ne put achever son œuvre. Peu avant l'aube, le prêtre lui mit une pièce d'or dans la main et, lui ayant derechef bandé les yeux, le ramena à sa demeure.

– Consens-tu à revenir achever ton travail ? lui demanda-t-il.

– Volontiers, señor padre, à condition que je sois aussi bien payé.

– Eh bien, demain à minuit je t'appellerai de nouveau.

C'est ce qu'il fit, et la niche fut achevée.

– À présent, lui dit le prêtre, il faut que tu m'aides à transporter les corps que je veux ensevelir ici.

À ces mots, notre pauvre maçon sentit ses cheveux se hérisser sur sa tête ; il suivit le prêtre, d'un pas chancelant, dans une pièce écartée de la maison, s'attendant à un affreux spectacle ; mais quel ne fut pas son soulagement lorsqu'il aperçut trois ou quatre jarres imposantes entreposées dans un coin. Comme elles étaient manifestement bourrées d'argent, c'est à grand-peine que le prêtre et lui purent les pousser et les loger dans la tombe, qu'ils refermèrent ensuite, non sans avoir effacé les traces de l'ouvrage. Le maçon eut de nouveau les yeux bandés et fut reconduit par un chemin différent de celui qu'ils avaient pris. Après avoir longtemps erré dans un inextricable entrelacs de ruelles et de sentiers, ils s'arrêtèrent. Le prêtre lui mit deux pièces d'or dans la main et lui dit :

– Reste ici jusqu'au moment où tu entendras les matines sonner à la cathédrale. Si tu oses te découvrir les yeux avant, un malheur t'attend, le prévint-il avant de le quitter.

Fidèle à son engagement, le maçon attendit et tua le temps en soupesant les deux pièces, qu'il faisait tinter l'une contre l'autre. Quand retentit le premier carillon, il découvrit ses yeux et vit qu'il était sur les bords du Genil ; il se hâta de rentrer chez lui et, grâce au salaire de ses deux nuits laborieuses, fit bombance avec sa famille pendant une bonne quinzaine – après quoi, il se retrouva pauvre comme devant.

Année après année, il continua de vivre comme naguère, travaillant peu, priant beaucoup, observant dimanches et fêtes des saints, tant et si bien que sa famille devint aussi famélique et déguenillée qu'une tribu de gitans. Un soir, comme il était assis à la porte de sa masure, il fut accosté par un vieillard aussi riche que pingre, que l'on savait possesseur de plusieurs immeubles et propriétaire exigeant. Le bourgeois, de sous ses sourcils broussailleux, fixa sur le maçon un œil inquisiteur.

– On me dit, mon ami, que tu es bien pauvre.

– Pas moyen de le nier, señor, cela saute aux yeux.

– Je présume donc que tu serais heureux d'avoir du travail et que tu le ferais pour pas cher.

– Pour moins cher, señor, que n'importe quel maçon de Grenade.

– C'est ce qu'il me faut. Je possède une vieille maison qui tombe en ruine et qui me coûte plus d'argent qu'elle ne vaut pour la réparer, car personne ne veut y vivre ; c'est pourquoi je dois m'arranger pour la retaper au plus bas prix possible.

Le maçon fut donc conduit à cette grande bâtisse abandonnée qui semblait sur le point de crouler. Il passa par diverses salles vides et entra dans une cour où son regard fut aussitôt retenu par une vieille fontaine mauresque. Il s'arrêta un moment, car le souvenir de ce lieu lui revenait comme un rêve.

– S'il vous plaît, fit-il, qui donc occupait cette maison ?

– Peste soit de l'homme ! s'écria le propriétaire, c'était un vieux prêtre avare qui ne se préoccupait que de lui. On le disait immensément riche, et, comme il n'avait pas de parents, on pensait qu'il léguerait tous ses trésors à l'Église. Il est mort subitement et les curés et les moines sont venus en foule pour prendre possession de ses richesses ; mais ils n'ont trouvé que quelques ducats au fond d'une bourse de cuir. Le plus mauvais lot m'était réservé, car depuis sa mort, le vieux grigou continue à occuper ma maison sans me payer de loyer et il n'y a pas moyen de faire un procès à un mort. Les gens prétendent qu'ils entendent toute la nuit le tintement de l'or dans la chambre où il dormait, comme s'il recomptait son argent, et parfois des plaintes et des gémissements dans la cour. Vraies ou fausses, ces histoires portent préjudice à ma maison et personne ne veut y mettre les pieds.

– Ne m'en dites pas plus, répondit le maçon avec un accent plein de fermeté ; laissez-moi vivre gratuitement dans votre maison jusqu'à ce que vous trouviez un meilleur locataire, et je m'engage à la réparer et à apaiser l'âme en peine qui la trouble. Je suis pauvre et bon chrétien, le Diable en personne ne me ferait pas peur, quand bien même il m'apparaîtrait sous la forme d'un gros sac d'argent.

La proposition du brave maçon fut acceptée volontiers ; il s'installa avec sa famille dans la maison et remplit tous ses engagements. Peu à peu, l'immeuble fut restauré, et si l'argent y tinta, ce ne fut plus la nuit dans la chambre du prêtre défunt, mais le jour, dans la poche du maçon vivant. En un mot, il fit rapidement fortune, à la stupéfaction de tous ses voisins, et devint un des hommes les plus riches de Grenade ; il fit des dons importants à l'Église, sans doute pour apaiser sa conscience, et ne révéla le secret de la tombe que sur son lit de mort, à son fils et héritier.

EXCURSION PARMI LES COLLINES

Lorsque le soir tombe et que la chaleur commence à se dissiper, j'aime à faire de longues randonnées sur les collines environnantes et parmi les profonds vallons, accompagné de mon écuyer et historiographe Mateo, à qui j'accorde pleine licence de pérorer; il n'est pas un rocher, une ruine, une fontaine brisée ou un ravin solitaire sur lesquels il n'ait une histoire à raconter – de préférence, une légende relative à un trésor fabuleux, car jamais pauvre diable ne fut, autant que lui, prodigue de richesses enfouies.

Nous fîmes voilà peu une grande promenade de ce genre, au cours de laquelle Mateo se montra plus communicatif encore qu'à l'ordinaire. Au coucher du soleil, nous sortîmes par la grande porte de la Justice et gravîmes un raidillon. Mateo s'arrêta sous un bouquet de figuiers et de grenadiers, au pied de l'énorme tour en ruine qu'on appelle la Tour à sept étages et, me signalant une voûte basse au pied de la tour, il m'informa qu'un esprit, un fantôme épouvantable y habitait depuis le temps des Maures pour garder les trésors d'un roi musulman. Il sortait parfois au milieu de la nuit et parcourait les bois de l'Alhambra et les rues de Grenade sous la forme d'un cheval acéphale, un cheval que poursuivaient six chiens hurleurs.

– Est-ce que vous l'avez vu vous-même, Mateo, au cours de vos promenades ? lui demandai-je.

– Non, señor, grâce à Dieu ! Mais mon grand-père, le tailleur, connaissait plusieurs personnes qui l'avaient vu ; autrefois, il se manifestait plus souvent qu'aujourd'hui, tantôt sous une forme, tantôt sous une autre. Tout le monde à Grenade a entendu parler du *Velludo*, car les vieilles femmes l'invoquent pour effrayer les enfants qui pleurent. On dit que c'est le fantôme d'un cruel roi maure qui tua ses six enfants et les enterra sous ces arcades, et que ceux-ci le poursuivent, la nuit, pour se venger.

Je ne rapporterai pas ici les merveilleux détails que me donna le crédule Mateo sur ce redoutable esprit qui, de tout temps, a été effectivement un des thèmes favoris des contes de fées et des traditions populaires de Grenade et dont fait mention un ancien historien et topographe fort érudit. Je me contenterai de rappeler que c'est par la porte de cette tour que sortit l'infortuné Boabdil pour livrer sa capitale.

Laissant derrière nous le fameux palais, nous continuâmes notre course en longeant les fertiles vergers du Generalife, parmi lesquels deux ou trois rossignols chantaient leur riche mélodie. Derrière ces vergers, nous dépassâmes un certain nombre de citernes mauresques dont la porte, creusée dans la colline rocheuse, était bouchée. Au temps de leur jeunesse, me dit Mateo, lui et ses petits camarades s'étaient baignés dans les citernes, mais avaient cessé de fréquenter cette piscine de fortune au moment où ils avaient appris l'effrayante histoire du Maure hideux qui sortait de la porte rocheuse pour s'emparer des baigneurs imprudents.

Passé les citernes hantées, nous continuâmes notre route par un chemin muletier solitaire qui serpentait sur les hauteurs, et bientôt nous nous trouvâmes au milieu de montagnes désertes et désolées, privées d'arbres et tachetées çà et là d'une maigre verdure. J'avais peine à croire qu'à une si courte distance de nous s'épanouissaient les vergers et les jardins en terrasse du Generalife, et que nous étions aux abords de la délicieuse Grenade, la ville des bosquets et des fontaines. Mais telle est la nature en Espagne : sombre et sauvage lorsqu'elle n'est pas cultivée ; le désert y voisine avec le jardin.

L'étroit ravin que nous traversions s'appelle, selon Mateo, *el Barranco de la Tinaja*, le ravin de la Jarre, parce qu'on y avait découvert autrefois une jarre mauresque pleine d'or. La cervelle du pauvre Mateo est farcie de légendes où fourmillent les trésors.

– Que signifie donc la croix que j'aperçois là-bas, sur un tas de pierres, au plus étroit du ravin ?

– Oh ! rien... un muletier qui a été assassiné ici, autrefois.

– Ainsi donc, Mateo, des voleurs et des meurtriers sévissent aux portes même de l'Alhambra ?

– Plus maintenant, señor ; jadis oui, lorsqu'il y avait beaucoup de bandits autour de la forteresse, mais maintenant l'endroit est nettoyé. Ce n'est pas que les gitans qui vivent dans les grottes de la colline ne soient capables de faire un mauvais coup, mais nous n'avons pas eu de crime par ici depuis longtemps. L'homme qui a tué le muletier a été pendu dans la forteresse.

Notre chemin remontait le ravin, laissant sur notre gauche un tertre escarpé et rocheux qui s'appelle la Silla del Moro, d'après la tradition déjà citée, qui rapporte que le pauvre Boabdil aurait fui jusqu'à ces lieux pendant une insurrection populaire et qu'il aurait passé toute la journée, assis sur ce sommet, à contempler tristement sa ville révoltée.

Nous parvînmes finalement au plus haut de la colline qui domine Grenade et qui s'appelle la colline du Soleil. Le soir approchant, le soleil à son déclin ne dorait maintenant que les hauteurs. Çà et là, l'œil distinguait un pâtre solitaire qui ramenait son troupeau au bercail ou un muletier qui pressait ses bêtes traînardes, sur un sentier de montagne, pour arriver aux portes de la ville avant la nuit.

Bientôt le grave écho de la cloche de la cathédrale envahit les vallées, proclamant l'heure de la dévotion. Tous les clochers de la ville ainsi que les doux carillons des couvents perdus dans la campagne lui répondirent. Le berger s'arrêta au pied de la colline, le muletier au milieu de la route, l'un et l'autre ôtèrent leur chapeau et restèrent un moment immobiles, murmurant la prière du soir. Cette coutume est émouvante et solennelle, qui fait que, sur un signal mélodieux, les hommes s'unissent à travers la contrée pour rendre grâce à Dieu des bienfaits du jour. L'espace d'un moment, une sorte de sainteté se répand dans tout le pays, et le spectacle glorieux du soleil couchant ajoute à la majesté du tableau.

En l'occurrence, l'effet était rendu plus saisissant encore par le caractère sauvage et solitaire des lieux. Nous étions sur le sommet pierreux et dénudé de la fameuse colline du Soleil, où les puits, les citernes en ruine et les fondations de vastes constructions évoquaient un passé à jamais révolu et où, à présent, tout demeurait muet, désolé.

Comme nous errions parmi ces vestiges du passé, Mateo me désigna une cavité qui paraissait s'enfoncer profondément dans le sein de la montagne. C'était évidemment un puits que les Maures infatigables avaient creusé afin d'obtenir leur élément préféré dans toute sa pureté. Mateo, cependant, avait là-dessus une version différente, qui concordait davantage avec ses idées. C'était, selon la tradition, l'entrée d'une caverne souterraine dans laquelle Boabdil et sa cour étaient enfermés sous l'effet d'un charme magique ; ils en sortaient la nuit, à certaines époques, pour revisiter leurs anciennes demeures.

L'intense crépuscule, si bref sous ces climats, nous avertit que nous devions quitter ces lieux. Lorsque nous redescendîmes la pente de la montagne, nous ne vîmes personne, ni pâtre, ni muletier ; seul résonnait le cri-cri monotone des grillons. Les ombres de la vallée s'épaissirent et, bientôt, tout alentour fut plongé dans les ténèbres. Seule la cime de la sierra

Nevada retenait encore un dernier rayon du jour, et ses pics neigeux, éblouissants contre le firmament bleu, paraissaient proches par l'effet de l'extrême pureté de l'atmosphère.

– Comme la sierra semble près, ce soir ! s'écria Mateo ; on dirait qu'on peut la toucher du doigt, alors qu'elle est à des lieues d'ici.

Tandis qu'il parlait, apparut au-dessus de la cime neigeuse de la montagne une étoile solitaire, si pure, si grande, si claire et si belle que le bon Mateo se mit à pousser des cris d'extase.

– *¡ Qué estrella más hermosa ! ¡ Qué clara y límpida es ! ¡ No puede haber estrella más brillante !* (Quelle belle étoile ! Comme elle est claire et limpide ! On ne saurait en voir de plus brillante !)

J'ai souvent remarqué comme les gens du peuple en Espagne sont sensibles aux charmes de la nature. L'éclat d'une étoile, la beauté ou le parfum d'une fleur, la pureté cristalline d'une fontaine leur inspirent une sorte d'émerveillement poétique ; quels mots harmonieux leur fournit leur admirable langue pour exprimer leurs transports !

– Quelles sont donc, Mateo, ces lueurs que je vois clignoter sur la sierra Nevada, juste au-dessous de la région neigeuse, et qu'on pourrait prendre pour des étoiles si elles n'étaient rougeâtres et ne brillaient contre le versant obscur de la montagne ?

– Ce sont, señor, les feux qu'allument les hommes qui recueillent la neige et la glace pour les besoins de Grenade. Ils montent tous les après-midi avec leurs mulets et leurs ânes et, à tour de rôle, se reposent et se réchauffent autour du feu ou remplissent leurs paniers de glace. Puis ils redescendent à temps pour atteindre les portes de Grenade avant le coucher du soleil. Cette sierra Nevada, señor, c'est un bloc de glace déposé au milieu de l'Andalousie pour la rafraîchir l'été.

Il faisait maintenant nuit noire. Nous franchissions le barranco à l'endroit où se dressait la croix du muletier assassiné, lorsque j'aperçus plusieurs phosphorescences qui flottaient au loin et semblaient remonter le ravin. De plus près, nous vîmes que c'étaient des torches portées par un cortège d'étranges figures vêtues de noir. En n'importe quelle autre occasion, cette procession eût paru déjà passablement sinistre, mais là, en plein désert, combien plus l'était-elle. Mateo s'approcha de moi et me dit à voix basse que c'était un cortège funèbre qui conduisait un corps à un cimetière situé parmi ces collines.

Quand la procession arriva à notre hauteur, la flamme lugubre des torches qui illuminaient les traits farouches et les vêtements noirs des hommes du cortège révéla un tableau aussi macabre que fantastique, car elle éclairait également le visage du mort que, selon la coutume espagnole, on portait dans une bière découverte. Je restai quelque temps à suivre des yeux le sinistre convoi qui cheminait dans les ténèbres du ravin. Il me rappelait un vieux conte où l'on voit des démons amener le corps d'un pécheur au cratère du Stromboli.

– Ah ! señor, s'écria Mateo, je pourrais vous conter l'histoire d'une procession pareille à celle-ci, mais vous vous mettriez à rire, vous diriez que c'est encore une légende héritée de mon grand-père.

– Pas du tout, Mateo. Rien ne me plaît autant qu'une belle histoire.

– Eh bien, je vous dirai que, du temps de mon grand-père, il y a des années et des années, vivait un vieux bonhomme qu'on appelait *Tío Nicolás* ; un jour qu'ayant rempli les paniers de sa mule de neige et de glace, il descendait de la montagne, pris d'un irrésistible sommeil, il monta sur sa bête et bientôt s'endormit, la tête dodelinant de droite et de gauche, tandis que sa bonne mule longeait le bord des précipices et descendait les barrancos les plus escarpés d'un pas aussi égal et aussi sûr que si elle trottait en pleine campagne. Finalement, Tío Nicolás se réveilla, regarda autour de lui, se frotta les yeux... Il y avait de quoi : la lumière de la lune brillait aussi claire que le jour et la ville s'étendait à ses pieds, aussi nette que je vous vois, et resplendissante, avec ses blanches maisons, comme un plat d'argent au clair de lune; mais, señor, ce n'était en rien la ville qu'il avait quittée quelques heures plus tôt! Au lieu de la cathédrale, avec son grand dôme et ses tours, au lieu des églises avec leurs clochers, des couvents avec leurs pinacles, tous surmontés de la sainte croix, il ne vit rien que des mosquées mauresques, des minarets, des coupoles décorées de croissants luisants tels que ceux des drapeaux de Barbarie.

» Ma foi, señor, comme vous l'imaginez, Tío Nicolás n'était pas peu surpris; mais tandis qu'il contemplait la ville, une grande armée s'avança dans la montagne, se déploya dans les gorges, tantôt au clair de lune, tantôt à l'ombre. Comme elle approchait, il vit qu'elle se composait de cavaliers et de fantassins, tous armés à la manière mauresque. Tío Nicolás essaya de s'en écarter, mais sa mule resta immobile, refusant d'avancer, tremblant comme une feuille – car les pauvres animaux, señor, sont aussi épouvantés par le surnaturel que les humains.

» Donc, l'armée fantôme progressait; certains soldats semblaient souffler dans des trompettes, d'autres, battre des tambours ou des cymbales, mais le silence était extrême, et tous, pâles comme la mort, cheminaient sans un bruit, tels ces tableaux qui décorent le théâtre de Grenade et où l'on voit défiler des armées muettes. Enfin, à l'arrière-garde, entre deux cavaliers noirs, Tío Nicolás aperçut le Grand Inquisiteur chevauchant une mule blanche comme neige et s'étonna de le voir en pareille compagnie, car l'Inquisiteur était fameux pour sa haine des Maures, des Juifs, des hérétiques et des infidèles en général, qu'il poursuivait tous sans merci. Rassuré néanmoins d'avoir en face de lui un personnage d'une si grande sainteté, Tío Nicolás fit le signe de la croix et lui demanda sa bénédiction lorsque, *hombre!* il reçut un coup qui l'envoya avec sa mule, cul par-dessus tête, au fond du ravin!

» Tío Nicolás ne reprit ses esprits que longtemps après

l'aube. Il gisait au fond du vallon, sa mule paissait à côté de lui ; la neige dans les paniers avait fondu. Il se traîna jusqu'à Grenade, rompu et contusionné, mais fut heureux de retrouver la ville telle qu'il la connaissait, avec ses églises chrétiennes et ses croix. Lorsqu'il conta son aventure, tout le monde se mit à rire ; les uns disaient qu'il avait rêvé, étant donné qu'il sommeillait sur sa mule, d'autres crurent qu'il avait forgé cette histoire – mais ce qu'il y a de curieux, señor, et qui donna à réfléchir par la suite, c'est que le Grand Inquisiteur mourut avant la fin de l'année. J'ai souvent entendu mon grand-père le tailleur dire que ce sosie fantôme avait plus de signification que les gens n'osaient l'imaginer.

– Vous voulez donc insinuer, mon brave Mateo, qu'il y a des limbes, une sorte de purgatoire maure dans les entrailles de ces montagnes, et que le Grand Inquisiteur y fut précipité ?

– À Dieu ne plaise, señor, je n'entends rien à ces choses-là ! Je rapporte simplement ce que j'ai entendu dire à mon grand-père.

Alors que Mateo achevait son récit, que je relate ici succinctement, expurgé des commentaires et des menus détails dont il l'agrémentait, nous arrivâmes aux portes de l'Alhambra.

TRADITIONS LOCALES

Le bon peuple espagnol, à l'instar des Orientaux, aime passionnément raconter des histoires, de préférence merveilleuses. Réunis sur le seuil de leurs maisons, les soirs d'été, ou autour d'une énorme et caverneuse cheminée de venta, les gens écoutent avec un plaisir insatiable les miraculeuses légendes de saints, les périlleuses aventures d'explorateurs, les exploits audacieux de bandits et de contrebandiers. L'aspect sauvage et retiré du pays, la diffusion imparfaite du savoir, le manque de sujets de conversation, le caractère encore hasardeux des voyages en de pareilles contrées, tout contribue à développer ce goût de la narration orale et à donner tant de force à l'extravagant et à l'incroyable. Le mythe des trésors ensevelis par les Maures, bien entendu le plus populaire et le plus vivant, est évoqué partout et en toutes circonstances. En traversant les sierras sauvages, théâtres d'anciens hauts faits, il n'est pas une atalaya perchée sur une falaise ou dominant un village de roc sur laquelle vous ne puissiez questionner votre muletier ; alors il s'arrêtera de fumer son *cigarrillo* pour vous conter une histoire de trésor musulman enfoui sous les fondations ; il n'est pas, en quelque ville, un alcázar, une citadelle en ruine qui n'aient eux aussi leur tradition fabuleuse, transmise de génération en génération parmi les pauvres du quartier.

Comme la plupart des fictions populaires, ces histoires se fondent sur de maigres données. Durant les guerres entre Maures et chrétiens qui déchirèrent le pays pendant des siècles, les villes et les châteaux étaient souvent exposés à changer soudain de mains; ceux qu'ils abritaient avaient coutume, pendant les sièges et les assauts, d'enterrer leur argent et leurs bijoux, de les cacher dans des caves ou au fond des puits, comme on le fait encore aujourd'hui dans les pays belliqueux et despotiques d'Orient. Lorsque les Maures furent expulsés, beaucoup d'entre eux dissimulèrent leurs biens les plus précieux, espérant que leur exil ne serait que temporaire et que bientôt ils pourraient revenir prendre possession de leurs trésors. Il est certain que de temps en temps la pioche ramène accidentellement au jour des cassettes d'or oubliées depuis des siècles au fin fond de forteresses ou de demeures mauresques, et il suffit d'un tel fait pour donner naissance à mille fictions.

Les histoires qui naissent de cette façon ont en général une couleur orientale et présentent ce mélange d'arabe et de gothique qui, pour moi, caractérise toute chose en Espagne, surtout dans les provinces du Sud. La fortune cachée est toujours placée sous un charme magique et protégée par des talismans et des sortilèges. Elle est tantôt gardée par des monstres fantastiques ou des dragons féroces, tantôt par des Maures enchantés qui, immobiles comme des statues, revêtus d'une armure, l'épée dégainée, exercent pendant des siècles une vigilance sans défaut.

L'Alhambra, du fait de ces circonstances historiques, est bien entendu le fief de ces légendes que viennent renforcer de temps en temps des exhumations de reliques. Cela peut être un vase de terre contenant des pièces mauresques et le squelette d'un coq enterré vivant, si l'on en croit de perspicaces conjectures; c'est parfois un récipient d'argile cuite contenant un grand scarabée, en lequel on s'empresse de voir une prodigieuse amulette aux vertus occultes. En fin de compte, les beaux esprits en guenilles qui hantent l'Alhambra ont tant spéculé à son sujet qu'il n'est, dans la vieille forteresse, de salle, de tour ou de voûte qui n'abritent quelque merveilleuse tradition.

Maintenant que j'ai suffisamment familiarisé, j'espère, mon lecteur avec le site, je vais me lancer plus franchement dans les légendes féeriques qui s'y rapportent et que j'ai soigneusement remaniées à partir de divers éléments et indices recueillis au cours de mes pérégrinations, à la façon dont un archéologue reconstitue un épisode historique d'après une inscription presque illisible.

Si quelque chose dans ces fables choque la raison de mon lecteur, il devra tenir compte du caractère particulier des lieux qui les ont vues naître. Il ne doit pas s'attendre à trouver ici les lois de vraisemblance qui gouvernent notre vie quotidienne, mais se souvenir qu'il foule le parquet d'un palais chimérique et qu'il est transporté en plein enchantement.

LA MAISON À LA GIROUETTE

Au sommet de la haute colline de l'Albaicín, la partie la plus élevée de Grenade, se dressent les vestiges de ce qui fut autrefois un palais royal, bâti peu après la conquête de l'Espagne par les Arabes. Converti en manufacture, il est si bien tombé dans l'oubli que j'eus du mal à le trouver, malgré le concours du sagace et précieux Mateo Jiménez. L'édifice porte toujours le nom par lequel il s'est fait connaître pendant des siècles : la *Casa del Gallo de Viento*, la maison à la Girouette. Elle est ainsi appelée d'après une figure de bronze représentant un guerrier à cheval, armé d'un bouclier et d'une lance, qui s'élève à l'une de ses tours et change de direction selon le vent. Elle porte une devise arabe qui, traduite en espagnol, se lit ainsi :

Según el sabio Aben Habuz
Así se defiende el andaluz.

Selon le sage Aben Habuz,
Ainsi se défend l'Andalou.

Aben Habuz, d'après les chroniques mauresques, était capitaine dans l'armée d'invasion de Târik, lequel le nomma *alcalde* de Grenade. Il aurait imaginé cette effigie guerrière comme un avertissement aux habitants musulmans d'Andalousie qui, entourés d'ennemis de toutes parts, devaient être toujours sur leurs gardes et prêts à combattre.

Mais les traditions donnent une version différente de cette histoire et prétendent que le cavalier de bronze était à l'origine un talisman de grande valeur qui, au cours des âges, perdit ses propriétés magiques et dégénéra en simple girouette – ainsi qu'on le verra au chapitre suivant.

LÉGENDE DE L'ASTROLOGUE ARABE

En des temps très anciens, un roi maure, Aben Habuz, gouvernait le royaume de Grenade. C'était un conquérant en retraite, autrement dit un homme vieux et faible qui, après avoir passé sa jeunesse à piller et ravager, aspirait à présent à la sérénité, à vivre dans la bonne entente avec ses semblables, à se reposer sur ses lauriers et à jouir en paix des possessions qu'il avait arrachées à ses voisins.

Le monarque raisonnable et pacifique était aux prises avec de jeunes rivaux qui, animés de son ancienne passion pour la gloire et la bataille, avaient une fâcheuse tendance à lui demander des comptes pour les victoires qu'il avait accumulées sur le dos de leurs pères. Sur ses propres terres, certains cantons éloignés, maintenant qu'il ne les tenait plus avec une poigne de fer et qu'il languissait après le repos, se découvraient du goût pour la révolte et menaçaient de l'assiéger dans sa capitale. Il avait donc ainsi des ennemis de tous côtés et, comme Grenade est environnée de montagnes sauvages, escarpées, l'infortuné Aben Habuz, incapable de savoir par où pourraient éclater les hostilités, passait ses jours dans les transes.

C'est en vain qu'il avait fait bâtir des tours de garde sur les hauteurs, placé dans les cols des sentinelles qui avaient pour consigne de faire des feux la nuit et, le jour, de faire monter la fumée dès l'approche de l'ennemi. Agile, celui-ci trompait ses précautions, trouvait invariablement un défilé peu défendu par lequel il se ruait dans ses terres à sa barbe, et s'en retournait avec butin et prisonniers. Vit-on jamais pacifique conquérant en retraite dans une situation aussi gênante ?

Un jour qu'Aben Habuz était plus empoisonné que de coutume par ses ennuis, un vieux médecin arabe arriva à sa cour. Sa barbe grise lui descendait jusqu'à la taille et il présentait les signes de l'âge le plus avancé ; pourtant, il avait fait à pied presque toute la route depuis l'Égypte, aidé de son seul bâton gravé de hiéroglyphes. Sa renommée l'avait précédé. Il se nommait Ibrahim Ebn Abu Ajub et l'on disait qu'il vivait depuis le temps de Mahomet, qu'il était le fils d'Abu Ajub, le dernier des compagnons du Prophète. Ayant, enfant encore, suivi en Égypte l'armée victorieuse d'Amru, il y demeura plusieurs années et, auprès des prêtres, s'initia aux sciences occultes, particulièrement à la magie. On prétendait qu'il avait trouvé le secret de prolonger la vie, grâce à quoi il était parvenu à l'âge de deux siècles et plus, mais que, sa découverte étant tardive, il n'avait pu que perpétuer ses cheveux gris et ses rides.

Comme Aben Habuz était à l'âge où les monarques donnent toutes leurs faveurs aux médecins, l'étonnant vieillard reçut l'accueil le plus empressé ; le roi lui aurait bien offert un appartement dans son palais, mais l'astrologue préféra une grotte sur le versant de la colline qui s'élève au-dessus de Grenade et où plus tard on érigerait l'Alhambra. Il fit élargir la grotte de façon qu'elle formât une haute salle spacieuse avec un grand trou circulaire au sommet, par lequel, comme du fond d'un puits, il pouvait observer le ciel et les étoiles. Les murs de cette salle furent couverts de hiéroglyphes égyptiens, de symboles cabalistiques et de figures des constellations. Il y ajouta un certain nombre d'objets fabriqués sous sa direction par les habiles artisans de la ville, mais dont les vertus secrètes n'étaient connues que de lui.

Bientôt conseiller privé du roi, le sage Ibrahim était désormais consulté à la moindre difficulté. Un jour qu'Aben Habuz se plaignait amèrement de l'injustice de ses voisins et de l'incessante vigilance à laquelle ils le contraignaient, l'astrologue, après l'avoir écouté un moment en silence, lui répondit :

– Sache, ô roi, que lorsque j'étais en Égypte j'ai vu une grande merveille, œuvre d'une prêtresse païenne d'autrefois. Sur une montagne au-dessus de la ville de Borsa, et dominant la grande vallée du Nil, se dressait l'effigie d'un bélier portant un coq, l'un et l'autre en bronze et mus par un pivot. Chaque fois que le pays était menacé d'une invasion, le bélier se tournait dans la direction de l'ennemi et le coq se mettait à chanter : les habitants de la ville, ainsi avertis du danger et de sa provenance, pouvaient prendre des mesures pour se défendre.

– Dieu est grand ! s'exclama le pacifique Aben Habuz ; si je pouvais me procurer un bélier qui veillât sur les montagnes et un coq qui m'avertît à temps du danger, si je pouvais placer de pareilles sentinelles sur le toit de mon palais, *Allah Akbar !* je dormirais sur mes deux oreilles !

L'astrologue attendit que l'enthousiasme du roi se fût calmé et poursuivit :

– Lorsque le victorieux Amru, paix à son âme, eut achevé la conquête de l'Égypte, je demeurai parmi les vieux prêtres de ce pays pour étudier les rites et les cérémonies de leur culte idolâtre et m'initier à la science occulte pour laquelle ils sont si renommés. Un jour que je conversais sur les bords du Nil avec un vieux docteur, celui-ci, désignant les imposantes pyramides qui s'élèvent dans le désert comme des montagnes, me déclara :

» – Tout ce que nous pourrons t'enseigner n'est rien comparé à la science qui est enclose dans ces formidables monuments. Au centre de la pyramide qui est au milieu, une chambre sépulcrale renferme la momie du grand prêtre qui fit ériger cette construction stupéfiante; avec lui est enseveli un merveilleux grimoire où sont révélés les secrets de la magie et de l'art divinatoire. Ce livre fut donné à Adam après sa chute et transmis de génération en génération jusqu'à Salomon le Sage, qui s'en inspira pour construire le Temple de Jérusalem. Comment il parvint entre les mains du bâtisseur de ces pyramides, seul le sait Celui qui sait tout.

» Quand j'eus entendu ces paroles, je fus enflammé du désir de posséder le volume. Ayant à ma disposition plusieurs soldats de notre armée victorieuse et un certain nombre d'indigènes, je me mis avec eux à l'ouvrage et perçai dans le flanc gigantesque de la pyramide un tunnel qui me mena, à travers un labyrinthe effrayant, au cœur même de la pyramide, jusque dans la chambre sépulcrale où reposait depuis des siècles la momie du grand prêtre. Je brisai le sarcophage, défis les bandelettes de la momie et découvris enfin le précieux volume dans son sein. Je le saisis d'une main tremblante et m'empressai de ressortir, laissant derrière moi le cadavre embaumé qui, dans le silence ténébreux de son sépulcre, attendait le jour de la résurrection et du jugement.

– Fils d'Abu Ajub, s'exclama Aben Habuz, tu as été un grand voyageur et tu as vu des choses merveilleuses; mais de quelle utilité pourraient m'être le secret de la pyramide et le grimoire du sage Salomon?

– Voici, ô roi: par l'étude de ce livre, j'ai pénétré les arcanes des arts divinatoires et, pour réaliser mes plans, je dispose aujourd'hui de l'aide des génies. Le mystère du talisman de Borsa m'est familier et je peux en faire un pareil, que dis-je, un plus puissant.

– Ô sage fils d'Abu Ajub, s'écria Aben Habuz, mieux vaudrait un tel talisman que toutes les tours des collines et toutes les sentinelles des frontières. Offre-moi pareille protection, et toutes les richesses de mon royaume sont à tes pieds.

L'astrologue se mit aussitôt à l'œuvre pour satisfaire le désir du monarque. Avec des pierres apportées d'Égypte et provenant, dit-on, d'une pyramide, il fit ériger au sommet du palais, sur la cime de l'Albaicín, une grande tour. Sur le chapiteau était une salle circulaire dont les fenêtres regardaient les quatre points cardinaux, et devant chacune desquelles était placée une table où trônaient – comme les pièces d'un jeu d'échecs – les figures de bois d'une minuscule armée de cavaliers et de fantassins faisant face à l'effigie du potentat qui gouvernait dans cette direction. En chaque table était fichée une lance, pas plus grande qu'un passe-lacet, sur laquelle étaient gravés des caractères chaldéens. La salle était toujours fermée par une porte d'airain munie d'un énorme verrou d'acier dont le roi possédait la clé.

Au sommet de la tour se dressait, sur un pivot, la statue en bronze d'un cavalier maure tenant un bouclier et une lance élevée perpendiculairement. Il avait le visage tourné vers la ville, comme pour la garder, mais à l'approche d'un ennemi quelconque il se tournait dans sa direction et abaissait sa lance comme pour attaquer.

Lorsque le talisman fut achevé, Aben Habuz n'eut plus qu'un désir, éprouver ses vertus, et il se prit à souhaiter une invasion avec autant d'ardeur qu'il aspirait naguère au repos. Son vœu fut bientôt exaucé. Un jour, de bon matin, la sentinelle préposée à la surveillance de la tour vint lui annoncer que le cavalier de bronze venait de regarder les montagnes d'Elvira, et que sa lance était pointée en plein vers le col de Lope.

– Fais sonner tambours et trompettes ! Que tout Grenade soit alerté ! dit Aben Habuz.

– Ô roi, lui dit l'astrologue, à quoi bon inquiéter ta ville et tes guerriers ? Point n'est besoin de lever l'armée pour nous délivrer de nos ennemis. Renvoie tes serviteurs et montons seuls dans la salle secrète de la tour.

Le vieil Aben Habuz gravit l'escalier de la tour, appuyé au bras de son compagnon plus âgé encore, Ibrahim Ebn Abu

Ajub. Ils ouvrirent la porte d'airain et entrèrent. La fenêtre qui regardait du côté du col de Lope était ouverte.

– C'est de cette direction que provient le danger, dit l'astrologue, approche, ô roi, et contemple le mystère de la table.

Le roi Aben Habuz s'approcha de l'échiquier sur lequel étaient disposées les petites pièces en bois quand, à sa grande surprise, il s'aperçut qu'elles bougeaient. Les chevaux dansaient et caracolaient, les guerriers brandissaient leurs pertuisanes, on percevait en sourdine le bruit des tambours et des trompettes, le fracas des armes et le hennissement des destriers, mais pas plus fort ni plus distinctement que le bourdonnement d'une abeille ou d'une mouche lorsque, près de s'endormir, on est étendu, l'été, à l'ombre d'un arbre.

– Voici, ô roi, dit l'astrologue, la preuve que tes ennemis sont en mouvement. Ils doivent avancer dans ces montagnes, par le col de Lope. Si tu veux semer la panique et la confusion parmi eux, les faire battre en retraite sans pertes, frappe ces effigies du gros bout de cette lance magique ; mais si tu veux répandre le sang et le carnage parmi eux, frappe-les de la pointe.

Une lueur livide traversa le visage du pacifique Aben Habuz ; il saisit la minuscule lance d'une main tremblante, s'avança en chancelant vers la table, sa barbe grise secouée par l'exultation.

– Fils d'Abu Ajub, je crois que nous allons avoir un peu de sang ! s'exclama-t-il, jetant sa lance contre certaines des minuscules figures et ravageant les autres rangs avec la pointe de son arme.

Les premières tombèrent comme mortes sur la table, les secondes, se retournant les unes contre les autres, s'exterminèrent dans la plus grande confusion. Ce ne fut pas sans peine que l'astrologue put arrêter la main du plus pacifique des monarques et l'empêcher de massacrer ses ennemis jusqu'au dernier ; finalement, il le décida à quitter la tour et à envoyer des vedettes au col de Lope.

Elles revinrent avec la nouvelle qu'une armée chrétienne s'était avancée jusqu'au cœur de la sierra, presque en vue de Grenade, et qu'une dissension avait alors éclaté entre les soldats ; ils avaient retourné leurs armes les uns contre les autres et, après avoir versé beaucoup de sang, s'étaient retirés sur leur frontière. Aben Habuz ne se sentit pas de joie de posséder un talisman si efficace

– Maintenant que mes ennemis sont en mon pouvoir, dit-il, je vais pouvoir couler des jours tranquilles. Ô sage fils d'Abu Ajub, que puis-je t'offrir pour te récompenser d'un don si merveilleux ?

– Les besoins d'un vieux philosophe, ô roi, sont simples et peu nombreux ; accorde-moi seulement les moyens de faire de ma grotte un ermitage convenable et je serai content.

– Combien noble est la simplicité des vrais sages ! s'exclama Aben Habuz, secrètement réjoui à l'idée d'une si modique rétribution.

Il convoqua son trésorier et lui ordonna de mettre à la disposition d'Ibrahim l'argent dont celui-ci aurait besoin pour meubler et aménager son ermitage. L'astrologue ordonna alors qu'on lui creusât d'autres pièces dans le roc massif, de façon que ses appartements fussent reliés à son cabinet astrologique, puis il les fit garnir de divans et de sofas ; il demanda qu'on tendît sur les murs les plus riches soies de Damas.

– Je suis un vieil homme, expliquait-il, je ne peux plus étendre mes vieux os sur des couches de pierre, et ces murs humides ont besoin d'être recouverts.

Il se fit faire également des bains, pourvus de toutes sortes de parfums et d'huiles aromatiques, « car le bain, disait-il, est nécessaire pour remédier à la rigidité des ans et restaurer la fraîcheur et la souplesse d'un organisme exténué par l'étude ».

Parce que l'éclat du soleil était trop cru et trop violent pour les yeux d'un vieil homme, et la lumière d'une lampe, mieux adaptée aux études d'un philosophe, il fit pendre au plafond de son appartement d'innombrables lustres d'argent et de cristal, qu'il emplit d'une essence délicieuse, préparée selon une recette découverte dans les tombes d'Égypte et qui diffusait un doux rayonnement, pareil à la lumière tamisée du jour.

Le trésorier d'Aben Habuz, mécontent des exigences quotidiennes de l'ermite, en fit part au roi. Mais celui-ci avait donné sa parole. Il haussa les épaules :

– Il faut prendre patience, dit-il. Le bonhomme veut se tailler un ermitage à l'échelle des pyramides et des vastes ruines d'Égypte ; mais tout a une fin, même l'aménagement d'une grotte.

Le roi avait raison ; métamorphosé en un somptueux palais souterrain, l'ermitage fut achevé.

– Me voilà satisfait, déclara Ibrahim Ebn Abu Ajub au trésorier ; je vais pouvoir m'enfermer dans ma cellule et consacrer mon temps à l'étude. Je ne désire plus rien, sinon un petit divertissement insignifiant, qui me distraira de mon labeur intellectuel.

– Ô sage Ibrahim, demande ce que tu voudras. Je suis là pour te fournir ce qui te sera nécessaire dans la solitude.

– Eh bien, dit le philosophe, j'aimerais avoir quelques danseuses.

– Des danseuses ! répéta le trésorier abasourdi.

– Oui, des danseuses, affirma gravement le sage… Oh, quelques-unes seulement, car je suis un vieux philosophe qui se contente de peu. Il faudrait tout de même qu'elles soient jeunes et jolies, car la vue de la jeunesse et de la beauté rafraîchit la vieillesse.

Tandis que, dans son ermitage, le sage Ibrahim Ebn Abu Ajub consacrait, comme on voit, son temps à la philosophie, le pacifique Aben Habuz, dans sa tour, livrait de furieuses batailles sur l'échiquier. Pour lui, vieil homme aux goûts tranquilles, c'était formidable de pouvoir livrer la guerre chez soi, dans sa chambre, et de chasser des armées entières, comme des nuées de mouches, d'un seul revers de la main. Il s'offrit tous les caprices, allant même jusqu'à insulter ses voisins pour les inciter à l'attaquer ; mais ceux-ci, rendus prudents par la somme de désastres qu'ils avaient essuyés, ne s'aventuraient plus dans ses terres. Pendant des mois, le cavalier de bronze resta en position neutre, la lance en l'air, et le valeureux monarque commença de grogner ; privé de son divertissement favori, il trouvait la paix insupportable.

Un jour enfin, le cavalier magique pivota derechef et, abaissant sa lance, désigna les montagnes de Guadix. Aben Habuz se précipita vers sa tour mais, sur la table qui correspondait à la direction indiquée, les guerriers étaient parfaitement immobiles. Intrigué, il envoya un détachement de cavalerie en reconnaissance dans les montagnes. Après trois jours d'absence, les hommes revinrent.

– Nous avons inspecté tous les cols de montagne, lui dirent-ils, nous n'avons vu ni lance ni casque en mouvement, et tout ce que nous avons découvert au cours de notre expédition, c'est une jeune chrétienne d'une beauté sans pareille qui dormait en plein jour au bord d'une fontaine, et que nous te ramenons captive.

– Une jeune chrétienne d'une beauté sans pareille ! répéta Aben Habuz, les yeux brillants ; qu'on me l'amène.

La belle jeune fille fut donc conduite devant le roi. Elle était parée de tous les ornements en usage chez les Espagnoles du temps de la conquête arabe. Des perles d'une éblouissante blancheur se mêlaient à ses tresses de jais, sur son front brillaient des bijoux qui rivalisaient d'éclat avec ses yeux, à son cou était une chaînette d'or à laquelle pendait une lyre d'argent. Les éclairs que lançaient ses yeux noirs firent l'effet d'étincelles sur le vieux cœur encore inflammable d'Aben Habuz ; la démarche voluptueuse de sa captive acheva de lui tourner la tête.

– Ô la plus belle des femmes, s'écria-t-il, extasié, qui es-tu ?

– La fille d'un prince chrétien qui gouvernait naguère cette province. Les armées de mon père ont été détruites comme par magie dans ces montagnes ; lui a été emmené en exil et sa fille est captive.

– Prends garde, ô roi, murmura Ibrahim Ebn Abu Ajub, cette femme est peut-être une de ces sorcières du Nord, dont nous avons entendu parler et qui prennent une apparence séduisante pour perdre les imprudents. Je crois sentir la magie dans ses yeux et la sorcellerie dans chacun de ses gestes. Voilà sans doute l'ennemi que te désignait le talisman.

– Fils d'Abu Ajub, lui répondit le roi, tu es un sage, je te l'accorde, et même un magicien, mais tu ne connais guère les femmes ; sur ce point, je ne le cède à personne, non, pas même au sage Salomon en personne, malgré le nombre d'épouses et de concubines qui l'entouraient. Je puis te dire que je ne vois aucun danger chez cette jeune personne ; elle est belle et trouve grâce à mes yeux.

– Écoute, ô roi, répondit l'astrologue. Je t'ai, grâce à mon talisman, procuré quantité de victoires, mais je n'ai pas reçu ma part du butin. Accorde-moi cette captive pour qu'elle agrémente ma solitude avec sa lyre d'argent. Si elle est vraiment une sorcière, je possède des secrets qui neutraliseront ses charmes.

– Quoi, encore des femmes ! s'écria Aben Habuz. N'as-tu pas assez de danseuses pour te réconforter ?

– Des danseuses, c'est vrai, mais pas de chanteuses. J'aimerais bien qu'une jolie voix rafraîchît mon esprit de ses travaux.

– Mets un terme à tes exigences, s'écria le roi impatienté. Cette jeune princesse m'appartient. Je vois en elle beaucoup de charme et de réconfort ; autant que David, le père de Salomon le Sage, en trouvait dans la compagnie d'Abisag la Sunamite.

Devant l'insistance de l'astrologue, le roi se fit plus péremptoire encore, et ils se quittèrent très fâchés. Le sage s'enferma dans son ermitage pour ruminer sa déception, non sans avoir adressé au roi un dernier avertissement à propos de sa dangereuse captive. Mais quand verra-t-on un vieillard amoureux écouter des conseils ? Aben Habuz s'abandonna totalement à sa passion. Son seul souci était de se rendre aimable à la jeune captive. S'il n'avait plus la jeunesse, il possédait la richesse, et lorsqu'un amoureux est vieux, il a coutume d'être généreux. Le Zacatín fut dépouillé pour elle de ses plus précieuses marchandises ; les soies, les bijoux, les pierres précieuses, les parfums rares, tout ce que l'Asie et l'Afrique pouvaient receler de somptueux et de raffiné, fut prodigué à la princesse. On multiplia, pour lui plaire, toutes sortes de spectacles et de fêtes : concerts, danses, tournois, courses de taureaux. Pour un temps, Grenade ne fut plus qu'un théâtre. La princesse chrétienne regardait cette splendeur de l'air d'une personne habituée à la magnificence. Elle recevait toute chose comme un hommage dû à son rang, plus exactement à sa beauté, car dans ses exigences la beauté est autrement altière que le rang. Elle paraissait même prendre un secret plaisir à pousser le monarque à des dépenses qui faisaient frémir son trésorier ; elle acceptait la prodigalité comme une chose normale. Cependant, malgré son assiduité et sa munificence, son vénérable amoureux ne pouvait se flatter d'avoir fait sur elle la moindre impression. Sans lui faire grise mine, elle ne lui souriait jamais. Quand il lui déclarait sa passion, elle caressait sa lyre d'argent ; un charme mystique s'en dégageait, le monarque penchait la tête, l'assoupissement le gagnait, il tombait dans un sommeil dont il sortait merveilleusement dispos et calmé. Cela ne favorisait pas sa flamme, mais ses sommeils étaient accompagnés de songes délicieux qui l'envoûtaient ; il continuait donc à rêver, pendant que tout Grenade se gaussait de ses amours et commençait de gronder en le voyant jeter l'argent par les fenêtres.

Un péril survint enfin, que son talisman avait été impuissant à prévenir. Une insurrection se déclara dans sa propre capitale, son palais fut cerné par la populace qui menaçait sa vie et celle de la chrétienne. Une étincelle de son ancienne ardeur guerrière se réveilla dans la poitrine du monarque. À la tête d'une poignée d'hommes de sa garde, il fonça sur les rebelles et les mit en fuite, étouffant dans l'œuf l'insurrection. Lorsque le calme fut rétabli, il alla voir l'astrologue qui, enfermé dans son ermitage, ressassait son amertume. Aben Habuz l'aborda d'un ton conciliant :

– Ô sage fils d'Abu Ajub, dit-il, tu m'as fort bien dit les dangers que m'attirerait cette beauté captive ; je te prie à présent de m'indiquer, ô homme clairvoyant, comment les éviter.

– Écarte de toi la mécréante qui en est la cause.

– Je me priverais plutôt de mon royaume, s'écria Aben Habuz.

– Tu risques de perdre l'un et l'autre, répliqua l'astrologue.

– Ne te fâche pas, ô le plus profond des philosophes ; considère la double infortune du monarque et de l'amant et dis-moi le moyen de me protéger des maux dont je suis menacé. Je ne me soucie ni de la grandeur ni du pouvoir, je n'aspire qu'au repos, à quelque calme retraite où, loin du monde et de ses pompes, loin des soucis et des vicissitudes, je consacrerais le restant de mes jours à la tranquillité et à l'amour.

De sous ses sourcils broussailleux, l'astrologue considéra le roi un moment.

– Que me donnerais-tu si je te procurais pareille retraite ?

– Désigne toi-même la récompense ; quelle qu'elle soit, s'il est en mon pouvoir de te l'accorder, tu l'auras, aussi vrai que je vis.

– As-tu entendu parler, ô roi, du jardin d'Iran, une des splendeurs de l'Arabie heureuse ?

– J'en ai entendu parler ; il est mentionné dans le Coran, au chapitre intitulé « l'Aurore du jour ». Je sais que les pèlerins qui sont allés à La Mecque racontent à son sujet des histoires merveilleuses, des histoires qui m'ont toujours paru n'être que des fables, comme ce qu'inventent souvent les voyageurs venus de loin.

– Ne discrédite pas, ô roi, les récits de voyageurs, répliqua l'astrologue d'un ton grave ; ils contiennent de précieuses connaissances rapportées du bout du monde. En ce qui concerne le palais et le jardin d'Iran, ce que l'on en dit est vrai, je les ai vus de mes propres yeux. Écoute donc mon aventure, elle a quelque rapport avec l'objet de ta requête.

» Du temps de ma jeunesse, lorsque je n'étais qu'un Arabe du désert, je soignais les chameaux de mon père. Un jour, comme je traversais le désert d'Aden, l'un d'eux s'égara et se perdit. Je le cherchai pendant plusieurs jours, mais en vain, jusqu'au moment où, exténué, je m'étendis au pied d'un palmier proche d'un maigre puits et m'endormis. À mon réveil, je me trouvai à la porte d'une cité. J'y entrai. Les rues et les places étaient splendides, les marchés, magnifiques, mais personne n'était là pour troubler le profond silence. Continuant ma visite, j'arrivai devant un somptueux palais dont le jardin était orné de fontaines, de bassins, de tonnelles, de fleurs et de fruits délicieux. N'apercevant toujours personne, effrayé par ma solitude, je m'enfuis en courant. Une fois sorti de la cité, comme je me retournais pour la voir, miracle ! elle avait disparu ; seul le désert silencieux s'étendait là où elle s'était élevée.

» Dans ces parages je rencontrai un vieux derviche, instruit des traditions et des secrets du pays, qui m'expliqua ce qui m'était arrivé. Il s'agissait, me dit-il, du fameux jardin d'Iran, une des merveilles du désert. Il apparaît parfois au voyageur égaré, comme moi, qui se réjouit à la vue de ses tours, de ses palais, de ses clôtures débordant de fruits, puis il s'évanouit dans le désert. Voici l'histoire de ce jardin :

» Autrefois, quand le pays était habité par les Addites, le roi Sheddad, fils d'Ad, fonda ici une cité magnifique. Lorsqu'elle fut achevée et qu'il vit sa grandeur, l'orgueil et l'arrogance lui troublèrent la cervelle. Il décida d'y bâtir un palais entouré de jardins qui rivaliseraient avec le paradis évoqué dans le Coran, mais la malédiction d'Allah le punit de ses présomptions. Lui et ses sujets furent balayés de la surface de la terre, sa ville splendide, son palais et ses jardins furent placés sous un charme perpétuel qui les dissimulent à la vue de l'homme, sauf par intervalles, afin de perpétuer le souvenir de son péché.

» Cette histoire, ô roi, ainsi que les merveilles que j'avais vues, me restèrent longtemps à l'esprit ; et, bien des années plus tard, lorsque j'eus séjourné en Égypte et pris possession du livre du roi Salomon le Sage, je décidai de retourner visiter le jardin d'Iran. C'est ce que je fis, et il se révéla à ma vue avertie. Je pris possession du palais de Sheddad et passai plusieurs jours dans cette imitation du paradis. Les génies qui gardaient les lieux obéirent à mon pouvoir magique et me révélèrent les charmes qui faisaient apparaître et disparaître à volonté le jardin. Je peux te faire, ô roi, un palais et un jardin de ce genre, ici même, sur la colline qui domine ta ville. Ne suis-je pas versé dans les arts magiques ? N'ai-je pas en ma possession le grimoire de Salomon le Sage ?

– Ô sage fils d'Abu Ajub ! s'exclama Aben Habuz, tremblant de convoitise, tu es un véritable voyageur, tu as vu et appris des choses merveilleuses ! Façonne-moi un paradis comme celui-là, et tu pourras me demander n'importe quelle récompense, fût-ce la moitié de mon royaume.

– Hélas, lui répondit l'autre, tu sais que je suis un vieillard, un philosophe par-dessus le marché, un rien me contentera. Pour tout salaire, je te demanderai la première bête de somme, avec sa charge, qui franchira la porte magique de ton palais.

Le monarque accepta volontiers une demande si modeste, et notre astrologue se mit à l'œuvre. Au sommet de la colline, exactement au-dessus de son ermitage souterrain, il fit élever une grande porte, ou barbacane, qui s'ouvrait au centre d'une tour fortifiée. Celle-ci était précédée d'un porche à arc élevé surmontant un portail aux battants massifs. Sur le fronton, l'astrologue grava lui-même une énorme clé ainsi qu'une main gigantesque, puissants talismans devant lesquels il répéta maintes formules dans une langue inconnue.

Lorsque le porche fut achevé, il s'enferma pendant deux jours dans son cabinet astrologique et se livra à des incantations secrètes ; au troisième, il gravit la colline et y passa la journée. Tard dans la nuit, il descendit et se présenta devant Aben Habuz.

– Voici enfin, ô roi, que mon travail est achevé. Au sommet de la colline se dresse un des palais les plus délectables que la tête de l'homme ait jamais pu concevoir ou son cœur désirer. Il contient des galeries et des salles somptueuses, des jardins délicieux, de fraîches fontaines et des bains parfumés ; en un mot, la colline n'est plus qu'un paradis. Comme le jardin d'Iran, le tien est protégé par un charme puissant qui le cache à la vue des mortels curieux, excepté à ceux qui possèdent le secret de ses talismans.

– Ne m'en dis pas davantage, s'écria Aben Habuz, transporté, demain matin, dès l'aube, nous monterons en prendre possession.

L'heureux monarque ne dormit guère cette nuit-là. À peine les rayons du soleil avaient-ils commencé d'effleurer le sommet neigeux de la sierra Nevada qu'il montait à cheval et, en compagnie de quelques hommes de confiance, gravissait l'étroit sentier qui grimpait à la colline. À ses côtés, sur un blanc palefroi, avançait la princesse chrétienne revêtue de ses atours éblouissants et portant, accrochée au cou, sa lyre d'argent. Tout près du roi, mais à pied, car il ne voulait jamais monter à cheval, cheminait l'astrologue, aidé de son seul bâton hiéroglyphique. Aben Habuz s'attendait à voir des tours briller au-dessus de lui et des terrasses verdoyantes s'étendre sur les hauteurs ; mais il n'apercevait rien.

– C'est en cela que consistent le mystère et le salut de ces lieux, lui dit l'astrologue. Tu ne discerneras rien, tant que tu n'auras pas franchi le seuil enchanté et pris possession du palais.

Comme ils approchaient de l'entrée, l'astrologue s'arrêta et, désignant au roi la main et la clé mystiques gravées sur le portail et sur l'arche, il lui dit :

– Ce sont les talismans qui gardent l'entrée de ce paradis. Tant que cette main que tu vois là ne viendra pas saisir cette clé, aucun artifice mortel ni magique ne pourra rien contre le maître de cette colline.

Tandis qu'Aben Habuz contemplait, bouche bée, les talismans mystiques, le palefroi de la princesse, continuant sa marche, amena celle-ci au portail et jusqu'au centre de la barbacane.

– Regarde, s'écria l'astrologue, voici la récompense promise : la première bête avec sa charge qui passe ce seuil magique.

Aben Habuz sourit à ce qu'il croyait être une plaisanterie du vieil homme ; mais lorsqu'il vit que celui-ci parlait sérieusement, sa barbe grise en trembla d'indignation.

– Fils d'Abu Ajub, lui dit-il d'un ton sévère, quelle est cette duperie ? Tu connais le sens de ma promesse : la première bête de somme avec sa charge qui entrera par cette porte. Prends la plus belle mule de mes étables, charge-la de tout ce que j'ai de plus précieux dans mes trésors, et elle t'appartient ; mais n'ose pas porter tes désirs sur celle qui est le délice de mon cœur.

– Qu'ai-je besoin de richesses ? s'écria l'astrologue, méprisant. N'ai-je pas le livre de savoir de Salomon le Sage, et, par lui, tous les trésors secrets de la terre ? La princesse m'appartient de droit, tu as donné ta parole, je réclame mon dû.

La princesse, du haut de son palefroi, regardait la scène, et un faible sourire de dédain retroussait ses lèvres roses à la vue de ces deux barbons qui se disputaient sa jeunesse et sa beauté. Le courroux du monarque l'emporta sur sa prudence.

– Vil fils du désert, criait-il, tu as beau connaître tous les secrets du monde, je demeure ton maître. N'aie pas l'audace de mystifier ton roi.

– Mon maître, répéta l'astrologue, mon roi ? Le monarque d'une taupinière, prétendre dominer celui qui possède les talismans de Salomon ? Adieu, Aben Habuz, règne sur ton royaume de deux sous et amuse-toi dans ton paradis de fous ; quant à moi, je ne ferai qu'en rire dans ma retraite philosophique.

Sur ces mots, il saisit la bride du palefroi, frappa la terre de son bâton et s'enfonça avec la princesse par le centre de la barbacane. La terre se referma sur eux, et toute trace du gouffre dans lequel ils étaient descendus disparut.

On imagine la stupéfaction d'Aben Habuz. Passé un moment, reprenant son sang-froid, il ordonna à mille travailleurs de creuser avec des pioches et des pelles à l'endroit où l'astrologue s'était évanoui. Ils creusèrent vainement sans relâche, le roc de la colline résistait à leurs outils, ou bien, s'ils arrivaient à faire un trou, il se remplissait aussitôt. Aben Habuz chercha à attaquer la bouche de la caverne, qui s'ouvrait au pied de la colline, mais il fut impossible de la trouver. À l'entrée, on ne voyait plus qu'une surface de roc massif. Avec la disparition d'Ibrahim Ebn Abu Ajub cessa l'efficacité de son talisman. Le cavalier de bronze demeura immobile, le visage tourné vers la colline, la lance pointée vers l'endroit où l'astrologue avait disparu, comme si l'ennemi mortel d'Aben Habuz s'y cachait toujours.

De temps en temps, les accents d'une musique et les inflexions d'une voix féminine jaillissaient faiblement des entrailles de la colline. Un paysan vint un jour rapporter au roi que, la veille, il avait remarqué une fissure dans le roc ; il s'y était glissé et avait discerné, tout en bas, dans une salle souterraine, l'astrologue assis sur un divan, assoupi, la tête penchée, envoûté semblait-il par la princesse jouant sur sa lyre. Aben Habuz chercha ladite fissure, mais elle s'était de nouveau refermée. Il essaya encore de déterrer son rival, mais en vain. Trop puissant, le charme de la main et de la clé ne pouvait être rompu par un homme. Quant au sommet de la montagne, qui devait être le site du palais et du jardin promis, il demeura, comme auparavant, un lieu désolé. La retraite élyséenne de l'astrologue était-elle dissimulée à la vue par un enchantement, était-elle une fable ? Les gens adoptèrent par charité cette seconde supposition, et certains baptisèrent l'endroit « folie du roi » ou encore « paradis des fous ».

Pour mettre le comble à l'amertume d'Aben Habuz, ses voisins, qu'il avait défiés, provoqués et décimés à plaisir tant qu'il avait eu avec lui le pouvoir du cavalier, maintenant qu'ils le trouvaient sans défense surnaturelle, faisaient de tous côtés des incursions dans ses terres, et les derniers jours du plus pacifique des monarques ne furent plus qu'un tissu de misères.

Aben Habuz mourut enfin et fut inhumé. Des siècles se sont écoulés depuis. Réalisant en partie les fabuleuses délices du jardin d'Iran, on a édifié l'Alhambra sur cette fameuse colline. La porte enchantée existe toujours, intacte, protégée sans doute par la main et la clé fabuleuses : c'est la porte de la Justice, la grande entrée de la forteresse. On dit que là, dans sa chambre souterraine, demeure le vieil astrologue, assoupi et branlant le chef, bercé par la lyre d'argent de la princesse. Les vieilles sentinelles invalides qui montent la garde entendent parfois, par les nuits d'été, des bribes de musique et, cédant elles aussi à leur pouvoir soporifique, elles somnolent tranquillement à leur poste. Ce pouvoir berceur est même si puissant qu'il se fait sentir en plein jour sur les soldats en faction, que l'on voit assoupis sur les bancs de pierre de la barbacane ou franchement endormis sous les arbres du voisinage. En fait, c'est le poste militaire de toute la chrétienté où l'on dort le plus. La légende dit qu'il en sera ainsi jusqu'à la consommation des siècles ; la princesse restera captive de l'astrologue, l'astrologue dormira de son sommeil fabuleux jusqu'à la fin des temps, à moins qu'un jour la main mystique, saisissant la clé, ne dissipe le charme de la montagne enchantée.

LA TOUR DES INFANTES

Un soir que je me promenais dans le vallon étroit, ombragé de figuiers, de grenadiers et de myrtes, qui sépare la forteresse du Generalife, je fus surpris par la poétique apparition, sur la muraille extérieure de l'Alhambra, d'une tour mauresque qui s'élevait bien au-dessus des arbres et recevait encore les rayons du soleil couchant. Une fenêtre solitaire, percée à une grande hauteur, donnait sur le vallon ; comme je la regardais, une jeune femme, la tête couronnée de fleurs, s'y pencha. D'une condition sans doute supérieure aux gens qui habitent les vieilles tours de la forteresse, cette charmante dame qui s'offrait inopinément à mon regard me rappela les belles captives des contes de fées. Ma capricieuse imagination se trouva renforcée lorsque mon serviteur Mateo m'eut appris que la tour en question était celle des Infantes, *la Torre de las Infantas*, ainsi nommée pour avoir été, selon la tradition, la résidence des filles des rois maures. Bien qu'on ne la montre pas d'ordinaire aux étrangers, je l'ai visitée depuis, et elle m'a paru fort digne d'attention, car son intérieur ne le cède, pour la beauté de l'architecture et la délicatesse des ornements, à aucune autre partie du palais. L'élégance du vestibule, avec sa fontaine de marbre, ses arcs élevés et son dôme richement ouvragé, les arabesques et le revêtement de stuc des appartements, petits mais bien proportionnés, encore que maltraités par le temps et l'abandon, tout concorde avec la tradition qui en fait la résidence des jeunes beautés royales.

La vieille petite sorcière qui vit sous l'escalier de l'Alhambra et fréquente les tertulias nocturnes de Tía Antonia conte de merveilleuses histoires sur cette tour où trois infantes mauresques auraient été enfermées par leur père, un tyran qui leur permettait de sortir chevaucher sur les collines seulement à la nuit venue, car nul ne devait les croiser sous peine de mort. À l'en croire, on peut les voir, parées de bijoux rutilants, se promener par les nuits de pleine lune sur les versants solitaires de la montagne, montées sur des palefrois richement caparaçonnés, mais elles s'évanouissent dès qu'on leur adresse la parole. Avant d'en dire davantage, comme mon lecteur se demande sans doute qui était la jolie personne penchée à la fenêtre de la tour avec des fleurs dans les cheveux, je lui apprendrai que c'est la nouvelle épouse d'un valeureux adjudant invalide qui, malgré son âge, s'est épris d'une jeune et opulente Andalouse. Puisse le brave militaire avoir bien choisi et trouver dans la tour un abri plus sûr pour la beauté féminine qu'elle ne semble l'avoir été du temps des musulmans, si toutefois nous donnons crédit à la légende que je m'en vais vous conter.

LÉGENDE DES TROIS BELLES PRINCESSES

Un roi maure nommé Mohamed régnait autrefois sur Grenade. Ses sujets l'avaient surnommé « el Hayzari », le Gaucher, parce qu'il était, disent les uns, plus habile de sa main gauche que de sa droite, parce que, disent les autres, il avait l'art de prendre tout de travers, autrement dit, d'embrouiller chaque affaire à laquelle il se mêlait.

Ce qu'il y a de certain c'est que, malchance ou maladresse, il était toujours assailli d'ennuis ; trois fois il s'était vu chasser de son trône et, un jour, pour sauver sa vie, il avait dû s'enfuir en Afrique, déguisé en pêcheur. Mais il était aussi brave qu'il était balourd et, bien que gaucher, jouait du cimeterre avec tant d'agilité que chaque fois il avait reconquis son trône à la pointe de son arme. Pourtant, au lieu de lui apprendre la sagesse, l'adversité l'avait raidi et endurci dans sa gaucherie. Pour peu qu'on fouille dans les annales arabes de Grenade, on y apprendra les calamités publiques qu'il attira sur lui-même et sur son royaume. La légende que je vais rapporter a trait à sa seule conduite privée.

Un jour que, au pied de la montagne d'Elvira, notre Mohamed faisait une promenade à cheval avec une suite de courtisans, il rencontra une bande de cavaliers revenant d'une razzia qu'ils avaient opérée dans les terres chrétiennes. Une longue file de mules transportaient leur butin, ainsi que nombre de captifs des deux sexes, parmi lesquels le monarque remarqua une belle jeune fille richement parée qui pleurait sur un petit palefroi, sourde aux consolations d'une duègne qui allait à ses côtés.

Frappé par sa beauté, le monarque demanda au capitaine de la troupe qui elle était et apprit que c'était la fille de l'alcade d'un fort de la frontière qu'ils avaient attaqué par surprise et pillé. Mohamed la réclama comme sa part du butin et la fit conduire dans son harem de l'Alhambra. Alors qu'on essayait par tous les moyens de dissiper sa mélancolie, le monarque sentait de jour en jour croître son amour, au point qu'il résolut d'en faire sa reine. La jeune Espagnole repoussa d'abord ses avances ; c'était un infidèle, un ennemi de son pays et, pis encore, un vieillard !

Voyant que ses assiduités n'avaient aucun succès, Mohamed entreprit d'amadouer la duègne capturée avec la jeune personne. Elle était andalouse de naissance, mais on ne connaît pas son nom, les légendes mauresques ne la citant que sous l'appellation de Kadiga l'avisée. Avisée, elle l'était effectivement, comme notre histoire va le montrer. Le Maure n'avait pas plus tôt conféré avec cette dame que celle-ci se rendit à ses arguments et décida de plaider la cause royale auprès de sa jeune maîtresse.

– Voyons, lui dit-elle, que vous sert de pleurer et de gémir ? Ne vaut-il pas mieux régner sur un magnifique palais avec jardins et fontaines que de moisir dans la vieille tour de votre père ? Ce Mohamed, dites-vous, est un infidèle ? La belle affaire ! C'est lui que vous épousez, non sa religion. Il se fait vieux ? Devenue veuve plus tôt, vous serez votre propre maîtresse. Quoi qu'il en soit, vous êtes en son pouvoir ; que préférez-vous ? Être reine ou esclave ? Quand on est entre les mains d'un voleur, mieux vaut vendre à bon prix sa marchandise que de la perdre complètement.

Les arguments de l'avisée Kadiga triomphèrent enfin.

La jeune Espagnole sécha ses larmes et devint l'épouse de Mohamed le Gaucher. Elle semblait même se conformer à la religion de son royal mari. Quant à la duègne, devenue une fervente sectatrice des doctrines musulmanes, elle reçut le nom arabe de Kadiga et obtint la permission de continuer à servir sa maîtresse. En temps voulu, le roi maure eut la joie et la fierté de se voir père de trois charmantes jumelles; il eût préféré des fils, mais il se consolait en songeant que, malgré son âge et sa gaucherie, il était tout de même parvenu à avoir trois filles ! Les mages que, se conformant à la coutume musulmane, il convoqua à l'occasion de cet heureux événement firent le thème astrologique des trois princesses et secouèrent la tête.

– Les filles, ô roi, sont toujours une propriété précaire; mais les tiennes auront besoin de toute ta vigilance lorsqu'elles arriveront à l'âge de se marier. Il faudra alors les couver sous ton aile et ne les confier à personne d'autre.

Mohamed le Gaucher avait dans sa cour une réputation de sagesse, dont il ne doutait pas. Les prédictions des mages ne l'inquiétèrent pas outre mesure. Il se fiait à sa malice naturelle pour surveiller ses filles et déjouer le destin. Cette triple naissance devait être le dernier trophée conjugal du monarque; sa reine ne lui donna plus d'enfants et mourut au bout de quelques années, confiant les fillettes à son amour et à la fidélité de Kadiga l'avisée.

Plusieurs années devaient s'écouler avant qu'elles parvinssent à l'âge dangereux, celui du mariage. « Il n'est pas mauvais tout de même, se dit l'astucieux Mohamed, de prendre ses précautions dès à présent. » Il décida donc de faire élever ses filles au château royal de Salobreña. C'était un somptueux palais incrusté, pour ainsi dire, dans une puissante forteresse mauresque bâtie au sommet d'une colline d'où l'on dominait la Méditerranée; une retraite royale où les monarques musulmans enfermaient les parents qui risquaient de porter atteinte à leur sécurité et où, parmi les plaisirs et les divertissements de toute sorte, ceux-ci passaient leur vie dans l'indolence et la volupté.

C'est là que résidèrent les princesses, séparées du monde mais entourées du plus grand luxe et servies par des esclaves de leur sexe qui avaient pour soin de prévenir leurs moindres désirs. Elles avaient pour se distraire de délicieux jardins où abondaient les fruits et les fleurs les plus rares, des bosquets embaumés et des bains parfumés. Sur trois faces, le château donnait sur une riche vallée émaillée des cultures les plus variées et limitée par les hautes montagnes de l'Alpujarra ; de l'autre côté, on pouvait voir la vaste mer ensoleillée.

Dans cette délicieuse retraite, sous le ciel sans nuage de ce climat propice, les trois princesses se développèrent merveilleusement. Bien qu'élevées de façon identique, elles donnèrent bientôt les signes de la diversité de leurs caractères. Zayda, Zorayda et Zorahayda, tels étaient les noms qu'on leur avait donnés dans l'ordre de leur naissance, étant venues au monde à trois minutes d'intervalle l'une de l'autre.

Zayda, l'aînée, esprit intrépide, devançait ses sœurs en toutes choses, ainsi qu'elle l'avait fait en venant au monde. Questionneuse, curieuse, elle désirait aller au fond des choses. Zorayda, fort sensible à la beauté, aimait à se mirer dans les psychés et les fontaines, adorait les fleurs, les bijoux et les ornements délicats. Quant à Zorahayda, la benjamine, elle était douce et timide, extrêmement délicate et d'une grande tendresse pour toutes choses, ainsi qu'en témoignait la quantité de fleurs, d'oiseaux et d'animaux favoris qu'elle chérissait de toute son affection. Ses divertissements étaient calmes, faits de flânerie et de rêverie. Elle restait des heures à son balcon et contemplait les brillantes étoiles des nuits d'été, ou la mer éclairée par la lune ; à ces moments-là, le chant d'un pêcheur qui lui parvenait, affaibli, du rivage, ou l'appel d'une flûte mauresque que lançait une barque sur l'eau suffisaient à la transporter d'extase. En revanche, la moindre agitation des éléments, un simple coup de tonnerre la jetaient dans un émoi qui la faisait parfois défaillir. Ainsi passaient les années, calmes et sereines. L'avisée Kadiga, à qui les princesses avaient été confiées, se montrait digne de sa tâche. Sa vigilance ne faiblissait jamais.

Le château de Salobreña, nous l'avons dit, se dressait sur une colline du littoral. Une des murailles extérieures se dessinait sur le profil de cette colline et se prolongeait jusqu'à un roc qui faisait saillie au-dessus de la mer; à ses pieds était une petite plage de sable que venaient lécher les vaguelettes. Sur le rocher, une petite tour de guet avait été aménagée en pavillon, dont les fenêtres à jalousies recevaient la brise de la mer. C'est là que les princesses passaient d'habitude les heures les plus chaudes de l'après-midi.

Un jour que la curieuse Zayda était assise auprès d'une fenêtre, tandis que ses sœurs, étendues sur des sofas, faisaient la sieste, son attention fut attirée par une galère qui longeait la côte, à la cadence égale de ses rames. Lorsque celle-ci eut approché, Zayda remarqua qu'elle était remplie d'hommes armés. La galère jeta l'ancre, un groupe de soldats maures débarquèrent sur la plage étroite, conduisant plusieurs prisonniers chrétiens. La curieuse éveilla ses sœurs, et toutes trois regardèrent par les fentes de la jalousie qui les dissimulait. Parmi les prisonniers, elles distinguèrent trois chevaliers espagnols richement vêtus, de noble prestance et dans la fleur de l'âge; leur démarche hautaine, malgré les chaînes et la surveillance des gardes, révélait la grandeur de leur âme. Le souffle coupé, les princesses les dévoraient du regard. Séquestrées comme elles l'avaient été dans ce château parmi des femmes, ne voyant du sexe mâle que les esclaves noirs et les rudes pêcheurs de la côte, il n'était pas étonnant que la vue de ces trois vaillants chevaliers dans la fierté de leur jeunesse et de leur beauté virile troublât à ce point leurs jeunes cœurs.

– A-t-on jamais vu quelqu'un marcher d'une allure aussi majestueuse que celle du chevalier en grenat? s'écria Zayda, l'aînée des sœurs. Regardez comme il avance fièrement! On dirait qu'il n'a autour de lui que des esclaves!

– Mais remarquez donc celui en vert! s'exclama Zorayda. Quelle grâce! quelle élégance! quel caractère!

La douce Zorahayda ne dit rien, mais elle donnait à part soi la préférence au chevalier en bleu.

Les ayant suivis des yeux jusqu'au moment où ils disparurent, les princesses se retournèrent en soupirant, se regardèrent un moment, et, pensives, rejoignirent leur divan. Comme l'avisée Kadiga les trouvait dans cette attitude, elles lui contèrent ce qu'elles avaient vu, et le cœur de la duègne en fut attendri:

– Pauvres jeunes gens! s'exclama-t-elle. Je vous assure que leur captivité va navrer plus d'une noble et belle dame dans leur patrie! Ah, mes enfants, vous n'avez pas idée de la vie que mènent en leur pays ces chevaliers, l'élégance de leurs tournois, leur dévotion aux dames, les sérénades, les galanteries...

La curiosité de Zayda ne connut plus de bornes, elle était insatiable. La duègne dut lui brosser, de sa contrée natale, les tableaux les plus animés. La coquette Zorayda, lorsque la conversation roula sur le charme des Espagnoles, releva la tête et se regarda furtivement au miroir, et Zorahayda réprima un soupir à l'évocation des sérénades au clair de lune.

Aux questions que chaque jour on lui refaisait inlassablement, la duègne répondait en répétant les mêmes histoires, que ses jolies auditrices écoutaient non sans gémir. La vieille femme comprit finalement le mal qu'elle était en train de faire. Accoutumée à considérer les princesses comme des enfants, elle se rendait compte à présent qu'elles s'étaient développées peu à peu sous ses yeux, étaient devenues trois jeunes filles en fleur en âge d'être mariées. «Il est temps, se dit la duègne, d'en faire part au roi.»

Mohamed le Gaucher était donc assis un matin sur son divan, dans l'une des salles les plus fraîches de l'Alhambra, lorsqu'un esclave arriva de la forteresse de Salobreña portant un message de la prudente Kadiga, qui le félicitait à l'occasion de l'anniversaire des princesses. L'esclave lui remit également un petit palmier décoré de fleurs dans lequel il trouva, posés sur une couche de feuilles de vigne et de figuier, une pêche, un abricot et une nectarine dont la fraîcheur, le duvet et toute la douceur pressentie disaient la jeune maturité. Versé dans le langage des fruits et des fleurs, le monarque comprit bien vite la signification de ce cadeau symbolique.

«Ainsi donc, se dit-il, voici venue la période critique signalée par les astrologues: mes filles sont en âge de se marier. Que dois-je faire? Elles ont été éloignées des yeux des hommes, surveillées par l'avisée Kadiga, tout cela est très bien... Mais elles ne sont pas sous mes propres yeux, ainsi que me l'ont prescrit les astrologues. Il faut que je les prenne sous mon aile et que je ne me fie qu'à moi-même.»

Il fit donc préparer une tour de l'Alhambra pour les recevoir et, à la tête de ses gardes, se rendit à la forteresse de Salobreña pour les reconduire en personne.

Près de trois ans s'étaient écoulés depuis que Mohamed avait vu ses filles pour la dernière fois. Devant le merveilleux changement qui s'était opéré en elles si rapidement, il n'en crut pas ses yeux. Durant cet intervalle, les trois princesses avaient franchi la ligne qui sépare la fillette dégingandée, étourdie et sans grâce de la femme épanouie, rougissante et rêveuse. Comme lorsqu'on a traversé les plaines arides et monotones de la Manche pour atteindre les voluptueuses vallées et les rondes collines d'Andalousie.

Zayda était grande et bien faite, son port était altier, son regard, pénétrant. Entrant dans la salle d'un pas noble et décidé, elle fit une profonde révérence à Mohamed, lui témoignant les égards dus, plus qu'à un père, à un souverain. Zorayda, de taille moyenne, avait un air séduisant, une démarche souple et une beauté étincelante que rehaussait le luxe de sa parure. Elle s'approcha de son père, lui baisa la main et le salua en lui récitant les strophes d'un poète arabe en vogue qui ravirent le monarque. Zorahayda, timide et réservée, plus petite que ses sœurs, avait cette beauté tendre et comme suppliante qui semble chercher la protection et l'affection. Elle n'était pas faite pour commander, comme sa sœur aînée, ou pour briller, comme la seconde, mais bien plutôt pour trouver un nid de bonheur dans les bras d'un homme aimant. Elle s'avança vers son père d'un pas timide et presque défaillant ; elle allait lui prendre la main pour la baiser lorsque, levant les yeux sur le visage de son père et le voyant radieux de bonheur, elle céda à son besoin de tendresse et se jeta à son cou.

Mohamed le Gaucher contempla ses filles avec un mélange de fierté et d'inquiétude, car, tandis qu'il se réjouissait de les voir si belles, il se souvenait de la prédiction des astrologues. «Trois filles ! trois filles ! songeait-il, et toutes à marier ! Les fruits des Hespérides ! Il faudrait un dragon pour les garder.»

Il prépara son retour à Grenade en envoyant des hérauts devant lui pour donner ordre aux gens de s'écarter de la route qu'il allait prendre et de fermer toutes les portes et les fenêtres sur le passage des princesses. Après quoi, il se mit en route, escorté par une troupe de nègres hideux revêtus d'une armure éclatante.

Les princesses chevauchaient à côté du roi, soigneusement voilées, sur de blancs palefrois aux harnais de pourpre, brodés d'or, qui balayaient le sol ; les mors et les éperons étaient d'or, les brides d'argent ornées de perles et de pierres précieuses ; des clochettes d'argent tintaient agréablement à chacun de leurs pas. Malheur à l'imprudent qui s'attardait sur la route lorsqu'il les entendait ! Les gardes avaient ordre de l'égorger sans merci.

Le cortège se trouvait aux abords de Grenade lorsqu'il rencontra, sur les rives du Genil, un petit détachement de soldats qui convoyaient des prisonniers. Il était trop tard maintenant pour écarter les soldats, aussi ceux-ci prirent-ils le parti de se jeter la face contre terre, ordonnant à leurs captifs de les imiter. Parmi les prisonniers se trouvaient justement les trois chevaliers que les princesses avaient remarqués du haut de leur pavillon. N'avaient-ils pas compris ? Étaient-ils trop fiers pour obéir à cet ordre ? Toujours est-il qu'ils restèrent debout et fixèrent le cortège qui approchait.

Le courroux du monarque s'enflamma de ce défi. Dégainant son cimeterre et le poussant en avant, il allait porter, toujours de son bras gauche, un coup qui eût été fatal à un au moins des trois spectateurs, quand les princesses firent cercle autour de lui et lui demandèrent grâce pour les prisonniers. Même la douce Zorahayda, oubliant sa timidité naturelle, trouva de l'éloquence pour les défendre. Mohamed s'arrêta, le cimeterre brandi, lorsque le capitaine du détachement lui-même se jeta à ses pieds.

– Que Votre Majesté, lui dit-il, évite un geste qui peut faire scandale dans le royaume. Ce sont trois braves et nobles chevaliers, qui ont été pris dans une bataille où ils luttaient comme des lions ; ils sont de grande naissance et peuvent nous valoir de belles rançons…

– Suffit ! dit le roi, j'épargnerai leur vie, mais je châtierai leur témérité ! Qu'on les mette aux travaux forcés dans les tours Vermeilles !

Mohamed commettait là une des plus jolies bévues de sa carrière de gaucher. Dans le tumulte et l'agitation de cette scène émouvante, les voiles des trois princesses s'étaient écartés, révélant l'éclat qu'ils avaient caché ; en prolongeant la discussion, le roi avait donné à la beauté de ses filles le temps de produire tout son effet. En ce temps-là, les gens tombaient amoureux beaucoup plus rapidement que de nos jours, ainsi qu'il appert des anciennes légendes. Il n'est donc guère surprenant que le cœur des trois chevaliers fût si complètement conquis, d'autant qu'à leur admiration s'ajoutait la gratitude ; il est tout de même un peu singulier, mais également hors de doute, que chacun d'eux s'éprit d'un objet différent. Quant aux princesses, admirant plus que jamais la noble apparence de leurs captifs, elles se mirent à aimer secrètement tout ce qu'elles avaient appris de leur vaillance et de leur origine.

Le cortège se remit en marche. Les trois princesses allaient pensives sur leurs palefrois tintinnabulants, jetant de temps à autre un regard furtif dans la direction des captifs chrétiens qu'on amenait aux tours Vermeilles.

La résidence affectée aux princesses était l'une des plus charmantes qui se pussent imaginer. Située légèrement en retrait de l'Alhambra, la tour lui était reliée par la muraille extérieure qui ceinturait le sommet de la colline. Donnant d'un côté sur l'intérieur de la forteresse, elle avait à ses pieds un petit jardin peuplé des fleurs les plus rares. De l'autre, elle dominait le profond ravin verdoyant qui séparait les terres de l'Alhambra de celles du Generalife. L'intérieur était divisé en petites pièces exquises, merveilleusement décorées dans le style arabe et groupées autour d'une haute salle, dont la voûte s'élevait presque au sommet de la tour. Les murs et le plafond étaient ornés d'arabesques et de motifs ajourés dont l'or et les couleurs étincelaient.

Au centre du pavement de marbre s'élevait une fontaine d'albâtre entourée de fleurs et d'herbes aromatiques, dont le jet rafraîchissait l'édifice et produisait un murmure berceur. Autour de la salle étaient suspendues des cages d'or et d'argent, dans lesquelles chantaient des oiseaux du plus beau plumage.

Comme on avait sans cesse vanté la gaieté des princesses lorsqu'elles étaient au château de Salobreña, le roi s'attendait à ce qu'elles fussent ravies de l'Alhambra. Quelle ne fut pas sa surprise lorsqu'il les vit languir en mélancolie ! Rien ne leur plaisait. Les fleurs pour elles n'avaient pas de parfum, le chant du rossignol troublait leur sommeil, le sempiternel ruissellement de la fontaine, qui s'égrenait du matin au soir, les agaçait.

Le roi, qui était de caractère coléreux et tyrannique, prit d'abord fort mal la chose mais, réflexion faite, il se dit que ses filles étaient arrivées à un âge où l'imagination croît, où les désirs s'aiguisent. « Ce ne sont plus des enfants, se disait-il, ce sont des femmes, il leur faut des choses de leur âge. » Il manda les couturières, les bijoutiers et les artisans du Zacatín, et les princesses furent submergées de robes de soie, de brocart, de châles en cachemire, de colliers de perles et de diamants, de bagues, de bracelets, d'anneaux pour chevilles et de toutes sortes d'objets précieux.

Peine perdue ! Les princesses continuèrent de languir au milieu de leur luxe, tels trois boutons de rose saisis par le froid et amollis sur leur tige. Le roi ne savait plus qu'imaginer. En général, il estimait assez son propre jugement et ne s'inquiétait point de celui des autres. « Les caprices de trois filles en âge d'être mariées, il y a là de quoi, se disait-il pourtant, déconcerter les plus subtils. » Ainsi donc, pour la première fois de sa vie, il eut recours au conseil d'autrui, en l'occurrence la duègne expérimentée.

– Kadiga, lui dit-il, je sais que tu es l'une des femmes les plus avisées du monde, ainsi que l'une des plus sûres, et c'est pourquoi je t'ai toujours confié le soin de mes filles. On n'est jamais assez précautionneux dans ce choix. Je voudrais maintenant que tu découvres la maladie secrète qui ronge les princesses et que tu trouves le moyen de les rendre à la joie et à la santé.

Kadiga promit. En fait, elle en savait plus long que les jeunes princesses sur leur propre langueur. S'enfermant avec elles, la duègne s'ingénia à provoquer leurs confidences.

– Mes chères petites, pourquoi cette tristesse, cet abattement, dans un lieu si merveilleux, où vous pouvez obtenir tout ce que votre cœur désire ?

Les princesses promenèrent un œil distrait sur leur appartement et soupirèrent.

– Que voulez-vous de plus ? Désirez-vous que je vous apporte le perroquet extraordinaire qui parle toutes les langues et fait les délices de Grenade ?

– Quelle horreur ! s'exclama la princesse Zayda ; cette bestiole affreuse et criarde, qui baragouine des paroles incohérentes ! Il faut être soi-même sans cervelle pour tolérer ce casse-tête.

– Voulez-vous alors que je vous fasse venir le singe du rocher de Gibraltar, dont les pitreries vous divertiront ?

– Fi ! Un singe ! la détestable parodie de l'homme ! Je hais cet ignoble animal.

– Que direz-vous alors du fameux chanteur noir Casem, qui charme le harem royal du Maroc et dont la voix, dit-on, est aussi délicate que celle d'une femme ?

– Les esclaves noirs m'épouvantent, dit la sensible Zorahayda. D'ailleurs, j'ai perdu le goût de la musique.

– Ah, ma fille, répliqua la vieille femme, vous ne diriez pas cela si vous aviez entendu hier soir celle que faisaient les trois chevaliers que nous avons croisés en route... Mais, bonté divine, qu'est-ce donc qui vous fait rougir et vous agite de la sorte ?

– Rien, rien, bonne Kadiga... S'il vous plaît, contez-nous la suite.

– Eh bien, je passais hier soir devant les tours Vermeilles lorsque j'ai aperçu nos trois chevaliers qui se reposaient de leur journée de labeur. L'un d'eux jouait de la guitare, avec une grâce... et les autres chantaient à tour de rôle. C'était si beau que les sentinelles elles-mêmes restaient figées sur place, comme enchantées. Qu'Allah me pardonne ! En écoutant ces chants de ma terre natale, je n'ai pu m'empêcher d'être émue... et aussi en voyant ces jeunes gens si nobles et si beaux dans les chaînes de la captivité.

Ici, la bonne vieille versa un pleur.

– Mère, vous pourriez peut-être nous donner l'occasion de jeter un coup d'œil sur ces chevaliers, dit Zayda.

– Je crois, ajouta Zorayda, qu'un peu de musique nous ranimerait.

La timide Zorahayda ne dit rien, mais lança ses bras au cou de Kadiga.

– Pauvre de moi ! s'exclama la prudente vieille. Que dites-vous, mes enfants ? Si votre père l'apprenait, il nous tuerait toutes. Évidemment, ces jeunes chevaliers sont nobles et bien élevés. Mais attention ! ce sont des ennemis de notre foi et vous ne devez jamais y penser qu'avec répugnance.

Il y a chez les jeunes filles, surtout à l'âge du mariage, une admirable intrépidité qui ne recule devant aucun danger, devant aucune défense. Les trois princesses assiégèrent la vieille duègne de leurs cajoleries et de leurs prières. Elles lui déclarèrent enfin qu'un refus leur briserait le cœur.

Que pouvait faire la duègne ? Elle était certainement la femme la plus avisée de la terre et l'une des plus fidèles servantes du roi ; mais allait-elle briser le cœur de ses trois belles princesses pour quelques petites notes de guitare ? D'autre part, bien qu'elle eût vécu si longtemps chez les Maures et changé de religion comme sa maîtresse, elle n'en était pas moins espagnole de naissance et son cœur conservait la nostalgie du christianisme. Elle se mit donc à imaginer le moyen d'exaucer le vœu des princesses.

Les captifs chrétiens, détenus dans les tours Vermeilles, étaient sous l'autorité d'un renégat aux énormes favoris et aux larges épaules, surnommé Hussein Baba, et qui passait pour être sensible aux charmes de l'argent. Kadiga alla donc le trouver en privé, et, lui glissant en main une belle pièce, lui dit :

– Hussein Baba, mes maîtresses, les trois princesses, enfermées dans la tour et languissant faute de distraction, ont entendu parler du talent des trois chevaliers et désirent s'en rendre compte par elles-mêmes. Je suis sûre que tu es trop bon pour leur refuser ce plaisir innocent.

– Comment ! Pour qu'on accroche ma tête à la grille de ma propre tour ! Car, si le roi a vent de l'affaire, c'est la récompense qui m'attend.

– Aucun danger de ce côté-là. On peut arranger la chose de manière à satisfaire le caprice des princesses sans que leur père en soit averti. Tu connais le profond ravin qui se trouve en dehors de la muraille, juste au-dessous de la tour. Places-y tes trois chrétiens et, pendant les pauses, permets-leur de jouer de la guitare et de chanter comme pour leur propre plaisir. De cette façon les princesses pourront les entendre des fenêtres de la tour, et tu peux être sûr que ton obligeance sera bien récompensée.

Achevant son discours, la bonne vieille pressa doucement la poigne du renégat, dans laquelle elle laissa une autre pièce d'or. L'argument était irrésistible. Le lendemain même, les trois gentilshommes reçurent l'ordre de travailler dans le ravin. Durant les heures les plus chaudes, tandis que leurs compagnons de peine dormaient à l'ombre et que le gardien sommeillait à son poste, les trois jeunes gens s'assirent dans l'herbe, au pied de la tour et chantèrent des mélodies espagnoles en s'accompagnant à la guitare.

Profond était le ravin, haute était la tour, mais leurs voix s'élevaient distinctes dans la paix de midi. Les princesses écoutaient à leur balcon ; elles avaient appris l'espagnol de leur duègne et la tendresse du chant ne laissait pas de les émouvoir. La vieille Kadiga, tout au contraire, en était outrée.

– Qu'Allah nous garde ! s'écria-t-elle. Ne voilà-t-il pas qu'ils vous lancent des madrigaux ! A-t-on jamais entendu parler d'une telle audace ? Je m'en vais, de ce pas, trouver le chef des esclaves pour qu'il leur donne une bonne bastonnade !

– Comment ! une bastonnade à ces galants chevaliers, qui chantent si joliment !

Les trois belles princesses ne pouvaient admettre une image si affreuse et la bonne Kadiga, une fois de plus, se laissa fléchir. D'ailleurs, la musique semblait produire sur ses jeunes maîtresses un effet bienfaisant, une rougeur de pétales de rose était revenue à leurs joues et leurs yeux se remettaient à briller. La duègne cessa de s'opposer aux chants amoureux des chevaliers.

Lorsque le concert fut terminé, les princesses demeurèrent un moment silencieuses. Puis Zorayda prit un luth et, d'une voix douce, que l'émotion faisait trembler, elle se mit à chanter un air arabe dont le refrain était comme suit :

La rose qui se cache au milieu de ses feuilles
S'émerveille et s'émeut au chant du rossignol.

Dès lors, les trois chevaliers vinrent travailler presque tous les jours dans le ravin. L'astucieux Hussein Baba devenait de plus en plus indulgent et s'endormait chaque jour à son poste avec plus d'empressement ; une mystérieuse correspondance se tissa entre le bas et le haut de la tour, au moyen de chansons populaires qui révélaient d'une certaine façon les sentiments des jeunes gens. Peu à peu les princesses se montrèrent à leur balcon, lorsqu'elles ne risquaient par d'être aperçues par les gardiens. Elles conversaient également avec leurs galants au moyen de fleurs dont le langage leur était connu. Les difficultés ajoutaient au charme de leurs communications et allumaient cette passion qui était née de façon si bizarre, car l'amour aime la difficulté et croît mieux sur le sol le plus maigre.

Le changement qui s'était produit dans la mine, ainsi que dans le moral des princesses à la suite de cette idylle, surprit et ravit le roi gaucher ; mais personne ne s'en réjouissait plus que la prudente Kadiga, qui l'imputait à son heureuse intervention.

Les chevaliers ne se montrant pas dans le vallon de plusieurs jours, la correspondance musicale bientôt cessa. En vain, du haut de la tour, les trois belles princesses les guettaient-elles, en vain penchaient-elles leur cou de cygne au balcon, en vain gazouillaient-elles comme des rossignols dans leurs cages, leurs amoureux chrétiens avaient disparu, plus une note ne leur répondait dans l'allée. La prudente Kadiga s'en fut aux nouvelles et revint bouleversée.

– Ah, mes enfants, s'écria-t-elle, je prévoyais bien ce qui arriverait, mais vous n'en faisiez qu'à votre tête. Vous pouvez maintenant pendre vos luths aux saules pleureurs. Les chevaliers espagnols ont été rachetés par leurs familles. Ils sont en ce moment dans Grenade et se préparent à retourner chez eux.

Les trois belles princesses étaient au désespoir ; l'élégante Zayda s'indigna de l'affront qu'on leur faisait en les abandonnant sans un mot d'adieu, Zorayda se tordit les mains, pleura, se regarda au miroir et pleura de nouveau, la douce Zorahayda, penchée au balcon, versait en silence des larmes qui tombaient goutte à goutte sur les fleurs parmi lesquelles les ingrats étaient si souvent venus s'asseoir.

L'avisée Kadiga fit tout ce qui était en son pouvoir pour adoucir leur peine.

– Consolez-vous, mes enfants, leur disait-elle. Bientôt vous n'y penserez plus. La vie est ainsi faite. Ah, quand vous aurez mon âge, vous saurez ce que valent les hommes. Croyez-moi, ces chevaliers ont donné leur amour à de belles filles de Cordoue et de Séville. Bientôt, ils leur chanteront des aubades et ne penseront plus aux beautés mauresques de l'Alhambra. Consolez-vous donc, mes enfants, et arrachez-les de votre cœur.

Mais les bonnes paroles de la prudente Kadiga ne firent que redoubler le chagrin des trois princesses et, pendant deux jours, elles restèrent inconsolables. Au matin du troisième, la vieille duègne entra dans leur appartement, secouée d'indignation.

– Qui aurait pu se douter d'une pareille insolence ! explosa-t-elle, dès qu'elle put trouver des mots pour s'exprimer. Mais cela m'apprendra à vouloir tromper votre noble père. Ne me parlez plus de vos chevaliers espagnols.

– Pourquoi ? Que s'est-il passé, bonne Kadiga ? s'exclamèrent les princesses, pantelantes de curiosité.

– Ce qui s'est passé ? Une trahison, ou, ce qui est presque aussi grave, une offre de trahison qu'on m'a faite, à moi la plus soumise des servantes du roi, la plus fidèle des duègnes ! Oui, mes enfants, les chevaliers espagnols ont osé me proposer de l'argent pour que je vous persuade de fuir avec eux à Cordoue où vous deviendriez leurs femmes !

Là, l'excellente duègne se couvrit le visage de ses mains, trop indignée et peinée pour continuer. Les trois belles princesses pâlirent, rougirent, frissonnèrent, baissèrent les yeux, se regardèrent, sans prononcer un mot ; tandis que la vieille Kadiga, toute à sa colère, s'exclamait :

– Et dire qu'on a osé ainsi m'insulter ! moi, la plus fidèle des servantes !

Finalement, l'aînée des princesses, celle qui avait l'esprit le plus vif et le plus décidé, s'approcha d'elle, lui posa la main sur l'épaule et lui dit :

– Mais, bonne Kadiga, à supposer que nous consentions à fuir avec ces chevaliers chrétiens, serait-ce possible ?

La bonne vieille, s'arrêtant un moment de gémir, leva la tête :

– Possible ? répéta-t-elle, bien sûr que c'est possible ! Est-ce que vos chevaliers n'ont pas déjà acheté Hussein Baba le renégat et manigancé toute l'affaire ? Mais, tromper votre père ! Votre père, qui avait mis en moi toute sa confiance !

La fidèle duègne recommença de gémir, se balançant d'avant en arrière et se tordant les mains.

– Mais notre père n'a jamais mis en nous sa confiance, dit l'aînée des princesses. Il a préféré se fier aux verrous et aux barreaux et nous traiter comme des ennemies.

– Ma foi, cela est assez vrai, lui répondit la vieille femme. Il vous a traitées d'une façon bien déraisonnable en vous enfermant dans une vieille tour mélancolique, où vous perdez votre fraîcheur, comme des roses dans un vase. Mais, tout de même, vouloir fuir votre patrie !

– Oui, mais celle que nous gagnerions n'est-elle pas la

patrie de notre mère, où nous pourrions vivre en liberté ? Et n'aurions-nous pas chacune un jeune mari au lieu d'un vieux père tyrannique ?

– Ma foi, cela aussi est assez vrai ; et, votre père, je dois l'avouer mérite le nom que vous lui donnez ; mais alors, fit-elle, se lamentant de plus belle, vous me laisseriez seule supporter le poids de sa vengeance ?

– Jamais de la vie ! ma bonne Kadiga ; ne peux-tu pas t'enfuir avec nous ?

– C'est bien vrai ; et, pour tout vous dire, lorsque j'en ai parlé avec Hussein Baba, il m'a promis de prendre soin de moi si je voulais vous accompagner dans votre fuite. Mais alors, songez-y, mes enfants, accepteriez-vous de renoncer à la religion de votre père ?

– La religion chrétienne a été d'abord celle de notre mère, et je suis prête à l'embrasser. Mes sœurs aussi, j'en suis sûre.

– Vous avez raison, s'exclama la vieille femme dont le visage s'éclairait. C'était la religion de votre mère et, sur son lit de mort, elle s'est plainte bien amèrement d'avoir dû y renoncer. Je lui ai promis de veiller sur vos âmes et je me réjouis de les voir maintenant sur le chemin du salut. Oui mes enfants, moi aussi je suis née chrétienne, je le suis restée au fond de mon cœur, et je suis désireuse de le redevenir. Je me suis entretenue de ce sujet avec Hussein Baba, qui est lui aussi espagnol de naissance, originaire d'un village de ma province. Il souhaite ardemment revoir sa patrie et se réconcilier avec l'Église. Les chevaliers nous ont promis, si nous étions disposés à nous marier, de nous aider généreusement.

En un mot, il s'avéra que la vieille duègne, plus avisée que jamais, après consultation des chevaliers et du renégat, avait mis sur pied un plan d'évasion. L'aînée des princesses y adhéra aussitôt, et son exemple, comme d'habitude, détermina la conduite de ses sœurs. Il est vrai que la plus jeune hésita, car elle était douce et timide, qu'un conflit se livrait en son cœur entre ses sentiments filiaux et sa jeune passion ;

celle-ci l'emporta, comme il fallait s'y attendre, et c'est avec des larmes silencieuses et des soupirs étouffés qu'elle se prépara à s'enfuir.

La colline escarpée sur laquelle l'Alhambra est bâti était autrefois perforée de passages souterrains creusés dans le roc qui menaient de la forteresse aux diverses parties de la ville et à de lointaines portes de sortie qui s'ouvraient sur les rives du Darro et du Genil. Ils avaient été pratiqués à des époques différentes par les rois maures pour servir d'issues secrètes lors d'insurrections soudaines, ou pour des motifs privés. Beaucoup de ces passages sont complètement ignorés à l'heure actuelle ; quant aux autres, bouchés par les pierres ou murés, ils rappellent les précautions jalouses et les stratagèmes guerriers de la domination maure. C'est par l'un de ces tunnels que Hussein Baba avait décidé de conduire les princesses à une porte qui donnait derrière les murs de la ville ; les chevaliers les y attendraient, munis de rapides coursiers qui conduiraient le groupe jusqu'à la frontière.

La fameuse nuit arriva. La tour des princesses avait été verrouillée comme d'habitude et l'Alhambra était plongé dans le sommeil le plus profond. Vers minuit, la prudente Kadiga, postée au balcon qui donnait sur le jardin, entendit Hussein Baba le renégat lui faire le signal convenu. La duègne attacha l'extrémité d'une échelle de corde au balcon, la fit choir jusqu'au jardin et descendit la première par ce moyen. Les deux princesses aînées la suivirent, le cœur battant ; mais lorsque vint le tour de Zorahayda, celle-ci hésita, trembla. Plus d'une fois elle hasarda son petit pied sur la corde, mais elle le retirait aussitôt, et plus elle hésitait, plus son cœur s'affolait. Elle jetait un regard éploré sur sa chambre tendue de soie. Bien sûr, elle y avait vécu comme un oiseau en cage, mais elle y était en sécurité. Qui pouvait lui dire les dangers qui la guetteraient lorsqu'elle se serait lancée dans le vaste monde ! Puis elle songeait à son amoureux chrétien et reposait aussitôt son petit pied sur la corde ; mais lorsqu'elle pensait à son père, elle reculait de nouveau. Il serait vain de vouloir peindre avec des mots le conflit qui se livrait dans un cœur si jeune, si tendre, si aimant, si timide et si ignorant du monde. En vain ses sœurs l'imploraient-elles, en vain la duègne la grondait-elle, en vain le renégat blasphémait-il sous son balcon ; la douce princesse mauresque hésitait sans fin au bord de la décision, tentée par le plaisir, mais terrifiée par ses périls. Chaque minute qui passait augmentait les risques. Un pas retentit dans le lointain.

– Les patrouilles font la ronde, dit le renégat, si nous tardons encore, c'est notre mort. Princesse, descendez immédiatement, sans quoi nous vous abandonnons.

Zorahayda fut prise d'une émotion indicible ; détachant l'échelle et la lançant à terre, dans une résolution désespérée, elle s'écria :

– Voilà qui est décidé. La fuite m'est impossible désormais ! Qu'Allah vous guide et vous bénisse, mes sœurs chéries !

Les deux princesses aînées ne pouvaient se résoudre à l'abandonner, et l'auraient attendue encore, mais la patrouille se rapprochait ; le renégat, furieux, les poussa dans le tunnel. Ils tâtonnèrent dans un effrayant labyrinthe taillé dans le cœur de la montagne, et arrivèrent enfin à une porte de fer qui s'ouvrait hors des murs. Les chevaliers espagnols les y attendaient, déguisés en soldats de la garde, comme ceux que commandait le renégat.

L'amoureux de Zorahayda, lorsqu'il apprit que celle-ci avait refusé de quitter sa tour, se livra à un désespoir frénétique, mais le moment n'était pas venu de se lamenter. Les deux princesses furent placées derrière leurs amoureux, la prudente Kadiga, derrière le renégat. La compagnie se dirigea à toute allure vers le col de Lope et prit un chemin qui, par la montagne, conduisait à Cordoue. Ils ne se furent pas plus tôt mis en route qu'ils entendirent, sur les remparts de l'Alhambra, le battement des tambours et la sonnerie des trompettes.

– On a découvert notre fuite, dit le renégat.

– Nous avons de rapides coursiers, la nuit est noire, nous pourrons semer nos poursuivants, répondirent les chevaliers.

Piquant des deux, ils volèrent à travers la vega. Ils avaient atteint le pied de la montagne d'Elvira, qui s'avance comme un promontoire dans la plaine, lorsque le renégat s'arrêta pour écouter.

– Ils ne sont pas encore sur nos traces, déclara-t-il. Nous pouvons nous sauver par la montagne.

Tandis qu'il parlait, une flamme s'éleva sur la tour de guet de l'Alhambra.

– Malheur ! s'écria le renégat. Ce feu va donner l'alerte à toutes les sentinelles des cols. Allons, vite ! Éperonnez de toutes vos forces, il n'y a pas une minute à perdre !

Ils repartirent ventre à terre. Le galop des chevaux se répercutait de rocher en rocher, tandis qu'ils dévoraient la route qui borde la montagne rocheuse d'Elvira. Tout en chevauchant, ils virent que le feu pâle de l'Alhambra s'était multiplié de toutes parts. Des lumières brillaient maintenant sur toutes les atalayas des montagnes.

– En avant ! En avant ! criait le renégat entre deux jurons... Au pont ! Au pont, avant que l'alarme y soit donnée.

Doublant le promontoire rocheux, ils arrivèrent en vue du fameux *Puente de Pinos*, le pont aux Pins, qui traverse un impétueux cours d'eau, souvent teint du sang des chrétiens et des musulmans. À leur grande consternation, ils virent que la tour du pont était illuminée et remplie d'hommes en armes. Ayant arrêté sa monture, le renégat s'éleva sur ses étriers, regarda tout autour de lui et, faisant signe aux gentilshommes, s'écarta de la route, longea un moment la rivière, pour finalement entrer dans les flots. Les chevaliers recommandèrent aux princesses de les tenir bien fort, ce qu'elles firent. Ils furent entraînés assez loin par le courant, les flots mugissaient autour d'eux, mais les belles princesses, agrippées à leurs gentilshommes, ne proférèrent pas une plainte. Les chevaliers gagnèrent sains et saufs l'autre rive et, par des sentiers impraticables et des barrancos sauvages, le renégat les conduisit au cœur même de la montagne, de façon à éviter les voies régulières. En bref, ils finirent par rejoindre l'ancienne ville de Cordoue, où le retour des chevaliers à leur patrie et à leurs amis donna lieu à de grandes réjouissances, car ils appartenaient aux plus nobles familles. Quant aux belles princesses, elles furent aussitôt reçues dans le sein de l'Église et, après avoir été dûment baptisées, devinrent les heureuses épouses de ceux qu'elles aimaient.

Dans notre hâte de tirer nos princesses de la rivière et de leur faire gravir les montagnes, nous avons omis de mentionner le sort de la prudente Kadiga. Elle s'était accrochée comme une chatte à Hussein Baba, tandis qu'ils parcouraient la vega, poussant à chaque saut des cris qui provoquaient les pires jurons du renégat; mais lorsqu'il amena son coursier dans la rivière, la terreur de la duègne ne connut pas de bornes.

– Ne me serrez pas si fort ! criait Hussein Baba, tenez-vous à ma ceinture, ne craignez rien.

Elle obéit au renégat, mais lorsque, pour souffler, celui-ci s'arrêta un instant avec les chevaliers sur le sommet de la montagne, il n'y avait plus de duègne.

– Qu'est-il arrivé à Kadiga ? demandèrent les princesses alarmées.

– Allah seul le sait ! répondit le renégat; ma ceinture s'est ouverte au milieu de la rivière et Kadiga a été entraînée dans les flots avec elle. La volonté d'Allah soit faite ! Mais c'est dommage, une ceinture brodée de si grande valeur !

Bien que ce ne fût pas le moment de se livrer à de vains regrets, les princesses pleurèrent amèrement la perte de celle qui les avait toujours si bien conseillées. Cependant l'excellente Kadiga n'avait pas tout à fait quitté la scène : un pêcheur qui retirait ses filets, un peu en aval, eut la surprise de la ramener à terre. Ce qu'il advint ensuite de la prudente Kadiga, la fable ne le dit pas. On imagine sans peine qu'elle continua de donner des preuves de sa prudence en s'abstenant de se placer sous la griffe de Mohamed le Gaucher.

On n'en sait pas davantage sur la conduite qu'adopta cet astucieux monarque lorsqu'il découvrit la fugue de ses filles et la trahison de la plus fidèle de ses servantes. C'était la seule fois qu'il avait eu recours aux conseils d'autrui. On pense qu'il évita désormais de se rendre coupable d'une telle faiblesse. Il entoura de la plus grande vigilance la seule fille qui lui restait, mais celle-ci n'avait pas de goût pour la fugue. On pense, toutefois, qu'elle se repentait de n'être pas partie avec ses sœurs ; on la voyait souvent se pencher aux créneaux de la tour et fixer tristement les montagnes du côté de Cordoue, et parfois son luth accompagnait des complaintes dans lesquelles elle se lamentait de la perte de ses sœurs et de son amoureux ainsi que de sa vie solitaire. Elle mourut jeune et, selon la rumeur populaire, fut inhumée sous une voûte au pied de la tour. Son infortuné destin a inspiré plus d'une fable.

VISITEURS DE L'ALHAMBRA

Voici bientôt trois mois que je me suis installé à l'Alhambra. En une saison, tout a changé autour de moi. Quand je suis arrivé, le mois de mai épandait sa fraîcheur, le feuillage des arbres luisait, tendre et transparent, le grenadier n'avait pas fait éclater ses vives fleurs rouges ; les vergers du Genil et du Darro étaient en plein épanouissement, les rochers se couvraient de fleurs sauvages et Grenade semblait baigner dans un océan de roses, parmi lesquelles d'innombrables rossignols chantaient jour et nuit.

L'été survenu a flétri la rose et fait taire le rossignol, la campagne alentour est brûlée de soleil, mais une éternelle verdure règne autour de la ville et dans les profondes vallées que dominent les sommets neigeux.

L'Alhambra possède des retraites à l'abri de la chaleur du jour. La plus particulière d'entre elles est l'appartement quasi souterrain des bains. Bien qu'affecté par les signes touchants de la vétusté, celui-ci conserve toujours son ancien cachet oriental. À l'entrée, qui donne sur une petite cour autrefois ornée de fleurs, se trouve une salle de dimensions moyennes, mais d'une architecture légère et gracieuse. Une petite galerie soutenue par des colonnes de marbre et des arcs arabes la domine. Une fontaine d'albâtre, au centre, lance toujours son jet qui rafraîchit les lieux. De chaque côté se creusent de profondes alcôves à plates-formes élevées, où les musulmans, après leurs ablutions, venaient jadis s'étendre sur des coussins et s'abandonner à un repos voluptueux que flattaient la douceur de l'air parfumé et les accents d'une douce musique qu'on jouait sur la galerie. Derrière cette salle, sont des chambres intérieures plus retirées encore, où la lumière, douce et subreptice, ne pénètre que par les fines ouvertures des plafonds voûtés. C'était le *sanctum sanctorum*, le gynécée où les beautés du harem goûtaient les délices du bain. Les vestiges des bains s'y voient toujours dans leur ancienne élégance. L'obscurité et le silence de ces voûtes en font le lieu favori des chauves-souris, qui se nichent le jour dans les fentes et les recoins et qui, lorsqu'on vient les troubler, volettent mystérieusement dans cet éternel crépuscule dont elles soulignent, de façon indescriptible, la ruine et la désolation.

C'est dans cette retraite élégante et délabrée, qui a toute la fraîcheur secrète d'une grotte, que je passais les heures les plus suffocantes du jour. Je n'en sortais que le soir et, la nuit, je me baignais dans le grand bassin du patio principal. C'est ainsi que je pouvais, dans une certaine mesure, résister à l'influence énervante et amollissante du climat.

Pourtant, j'ai dû dire adieu à mes rêves de domination absolue sur ces lieux. Un matin, je fus réveillé par des détonations qui se répercutaient parmi les tours du château, comme si celui-ci avait été attaqué par surprise. Sortant de ma chambre, je vis qu'un vieux noble, avec plusieurs domestiques, avait pris possession de la salle des Ambassadeurs. C'était un comte, qui avait quitté son palais de Grenade pour respirer pendant quelques jours l'air pur de l'Alhambra et qui, chasseur incorrigible, tirait les hirondelles de son balcon, pour s'aiguiser l'appétit. Divertissement bien innocent, car, malgré le feu nourri que l'agilité de ses serviteurs lui permettait de maintenir, je ne puis l'accuser d'avoir tué une seule hirondelle. Je dirais même que les oiseaux paraissaient prendre goût au jeu et narguer la maladresse du chasseur, car ils tournaient en cercles autour des balcons et venaient presque le frôler en gazouillant.

L'arrivée de ce vieux gentilhomme a tout changé, mais sans donner lieu à la moindre querelle. D'un accord tacite, nous nous sommes partagé l'empire de l'Alhambra, comme les derniers rois de Grenade, avec cette différence que notre alliance reste des plus aimables. Lui, règne en maître absolu sur la cour des Lions et les salles contiguës, tandis que je conserve la possession pacifique de la région des bains et du petit jardin de Lindaraja. Nous prenons nos repas ensemble sous les arcades du patio, dont les fontaines rafraîchissent l'air et où des ruisselets courent dans les canaux de marbre.

Le soir, un cercle familier se forme autour du valeureux gentilhomme. La comtesse arrive de la ville avec sa fille préférée, qui a près de seize ans; puis vient le personnel officiel du comte, son aumônier, son avocat, son secrétaire, son régisseur, ainsi que les administrateurs de ses vastes biens. Il tient ainsi une sorte de cour domestique, où chacun semble désireux de le distraire sans sacrifier son propre plaisir ni sa dignité. On a beau parler de la fierté espagnole, elle ne se manifeste pas dans la vie sociale ou domestique. Nulle part ailleurs les relations entre parents ne sont plus cordiales, ou, entre supérieurs et subalternes, plus franches et plus naturelles; à cet égard, la province espagnole garde beaucoup de la simplicité tant vantée d'autrefois.

Je dois dire que, à mes yeux, tout au moins, le membre le plus intéressant de cette famille était la fille du comte, la charmante petite Carmen. C'était presque encore une enfant. Ses formes n'avaient pas la plénitude de la maturité, mais déjà l'exquise harmonie et toute la grâce flexible qui sont caractéristiques de son pays. Ses yeux bleus, son teint de blonde, ses cheveux clairs, choses rares en Andalousie, donnaient à ses façons une douceur qui contrastait avec le feu des autres beautés espagnoles, mais qui s'accordait avec sa confiance candide. Elle possédait par ailleurs le talent inné des fascinantes filles de son pays et chantait, dansait, jouait à ravir de la guitare et d'autres instruments.

Quelques jours après s'être installé à l'Alhambra, le comte y célébra dignement sa fête, rassemblant autour de lui sa parentèle et sa domesticité, tandis que plusieurs vieux serviteurs venaient de ses terres lointaines pour le féliciter et prendre part aux réjouissances. Cet esprit patriarcal qui, au temps de son opulence, caractérisait la noblesse espagnole, a décliné avec la fortune, mais ceux qui, comme le comte, ont conservé leur vieux patrimoine maintiennent un peu cet ancien système, et leurs terres sont envahies, voire accaparées par des générations de métayers oisifs. Selon ce vieux système espagnol, dans lequel la fierté nationale et la générosité ont un rôle égal, un vieux serviteur, jamais congédié, reste à la charge du maître jusqu'à ses derniers jours. Plus encore, ses enfants et petits-enfants, et parfois jusqu'aux parents et alliés, s'y ajoutent peu à peu. Vainement ostentatoires quand on compare leurs dimensions à la médiocrité et à la pauvreté de l'ameublement, les gigantesques palais de la noblesse espagnole trouvent leur raison d'être dans les mœurs de propriétaires richissimes. Ce ne sont à vrai dire que de vastes casernes pour les générations de parasites héréditaires qui s'engraissent aux dépens du gentilhomme. Le vieux comte, qui a des biens en divers lieux du royaume, m'assure que certains d'entre eux suffisent à peine à nourrir les hordes de mendiants qui s'y sont installés et qui ne veulent pas payer de loyer parce que leurs aïeux ne l'ont pas fait autrefois.

La fête du comte vint rompre le sommeil habituel de l'Alhambra. La musique et les rires résonnaient dans ses salles hier encore silencieuses, des groupes d'invités s'ébattaient dans les galeries et dans les jardins, on voyait des serviteurs zélés traverser les cours et apporter des provisions à l'ancienne cuisine qui, rougeoyant de flammes dont elle avait perdu l'habitude, revivait maintenant grâce au va-et-vient des marmitons.

Le festin, car en Espagne il n'y a que des festins, fut organisé dans la belle salle mauresque qu'on appelle la *Sala de las dos Hermanas*, la salle des Deux Sœurs. La table ployait sous l'abondance des mets et la plus joyeuse animation régnait parmi les convives. Bien qu'en général les Espagnols soient sobres, ils savent faire fête aux bonnes choses. Pour ma part, je trouvai un intérêt supplémentaire au fait que ce banquet fût donné, dans les salles royales de l'Alhambra, par le descendant d'un de ses plus fameux conquérants, le vénérable comte, bien que de goûts pacifiques, étant l'héritier du Grand Capitaine, de l'illustre Gonzalve de Cordoue, dont il conserve l'histoire dans les archives de son palais de Grenade.

Le banquet terminé, la compagnie passa dans la salle des Ambassadeurs. Chacun participa à la gaieté générale en faisant valoir tel ou tel talent particulier : le chant, l'improvisation, le récit d'histoires merveilleuses, les danses populaires accompagnées de cet indispensable talisman du plaisir qu'est en Espagne la guitare.

La plus charmante figure de la soirée fut la petite Carmen. Elle joua avec des amies deux ou trois scènes tirées de comédies espagnoles, où elle fit preuve d'un charmant talent de comédienne ; elle nous donna des imitations de chanteurs italiens avec un rare bonheur et une voix délicieuse ; elle imita l'accent, les danses et les chansons des gitans et des paysans de la vega – le tout avec une aisance, une justesse, une grâce et une beauté irrésistibles, fascinantes.

L'agrément de ces saynètes venait aussi de ce qu'elle les donnait sans prétention, sans ambition ni pose. Elle ne semblait pas se rendre compte de l'étendue de ses dons, et d'ailleurs elle ne les exerçait qu'impromptu, comme une enfant, pour amuser la galerie. Il faut croire que son coup d'œil devait être rapide, car elle avait passé sa vie au sein de sa famille et n'avait pu avoir que des occasions rares et furtives d'observer les scènes et les caractères qu'elle nous imitait avec tant de vivacité. Il était plaisant de voir l'affection et l'admiration que tous, y compris les domestiques, lui témoignaient, l'appelant même la *Niña*, la petite, terme qui, dans la langue espagnole, a quelque chose, ainsi appliqué, d'aimant et de tendre.

Je ne songerai jamais à l'Alhambra sans me souvenir de la ravissante Carmen folâtrant, jeune et innocente, dans les cours de marbre, dansant au rythme de castagnettes mauresques ou mêlant le gazouillis argentin de sa voix à la musique des fontaines.

À l'occasion de cette fête, plusieurs légendes, amusantes ou curieuses, furent contées, dont la plupart m'ont échappé ; mais avec celles que ma mémoire a conservées, je vais m'efforcer d'en composer une pour divertir mon lecteur.

LÉGENDE DU PRINCE AHMED AL KAMEL OU LE PÈLERIN D'AMOUR

Un roi maure régnait autrefois à Grenade, qui n'avait qu'un fils, Ahmed, surnommé par ses courtisans *al Kamel*, le Parfait, d'après les signes indubitables d'excellence qu'ils aperçurent en lui dès sa plus tendre enfance. Les astrologues confirmèrent leur pronostic, en lui prédisant toutes les qualités qui font un prince idéal et un souverain prospère. Seul nuage au tableau, encore était-ce un nuage rose, le jeune homme serait d'un tempérament amoureux et risquerait de grands dangers pour sa tendre passion. Toutefois, si l'on pouvait le tenir à l'écart des séductions de l'amour jusqu'à l'âge mûr, les périls seraient conjurés, sa vie serait une suite ininterrompue de bonheurs.

Pour prévenir tout écueil, le roi décida sagement d'élever le prince dans un lieu solitaire où il ne verrait jamais le visage d'une femme, jamais n'entendrait prononcer le nom « amour ». À cette fin, il fit bâtir un magnifique palais au sommet de la colline qui domine l'Alhambra, au milieu de jardins délicieux, mais entouré de hautes murailles – celui-là même qu'on connaît, de nos jours, sous le nom de Generalife. Enfermé là, le jeune prince fut confié à la garde d'un maître, Eben Bonabben, un sage arabe des plus sévères ; ayant passé la plus grande partie de sa vie en Égypte à étudier les hiéroglyphes et à faire des recherches parmi les tombes et les pyramides, il trouvait plus de charme à une momie égyptienne qu'à la plus tentatrice des beautés vivantes. Le sage avait pour mission d'initier le prince à toutes les sciences, excepté une – il fallait que celui-ci restât totalement ignorant des choses de l'amour.

– Use pour cela de toutes les précautions qui te paraîtront nécessaires, lui dit le roi, mais souviens-t'en, Eben Bonabben, si mon fils apprend quoi que ce soit de ce savoir défendu pendant qu'il est sous ton autorité, ta tête m'en répondra.

À cette menace, un sourire débile se dessina sur la face parcheminée du sage Bonabben.

– Que le cœur de Votre Majesté, lui répondit-il, soit aussi rassuré à propos de votre fils que je le suis moi-même à propos de ma tête. Y a-t-il quelque vraisemblance que je lui donne des leçons sur cette vaine passion ?

Le prince grandit donc sous la vigilance attentive du philosophe, dans la retraite du palais et de ses jardins. Il avait, pour le servir, des esclaves noirs, affreux et muets par-dessus le marché, qui n'avaient aucune connaissance de l'amour, ou tout au moins qui étaient incapables de la communiquer avec des mots. Eben Bonabben était particulièrement chargé de son instruction. Il chercha à lui transmettre le savoir mystérieux de l'Égypte mais, dans ce domaine, le prince ne fit que peu de progrès, démontrant bientôt qu'il n'avait pas la tête philosophique.

C'était pourtant un jeune prince merveilleusement docile, toujours prêt à suivre les conseils qu'on lui donnait, se déterminant invariablement d'après eux. Il réprimait de son mieux ses bâillements, écoutait avec patience les longs et doctes discours d'Eben Bonabben, et obtint de la sorte une connaissance aussi variée que superficielle. C'est ainsi qu'il atteignit sa vingtième année, étonnamment sage et totalement ignorant en amour.

À cette époque, un changement s'opéra dans la conduite

du prince. Il abandonna complètement ses études, se mit à errer dans les jardins et à rêver auprès des fontaines. Il avait appris, entre autres choses, un peu de musique ; il y consacrait maintenant le plus clair de ses jours en même temps qu'il se mettait à montrer du goût pour la poésie. Alarmé, le sage Eben Bonabben essaya d'enrayer le danger au moyen de sévères leçons d'algèbre, mais le prince s'en détourna avec dégoût.

– Je ne peux souffrir l'algèbre, dit-il, je l'ai en horreur ; ce qu'il me faut, c'est quelque chose qui parle davantage au cœur.

«Voici la fin de la philosophie, se dit le sage Eben Bonabben en secouant sa tête chenue. Le prince a découvert qu'il a un cœur ! »

Il redoubla d'attention et vit que la tendresse latente chez son élève s'éveillait et ne cherchait qu'un objet à quoi s'attacher. Le jeune homme s'attardait dans les jardins du Generalife, dans une étrange exaltation dont il ne savait pas la cause. Il restait parfois plongé dans une délicieuse rêverie, saisissait son luth et en tirait les accents les plus touchants, puis, l'écartant de lui, il éclatait en plaintes et en soupirs.

Peu à peu cette prédisposition amoureuse s'étendit à la nature ; le prince avait ses fleurs préférées, qu'il surveillait avec la plus tendre assiduité ; puis il s'attacha à divers arbres, à un en particulier, dont la forme gracieuse et le feuillage tombant avaient accaparé sa tendresse ; il grava son nom sur son écorce, accrocha des guirlandes à ses branches et lui chanta des éloges en s'accompagnant de son luth.

Le sage Eben Bonabben s'inquiéta de cette exaltation. Il voyait son élève au bord du savoir défendu – le moindre indice pouvait lui révéler le secret fatal. Tremblant pour la sécurité du prince et pour sa tête, il se hâta d'arracher le jeune homme aux séductions du jardin et de l'enfermer dans la plus haute tour du Generalife. L'appartement était splendide et dominait un panorama infini ; on y était bien au-dessus de l'atmosphère amollissante des bosquets, si dangereuse pour le jeune Ahmed trop inflammable.

Mais que fallait-il faire pour le réconcilier avec une telle contrainte et tromper les interminables heures de solitude ? Le sage avait déjà épuisé les ressources les plus agréables de ses connaissances, et il n'était plus question d'algèbre. Heureusement Eben Bonabben, lorsqu'il était en Égypte, avait appris le langage des oiseaux auprès d'un rabbin qui le tenait directement de Salomon le Sage, lequel en avait été instruit par la reine de Saba. À la seule mention de cette étude, les yeux du prince étincelèrent d'animation ; il s'y appliqua avec tant d'ardeur que bientôt il fut aussi fort que son maître.

La tour du Generalife n'était plus pour lui un lieu solitaire, car il avait, à portée de la main, des compagnons avec lesquels il pouvait s'entretenir. La première connaissance qu'il fit fut celle d'un faucon qui avait bâti son nid dans une crevasse de la haute muraille, d'où il s'élançait en quête d'une proie. Mais le prince n'eut guère d'estime pour lui. Ce n'était qu'un pirate de l'air, fanfaron et vantard, qui ne parlait que de rapines, de carnages et d'exploits sanglants.

Il connut ensuite un hibou qui, avec sa tête énorme et ses yeux ronds, montrait des airs de philosophe et qui restait tout le jour à clignoter dans son trou pour n'en sortir que la nuit. Il avait de grandes prétentions au savoir, évoquait à tout propos l'astrologie et la lune, se piquait d'occultisme ; la métaphysique surtout l'occupait, et le prince finit par trouver ses dissertations plus ennuyeuses encore que celles du sage Eben Bonabben.

Ce fut alors le tour d'une chauve-souris, qui passait ses journées pendue par les pattes dans un recoin de l'arceau et s'esquivait furtivement à la tombée de la nuit. Elle avait, pour sa part, des idées crépusculaires sur toutes choses, se moquait de ce qu'elle ne connaissait qu'imparfaitement et semblait ne se plaire à rien.

Vint enfin une hirondelle, pour qui le prince se prit d'abord d'amitié. Bavarde, vive, remuante, elle était toujours prête à s'envoler et restait rarement sur place assez longtemps pour permettre une conversation suivie. Le prince s'aperçut bientôt qu'elle ne faisait qu'effleurer la surface des choses, qu'elle ne savait rien à fond, quoiqu'elle prétendît tout connaître.

La tour étant trop haute pour que d'autres oiseaux pussent la fréquenter, ce furent les seuls compagnons ailés avec lesquels notre pèlerin eut l'occasion d'exercer son savoir fraîchement acquis. Il se lassa bientôt de ses nouvelles connaissances, dont la conversation intéressait si peu l'esprit et pas du tout le cœur, et peu à peu s'enferma dans la solitude. L'hiver passa, le printemps déploya ses fleurs, sa verdure, sa vivante beauté, l'heureux temps vint pour les oiseaux de s'apparier et de bâtir leurs nids. Brusquement, des bosquets et des jardins du Generalife, une explosion universelle de chants et de mélodies éclata et parvint au prince dans la solitude de sa tour. Partout il entendait le même thème universel: «Amour… amour… amour», clamé et renvoyé sur tous les tons. Le prince écoutait, silencieux, perplexe: «Que peut bien être cet amour, s'interrogeait-il, dont le monde semble plein et dont je ne sais rien?» Il s'en enquit auprès de son ami le faucon. Le forban lui répondit d'un ton méprisant:

– Adresse-toi plutôt aux paisibles oiseaux d'en bas, à ceux-là qui s'offrent en proie aux princes des airs. La guerre est ma besogne, la bataille, mes délices. En un mot, je suis un guerrier et ne sais rien de cette chose qu'on appelle amour.

Le prince se détourna de lui avec dégoût et alla consulter le hibou dans sa retraite. «Voilà, se disait-il, un oiseau de goûts pacifiques, il saura me répondre.» Il demanda donc au hibou de lui dire ce qu'était cet amour dont tous les oiseaux des bosquets chantaient la louange.

Le hibou prit un air de dignité offensée:

– Je consacre mes nuits, lui répondit-il, à l'étude et à la recherche. Quant à mes jours, je les passe à ruminer dans ma cellule tout ce que je sais déjà. Les oiseaux chanteurs dont tu me parles, je ne les écoute jamais, je les méprise, eux et leurs chansons frivoles. Allah soit loué ! Je ne sais pas chanter ; je suis un philosophe et ne sais rien de cette chose qu'on appelle amour.

Le prince se dirigea vers le dais où son amie la chauve-souris était pendue par les pattes et il lui posa la même question. La chauve-souris fronça le nez, fort contrariée :

– Pourquoi viens-tu troubler mon repos du matin avec d'aussi vaines paroles ? fit-elle, de mauvaise humeur. Moi, je ne vole qu'au crépuscule, lorsque tous les oiseaux dorment, et je ne me soucie guère de leurs affaires. Je ne suis, grâce au ciel, ni oiseau ni animal terrestre. J'ai découvert le peu qu'ils valent les uns et les autres, je les déteste tous tant qu'ils sont. En un mot, je suis misanthrope et ne sais rien de cette chose qu'on appelle amour.

En dernière ressource, le prince s'adressa à l'hirondelle. Il l'arrêta tandis qu'elle tournoyait au-dessus de la tour. L'hirondelle, comme à l'accoutumée, était si pressée qu'elle eut à peine le temps de lui répondre.

– Crois-moi, lui dit-elle, j'ai tant de charges publiques et tant d'occupations personnelles que je n'ai pas une minute à consacrer à cette question. Tous les jours j'ai mille visites à rendre, mille affaires importantes à examiner qui ne me laissent pas un seul moment de loisir pour ces bagatelles. Pour tout dire, je suis citoyenne du monde et ne sais rien de cette chose qu'on appelle amour.

La curiosité déçue du prince ne fit que redoubler. Il était dans cet état d'esprit lorsque son vieux précepteur entra dans la tour. Le prince s'avança vivement vers lui.

– Ô sage Eben Bonabben, s'écria-t-il, tu m'as révélé beaucoup de sciences ; mais il y a une chose dont je demeure parfaitement ignorant et que j'aimerais bien connaître.

– Mon prince n'a qu'à ouvrir la bouche et toutes les faibles connaissances que possède son serviteur seront mises à sa disposition.

– Dis-moi alors, ô le plus profond des sages, quelle est la nature de cette chose qu'on appelle amour.

À ces mots, le sage Eben Bonabben parut frappé de la foudre. Il trembla, pâlit et sentit que sa tête ne tenait plus très fort sur ses épaules.

– Qui a donc pu suggérer à mon prince une telle question ? Où donc a-t-il appris un mot si vain ?

Le prince le mena à la fenêtre de la tour.

– Écoute, ô Eben Bonabben, dit-il.

Le sage écouta. Dans un buisson au pied de la tour, le rossignol chantait à la rose qu'il aimait ; des bosquets en fleurs s'élevait un hymne mélodieux qui répétait invariablement les louanges de l'amour.

« Allah Akbar ! Dieu est grand ! s'exclama *in petto* le sage Bonabben. Qui prétendra cacher ce secret au cœur de l'homme, quand les oiseaux même conspirent à le trahir ? » Puis, se tournant vers Ahmed, il lui tint ce discours :

– Ô mon prince, ferme les oreilles à ces chants séducteurs. Ferme ton esprit à cette dangereuse science. Sache que l'amour cause la moitié des maux qui affligent la pauvre humanité. C'est lui qui engendre l'amertume et l'hostilité entre frères et amis, c'est lui qui fomente les trahisons, les crimes et les guerres. Les soucis et les peines, les jours d'angoisse et les nuits blanches forment son cortège. C'est lui qui flétrit et assombrit la joie de la jeunesse, c'est lui qui attire les maux et les douleurs de la vieillesse prématurée. Qu'Allah te conserve, mon prince, dans l'ignorance complète de cette chose qu'on appelle amour !

Le sage Eben Bonabben se retira en hâte, laissant le prince plus perplexe que jamais. En vain essaya-t-il de chasser cette pensée de son esprit, elle dominait en lui toutes les autres. Il s'épuisait en vaines conjectures. « Sûrement, se disait-il, en écoutant les mélodieux refrains des oiseaux, il n'y a pas de chagrin dans ces notes ; elles ne sont que joie et tendresse ! Si l'amour est vraiment la cause de tant de misères et de querelles, pourquoi ces oiselets ne dépérissent-ils pas dans la solitude ou ne se déchirent-ils pas les uns les autres au lieu de voltiger avec joie parmi les branches et de se poursuivre amoureusement au milieu des fleurs ? »

Un matin, il était étendu sur sa couche, méditant cette inexplicable énigme. La fenêtre de sa chambre, ouverte, laissait entrer la douce brise, qui lui parvenait chargée du parfum des orangers de la vallée. La voix d'un rossignol lointain chantait le thème éternel. Comme le prince l'écoutait en soupirant, un violent battement d'ailes se fit brusquement dans les airs et une jolie colombe, poursuivie par un faucon, se précipita dans la chambre et s'abattit haletante sur le sol, tandis que le chasseur déçu s'enfuyait vers les montagnes.

Le prince recueillit le pauvre oiseau essoufflé, lui lissa les plumes et le serra sur son cœur. Lorsqu'il l'eut tranquillisé à force de caresses, il le mit dans une cage d'or et lui offrit, au creux de la main, le froment le plus blanc et l'eau la plus pure. Mais l'oiseau, refusant toute nourriture, languissait et gémissait.

– Qu'as-tu, lui demanda Ahmed. N'as-tu pas tout ce que ton cœur désire ?

– Hélas, non ! lui répondit la colombe. Ne suis-je pas séparée de l'ami de mon cœur, au plus beau moment de l'année, à la saison des amours ?

– Encore l'amour, dit Ahmed. Je t'en prie, ma jolie colombe, peux-tu me dire ce que c'est que l'amour ?

– Trop bien, hélas, mon prince. Pour un, c'est le tourment, pour deux, le bonheur, pour trois, la discorde. C'est un charme qui attire deux êtres l'un vers l'autre et les unit par les plus délicieuses correspondances, heureux tant qu'ils sont ensemble, misérables, lorsqu'ils ne le sont plus. N'y a-t-il personne à qui tu ne sois uni par ces tendres liens ?

– J'aime bien mon vieux maître Eben Bonabben plus qu'un autre, mais souvent il m'ennuie et il m'arrive d'être plus heureux lorsqu'il n'est pas là.

– Ce n'est point la sympathie que j'évoque, mais l'amour, le grand mystère et principe de vie, la griserie capiteuse de la jeunesse, les sereines délices de l'âge mûr. Regarde, ô prince, et admire comme en cette saison bénie la nature est pleine de joie. Toute créature a sa compagne, l'oiseau a son oiselle, le scarabée dans la poussière courtise sa dame, et ces papillons que tu vois voleter au-dessus de la tour et jouer dans la lumière sont heureux d'être aimés. Hélas, mon prince, tu as donc perdu tant de jours précieux – les plus beaux de la vie – sans rien savoir de l'amour ? N'y a-t-il vraiment personne, belle princesse, jolie demoiselle, qui n'ait captivé ton cœur et empli ta poitrine d'un délicieux tumulte fait de douces peines et de tendres désirs ?

– Je commence à comprendre, dit le prince en soupirant. Le tumulte dont tu parles, je l'ai éprouvé plus d'une fois, mais sans en connaître la cause... Comment trouverais-je d'ailleurs dans cette effroyable solitude un objet tel que tu me le décris ?

La conversation se prolongeant, le prince fut complètement éclairé sur la question.

– Hélas, dit-il, si l'amour est un tel délice et l'absence une telle misère, Allah me garde de détruire le bonheur de ceux qui s'aiment !

Il ouvrit la cage, en tira la colombe et, l'ayant couverte de baisers, il l'amena à la fenêtre.

– Envole-toi donc, heureux oiseau, et réjouis-toi, avec le compagnon de ton cœur, de ce printemps et des jours de ta jeunesse. Pourquoi t'enfermerais-je avec moi dans cette affreuse tour, où l'amour ne peut jamais entrer ?

La colombe ravie battit des ailes et s'élança comme une flèche vers les vergers en fleurs du Darro. Le prince la suivit longtemps des yeux, puis s'abandonna à d'amères réflexions. Le chant des oiseaux qui jusqu'ici l'avait charmé ajoutait maintenant à sa tristesse. L'amour, l'amour, l'amour... Hélas, le pauvre jeune homme comprenait maintenant ce mot. Ses yeux étincelèrent lorsque le sage Bonabben se représenta à sa vue.

– Pourquoi m'as-tu maintenu dans cette sordide ignorance ? explosa-t-il. Pourquoi m'a-t-on caché jusqu'à ce jour ce grand mystère et principe de vie où je vois la moindre bestiole si instruite ? Regarde, la nature éclate de joie, toute créature se réjouit d'avoir sa compagne. C'est cela l'amour sur quoi je voulais être éclairé. Pourquoi seul serais-je privé de ses délices ? Pourquoi ai-je perdu tant de jours de ma jeunesse sans rien connaître de ses plaisirs ?

Le sage Bonabben vit alors qu'il était inutile d'observer la même réserve, car le prince avait acquis le dangereux savoir défendu. Il lui révéla donc les prédictions des astrologues et les précautions qui avaient été prises dans son éducation pour lui éviter les maux qui le menaçaient.

– Et maintenant, mon prince, conclut-il, ma vie est entre vos mains. Que le roi sache seulement que vous avez appris ce que c'est que l'amour, tandis que je vous gardais, et ma tête en répondra.

Comme il était aussi raisonnable qu'on peut l'être à son âge, le jeune prince écouta avec docilité, puisque rien ne plaidait contre elles, les remontrances de son précepteur. D'autre part, il était sincèrement attaché au sage Bonabben et, comme il n'avait jusqu'à présent qu'une connaissance théorique de l'amour, il préféra la garder dans son cœur plutôt que d'exposer la tête du philosophe au péril qui la menaçait. Mais il était dit que sa discrétion serait soumise à rude épreuve. Quelques jours plus tard, alors qu'il méditait tristement sur la terrasse de sa tour, la colombe qu'il avait délivrée vint se poser sans crainte sur son épaule.

Le prince la pressa contre son cœur et lui dit :

– Heureux oiseau ! tu peux voler avec les ailes du matin jusqu'au bout du monde. Où es-tu allée depuis que tu m'as quitté ?

– Dans un pays lointain, mon prince, d'où je te rapporte

des nouvelles, en récompense de la liberté que tu m'as donnée. Dans le vaste circuit de mon vol, qui embrasse plaines et montagnes, un jour que je prenais mon essor dans les airs, j'aperçus au-dessous de moi un jardin délicieux, plein de fruits et de fleurs de toute sorte. Il se trouvait au bord d'un cours d'eau sinueux, près d'une verte prairie. Au centre du jardin se dessinait un palais imposant. Lasse de voler, je descendis me poser sur l'une de ses tonnelles. Sur la berge de la rivière, au-dessous de moi, je vis une jeune princesse dans tout l'éclat de son âge. Elle était entourée de servantes, jeunes comme elle, et qui la paraient de guirlandes et de couronnes de fleurs ; mais nulle fleur des champs ou des jardins ne se pouvait comparer à sa beauté. C'est là qu'elle fleurissait en secret, car le jardin était entouré de hautes murailles et nul mortel n'y pouvait pénétrer. Lorsque je vis cette belle enfant, si jeune, si innocente, si préservée du contact du monde, je me dis : voilà l'être que le Ciel a formé pour inspirer l'amour à mon prince.

Ce portrait fit l'effet d'une étincelle sur le cœur inflammable d'Ahmed ; toute la réserve d'amour qu'il contenait en lui venait à l'instant de se cristalliser sur un objet. Il conçut une passion sans bornes pour la princesse. Il lui écrivit une lettre dans le style le plus passionné, où il lui avouait sa ferveur et se plaignait de la triste captivité qui l'empêchait d'aller se jeter à ses pieds ; il y ajouta des poèmes de l'éloquence la plus tendre et la plus émouvante, car il était naturellement poète, et inspiré par l'amour. Il adressa sa lettre « à la belle inconnue », la signa « Ahmed, prince captif », puis, après l'avoir parfumée de musc et de roses, il la remit à la colombe.

– Envole-toi, dit-il, ô la plus fidèle des messagères ; élance-toi par-dessus les plaines et les montagnes, les vallées et les rivières ; ne te repose ni sur l'herbe ni sur la branche tant que tu n'auras pas donné cette lettre à la maîtresse de mon cœur.

La colombe s'éleva très haut dans les airs, s'orienta, puis fila comme une flèche. Le prince la suivit des yeux jusqu'à ce qu'elle ne fût plus qu'un point contre un nuage et qu'elle eût disparu derrière la montagne.

Jour après jour, il attendit le retour de la messagère d'amour, mais en vain. Un soir, vers le coucher du soleil, il allait presque l'accuser d'ingratitude lorsqu'elle pénétra dans sa chambre et s'abattit, morte, à ses pieds. La flèche d'un cruel archer lui avait percé la poitrine, mais elle avait lutté, avec le peu de vie qui lui restait, pour accomplir sa mission. Comme le prince désolé se penchait sur la douce martyre de la fidélité, il aperçut à son cou un collier de perles auquel était attaché un médaillon d'émail qui représentait une délicieuse princesse dans la fleur de l'âge. C'était sans doute la beauté inconnue du jardin ; mais qui – et où – était-elle ? Comment avait-elle accueilli sa lettre ? L'image signifiait-elle qu'elle approuvait sa passion ? Hélas, la mort de la fidèle colombe laissait planer le mystère.

Tandis qu'il fixait le portrait, les yeux du prince se mouillèrent de larmes ; il le pressa contre ses lèvres, contre son cœur et, chaviré de tendresse, resta des heures entières à le contempler. « Ô belle image, se murmurait-il, hélas, tu n'es qu'une image ! Pourtant tes yeux brillants se posent tendrement sur moi, tes lèvres roses semblent m'encourager ; vaines imaginations ! N'as-tu pas regardé de la même façon un rival, plus heureux peut-être ? Qui sait quelles montagnes, quels royaumes nous séparent ? Quelles volontés contraires ? En ce moment, peut-être, une foule d'amoureux l'entoure, tandis que moi je suis là, dans cette tour, à perdre mon temps dans l'adoration d'une simple figure ! »

Aussitôt une résolution se forma en lui : « Je m'enfuirai de ce palais, qui n'est plus pour moi qu'une odieuse prison. Pèlerin d'amour, je m'en irai par le monde en quête de ma princesse. » S'évader de jour, alors que tout le monde était éveillé, pourrait se révéler difficile ; mais, la nuit, le palais n'était que très peu gardé, car personne ne soupçonnait pareille tentative de la part d'un prince qui avait supporté aussi passivement sa captivité. Mais comment se guiderait-il ensuite dans sa fuite nocturne, alors qu'il ne connaissait pas le pays ? Il se souvint alors du hibou qui avait l'habitude d'errer la nuit et devait connaître les sentiers et les cols les plus secrets. Il alla donc le trouver dans son ermitage et le questionna. Le hibou prit un air important.

– Tu dois savoir, ô prince, que nous autres hiboux nous appartenons à une famille très ancienne et très vaste, un peu ruinée il est vrai, qui possède des châteaux et des palais délabrés dans toute l'Espagne. Il n'est, dans les montagnes ou les plaines, pas une tour, une forteresse, une vieille citadelle qui n'abritent quelque frère, oncle ou cousin hibou ; au cours de visites à ma nombreuse parenté, j'ai eu l'occasion de me familiariser avec les moindres coins et recoins, avec tous les secrets du pays.

Le prince fut transporté de voir le hibou si profondément versé en topographie et lui fit confidence de sa tendre passion. Il projetait, lui dit-il, de s'évader et le priait instamment d'être son compagnon et son conseiller.

– Allons, allons, dit le hibou, fâché. Suis-je oiseau à m'engager dans une aventure galante, moi qui consacre tout mon temps à la méditation et au culte de la lune ?

– Ne sois pas offensé, ô le plus solennel des hiboux, lui répondit le prince. Cesse un instant de méditer sur la lune, aide-moi dans ma fuite et tu auras tout ce que ton cœur peut désirer.

– Je l'ai déjà, dit le hibou. Quelques souris suffisent à ma table frugale et ce trou dans le mur est assez spacieux pour mes études ; que peut désirer de plus un philosophe comme moi ?

– Songes-y, à moisir dans ta cellule et à méditer sur la lune, tu prives le monde de tes talents. Un jour je serai roi, je pourrai te nommer à une haute dignité.

Le hibou, bien que philosophe et au-dessus des vulgaires besoins de la vie, n'en était pas pour autant insensible à l'ambition. Il finit donc par accepter de s'enfuir avec le prince, de lui servir de guide et de mentor dans son pèlerinage.

Les plans des amoureux s'exécutent promptement. Le prince rassembla ses bijoux, qu'il cacha sous ses habits (ils serviraient à couvrir les dépenses du voyage) et, cette même nuit, il descendit de la tour au moyen d'une échelle de draps, escalada le mur extérieur du Generalife et, guidé par le hibou, parvint à gagner les montagnes avant le jour. Il consulta alors son mentor sur le chemin à prendre.

– Si je puis me permettre de te conseiller, lui dit le hibou, je te recommanderai de gagner Séville. Comme tu dois le savoir, je rendis visite, il y a quelques années, à un de mes oncles, hibou de grande dignité qui vivait dans une aile en ruine de l'alcázar. Durant mes courses nocturnes au-dessus de Séville, je remarquai à plusieurs reprises une lumière qui brillait dans une tour solitaire. Finalement, je me posai sur ses créneaux et je constatai que c'était la lampe d'un magicien arabe ; il était entouré de livres magiques et, sur son épaule, était perché un corbeau qui était venu avec lui d'Égypte. Je me familiarisai avec ce corbeau et je lui dois une grande part du savoir que je possède. Le magicien est mort aujourd'hui, mais le corbeau hante toujours la tour, car ces oiseaux ont une vie d'une longueur étonnante. Je te recommande d'aller le consulter, c'est un devin, un magicien qui pratique l'occultisme, ce pour quoi les corbeaux, surtout ceux d'Égypte, sont célèbres.

Le prince, frappé par la pertinence de cet avis, dirigea sa course vers Séville. Il ne voyageait que de nuit pour obliger son compagnon, et se reposait le jour dans quelque grotte sombre ou quelque tour de guet croulante, car le hibou connaissait toutes les cachettes et avait pour les ruines un goût d'archéologue.

Un matin à l'aube, ils parvinrent enfin à Séville ; mais le hibou, qui avait en horreur l'éclat du jour et la cohue des rues, s'arrêta à la porte de la ville et se logea dans le creux d'un arbre.

Le prince franchit la porte et trouva rapidement la tour magique qui s'élevait au-dessus des maisons de la ville comme un palmier au-dessus des buissons du désert : c'était la tour qui se dresse encore à ce jour et qu'on appelle la Giralda, la merveille de Séville.

Notre pèlerin d'amour gravit un escalier en colimaçon qui le mena au sommet de la tour, où il trouva le fabuleux animal pour qui la cabale n'avait pas de secrets ; vieux et mystérieux corbeau à tête grise et plumage pelé, il avait un œil vitreux d'une fixité spectrale. Perché sur une patte, la tête tournée de côté, il était occupé à examiner de son œil sain un diagramme inscrit sur les dalles. Le prince s'approcha de lui avec le respect qu'inspiraient son apparence vénérable et son savoir surnaturel.

– Pardonne-moi, ô le plus ancien et le plus sage des corbeaux, si j'interromps un instant tes études qui font l'admiration du monde. Tu as devant toi un dévot de l'amour qui brûle de te consulter afin de posséder l'objet de sa passion.

– Autrement dit, lui répondit l'autre avec un regard significatif, tu viens ici interroger le chiromancien. Viens donc, montre-moi ta main, je m'en vais déchiffrer les mystérieuses lignes de ton destin.

– Pardonne-moi, lui dit le prince, mon désir n'est pas de découvrir les décrets du destin, qui sont cachés par Allah aux yeux des mortels ; je suis un pèlerin d'amour et je voudrais seulement qu'on me mette sur la piste de l'objet de mon pèlerinage.

– Et tu es embarrassé pour trouver un objet dans l'amoureuse Andalousie ? demanda le corbeau, décochant au prince une œillade moqueuse, alors que tu es dans la folle Séville où des filles brunes dansent la *zambra* sous les orangers ?

Le prince rougit. Il était quelque peu choqué d'entendre tenir des propos aussi osés à un vieil oiseau qui avait déjà une patte dans la tombe.

– Crois-moi, lui dit-il gravement, ma quête n'est pas aussi

frivole que tu l'insinues. Les filles brunes d'Andalousie qui dansent sous les orangers ne comptent pas pour moi. Je cherche la beauté inconnue et sans pareille qui est l'original de cette image ; et je te supplie, ô le plus savant des corbeaux, s'il est en ton pouvoir de me l'apprendre, de m'indiquer où elle se trouve.

Le corbeau à tête grise fut vexé par cette réponse.

– Que sais-je, dit-il au prince, de la jeunesse et de la beauté ? Ce que je fréquente, c'est la vieillesse ridée et non la fraîche jeunesse. Je suis le messager du destin qui croasse des nouvelles de mort du haut des cheminées et tape de l'aile à la vitre du malade. Cherche ailleurs des nouvelles de ta beauté inconnue.

– Et où la chercherais-je si ce n'est parmi les fils du savoir, qui lisent le livre de la destinée ? Je suis un prince de sang royal, lancé dans une mystérieuse entreprise et de qui dépendent peut-être des empires.

Quand il eut compris qu'il s'agissait d'une affaire importante, à quoi étaient intéressées les étoiles, le corbeau changea de ton et de façons, écouta l'histoire du prince avec la plus grande attention et lui répondit :

– En ce qui concerne la princesse, je ne suis pas à même de te donner des renseignements, car je ne dirige jamais ma course vers les jardins et les dames ; mais hâte-toi de gagner Cordoue, cherches-y le palmier du grand Abderahman, qui s'élève dans la cour de la fameuse mosquée. Au pied de cet arbre, tu trouveras un grand voyageur qui a visité tous les pays, toutes les cours et qui a été le favori de reines et de princesses. Il te donnera des nouvelles de l'objet de ta recherche.

– Grand merci pour ce précieux renseignement, lui répondit le prince. Adieu donc, vénérable magicien.

– Adieu, pèlerin d'amour, lui répliqua sèchement le corbeau qui se replongea dans son diagramme.

Le prince sortit de Séville, trouva son compagnon le hibou

sommeillant au creux d'un arbre et se mit en route avec lui vers Cordoue. Aux abords de la ville, ils longèrent des jardins, des plantations d'orangers et de citronniers qui dominaient la belle vallée du Guadalquivir. Lorsqu'ils arrivèrent aux portes de la ville, le hibou s'envola vers une profonde cavité creusée dans un mur et le prince s'en fut chercher le palmier qu'avait planté autrefois Abderahman le Grand. Il se dressait au milieu de la grande cour de la mosquée, dominant de très haut les orangers et les cyprès. Des derviches et des fakirs étaient assis en groupe autour du cloître, cependant que nombre de fidèles faisaient leurs ablutions rituelles avant d'entrer dans la mosquée. Au pied du palmier, une foule s'était rassemblée pour écouter quelqu'un qui devait être d'une faconde peu commune. « Ce doit être, se dit le prince, le grand voyageur qui me donnera des nouvelles de ma princesse. » Il se mêla aux badauds, mais quelle ne fut pas sa stupéfaction lorsqu'il s'aperçut qu'ils écoutaient un perroquet dont le brillant costume vert, l'œil pragmatique et le toupet hautain annonçaient qu'il était fort satisfait de lui-même.

– Comment est-il possible, demanda le prince à l'un de ses voisins, que l'on prenne plaisir au bavardage d'un perroquet ?

– Vous ne savez pas de quoi vous parlez, lui répondit l'autre. Ce perroquet est le descendant du fameux perroquet de Perse, célèbre pour son talent de conteur. Il a sur le bout de la langue tout le savoir de l'Orient et peut vous citer de la poésie aussi vite qu'il parle. Il a visité diverses cours étrangères où il a été considéré comme un oracle d'érudition. Partout, il a été le favori du beau sexe qui admire particulièrement les perroquets érudits sachant déclamer des vers.

– Merci, lui répondit le prince. Je vais demander un entretien privé à ce distingué voyageur.

L'ayant obtenu, il expliqua la nature de sa requête. À peine l'avait-il formulée que l'oiseau éclata d'un tel rire qu'il en eut les larmes aux yeux.

– Excuse mon hilarité, fit-il, mais le seul mot d'amour me fait perdre mon sérieux.

Le prince stupéfait ne put que balbutier :

– Mais... l'amour n'est-il pas le grand mystère de la nature, le principe secret de la vie, le lien de sympathie universel ?

– Sornettes que tout cela, s'écria le perroquet, l'interrompant. Où donc as-tu appris de pareilles niaiseries ? Crois-moi, l'amour est démodé ; les beaux esprits et les gens raffinés n'en parlent plus.

Le prince soupira, tandis qu'il se souvenait du langage si différent de la colombe. « Mais, songea-t-il, ce perroquet a connu la cour ; il veut faire étalage de belles manières et ne sait rien de cette chose qu'on appelle l'amour. » Et, comme il ne voulait plus entendre ridiculiser le sentiment qui emplissait son cœur, il dirigea ses questions sur l'objet immédiat de sa visite.

– Dis-moi, fit-il, ô le plus accompli des perroquets, toi qui as été admis dans la compagnie de la beauté, as-tu jamais, au cours de tes voyages, rencontré l'original de ce portrait ?

Le perroquet saisit l'image dans ses griffes et l'examina avec la plus grande attention.

– Ma foi, dit-il, quel joli visage ! ravissant ! Mais, sais-tu, on voit tant de femmes au cours de ses voyages qu'il est difficile... mais, ma parole, maintenant que je la regarde de plus près... sans aucun doute, c'est la princesse Aldegonde. Comment ai-je pu faire pour oublier une telle amie ?

– La princesse Aldegonde ! répéta le prince. Mais où peut-on la découvrir ?

– Tout doux, tout doux, dit le perroquet. La découvrir n'est pas la conquérir. C'est la fille unique du roi chrétien qui règne à Tolède et elle est condamnée à rester enfermée jusqu'à sa dix-septième année, pour faire plaisir à ces intrigants d'astrologues. Tu ne pourras jamais la voir, pas plus qu'un autre mortel. J'ai été admis en sa présence pour la divertir et, tu peux en croire un perroquet qui connaît le monde, j'ai conversé avec des princesses moins intelligentes qu'elle.

– Confidence qui doit rester entre nous, mon cher perroquet, dit le prince, je suis héritier d'un royaume et je siégerai un jour sur un trône. Je vois que tu es un oiseau de grand talent et que tu connais le monde. Aide-moi à conquérir la princesse et je te promets pour plus tard une place des plus distinguées à ma cour.

– De tout cœur, fit le perroquet, mais je préférerais une sinécure, car nous autres intellectuels nous répugnons passablement au travail.

L'accord fut vite conclu ; le prince sortit de Cordoue par la porte qu'il avait franchie pour y entrer, rappela le hibou de son trou, le présenta à leur nouveau compagnon de voyage, et nos trois héros se mirent en route.

Ils voyagèrent beaucoup plus lentement que ne le désirait le prince impatient. Le perroquet, accoutumé à la vie des grands, n'aimait pas qu'on le dérangeât le matin ; le hibou, quant à lui, tenait à dormir à midi, perdait beaucoup de temps à ses longues siestes, tenait, en véritable archéologue, à explorer toutes les ruines qu'il rencontrait et racontait quantités de légendes à propos de chaque vieille tour, de chaque vieux château, ce qui n'était pas fait pour accélérer le voyage. Le prince avait pu espérer que, cultivés tous deux, ses deux compagnons ailés s'accorderaient à merveille. Quelle erreur ! Ils ne cessaient de se chamailler. Le perroquet était un bel esprit, le hibou un philosophe. Le premier citait de la poésie, parlait des œuvres nouvelles et faisait parade de son érudition ; le second, considérant ces sujets comme frivoles, ne s'intéressait qu'à la métaphysique. Le perroquet fredonnait des refrains et accablait de *bons mots* * son solennel compagnon, éclatant de rire le premier à ses propres plaisanteries. L'autre, outragé dans sa dignité, se renfrognait, boudait et restait silencieux des jours entiers.

Mais ces disputes n'affectaient pas le prince, absorbé qu'il était dans ses rêves et la contemplation du merveilleux portrait. Ils traversèrent donc ainsi les cols sévères de la sierra Morena, les plaines brûlées de la Manche et de la Castille. Ils longèrent les rives du Tage doré qui déroule ses méandres parmi l'Espagne et le Portugal. Finalement, ils arrivèrent en vue d'une ville fortifiée de remparts et de tours, bâtie sur un promontoire rocheux, que baignait le Tage impétueux.

– Regarde ! s'écria le hibou, c'est la célèbre Tolède, fameuse pour ses antiquités. Contemple ces tours et ces dômes vénérables patinés par le temps et revêtus d'une grandeur légendaire, parmi lesquels mes ancêtres ont si longtemps médité...

– Bah ! rétorqua le perroquet, interrompant la tirade, que nous importent tes antiquités, tes légendes et tes ancêtres ? Regarde donc ce qui nous intéresse, ce pour quoi nous sommes venus : le séjour de la jeunesse et de la beauté. Contemple enfin, ô prince, les lieux qui gardent ta princesse si longtemps recherchée !

Le prince regarda dans la direction que lui indiquait le perroquet et vit, au milieu d'une délicieuse pelouse, au bord du Tage, un imposant palais qui s'élevait au milieu des tonnelles d'un jardin. C'était bien l'endroit que lui avait décrit la colombe. Il le regardait, le cœur battant : « Peut-être, se disait-il, peut-être, à cet instant même, la belle princesse est-elle en train de jouer à l'ombre de ces tonnelles ? Ou bien parcourt-elle d'un pas léger ces superbes terrasses ? Ou encore se repose-t-elle sous de nobles lambris ? » En approchant, il vit que les murs du jardin étaient très hauts, inaccessibles, gardés par de nombreuses patrouilles. Il se tourna vers le perroquet et lui dit :

– Ô le plus accompli des oiseaux, toi qui as le don des langues humaines, je t'en prie, vole vers ce jardin, cherches-y l'idole de mon cœur et dis-lui que le prince Ahmed, pèlerin d'amour, guidé par les étoiles, est arrivé pour elle sur les bords fleuris du Tage.

Le perroquet, fier de sa mission, s'envola vers le jardin, franchit ses hauts murs et, après avoir survolé les bois et les pelouses, se posa sur le balcon d'un pavillon qui dominait la rivière. À travers la vitre, il vit la princesse étendue sur sa couche, les yeux fixés sur une feuille de papier, tandis que des larmes coulaient le long de ses joues pâles. Après avoir lissé ses ailes, ajusté son brillant habit vert et relevé son toupet, le perroquet alla d'un air galant se percher près de la belle :

– Sèche tes larmes, lui dit-il avec une douceur quelque peu affectée, sèche-les, ô la plus belle des princesses. Je viens consoler ton cœur.

La princesse, au son de cette voix, sursauta, se retourna et, ne voyant qu'un oiseau au plumage vert qui se multipliait en révérences :

– Hélas, dit-elle. Quelle consolation peux-tu m'apporter, toi qui n'es qu'un perroquet ?

Piqué par cette réponse, ce dernier répliqua :

– J'ai consolé en mon temps bien des beautés, mais passons. Sache seulement que je me présente à toi en ambassadeur d'un prince royal. Ahmed, le prince de Grenade, est venu ici pour toi et il a planté sa tente sur les bords fleuris du Tage.

À ces mots, les yeux de la belle princesse étincelèrent plus encore que les diamants de sa couronne.

– Ô le plus aimable des perroquets, s'écria-t-elle ; joyeuses sont en effet les nouvelles que tu m'annonces, car je languissais et je dépérissais, à douter de la constance d'Ahmed. Vole vers lui pour lui dire que les mots de sa lettre sont gravés dans mon cœur et que sa poésie a été la nourriture de mon âme. Dis-lui aussi qu'il doit se préparer à montrer son amour par la force de ses armes. Demain, en l'honneur de ma dix-septième année, le roi mon père tient un grand tournoi. Plusieurs princes entreront en lice et ma main sera au vainqueur.

Le perroquet s'en revint, par-dessus bosquets et pelouses,

à l'endroit où on l'attendait. L'extase du prince Ahmed, lorsqu'il apprit que son messager avait découvert l'original du portrait et connu sa constance, ne se peut concevoir que de ceux qui ont eu le bonheur de réaliser un de leurs rêves. Quelque chose pourtant assombrissait sa joie : le tournoi imminent.

Déjà les rives du Tage rutilaient d'armes, résonnaient du cri des trompettes des chevaliers qui, en superbe équipage, se rendaient à Tolède pour assister à la cérémonie. La même étoile avait dirigé la destinée du prince et celle de la princesse : celle-ci avait été enfermée loin du monde jusqu'à sa dix-septième année pour n'être pas exposée à la tendre passion de l'amour. Mais la renommée de ses charmes s'était trouvée fortifiée plus qu'amoindrie par sa réclusion. Divers paladins ayant déjà demandé sa main, son père, homme d'une intelligence remarquable, pour éviter de se faire accuser de partialité, les avait renvoyés à l'arbitrage du tournoi. Parmi les concurrents, plusieurs étaient célèbres pour leur force et leurs prouesses. Quelle situation pour l'infortuné Ahmed, qui ne possédait pas d'armes et ne savait rien des exercices de la chevalerie !

– Malheureux que je suis, s'exclama-t-il, moi qu'on a élevé dans la solitude sous les yeux d'un philosophe ! À quoi me servira pour l'amour l'algèbre ou la philosophie ? Hélas, Eben Bonabben ! Pourquoi as-tu négligé de m'instruire dans le maniement des armes ?

Comme il disait ces mots, le hibou prit la parole, commençant sa harangue par une pieuse exclamation, car il était un dévot musulman.

– Allah Akbar ! Dieu est grand ! entonna-t-il. En ses mains sont tous les secrets, Lui seul gouverne la destinée des princes ! Sache donc, ô prince, que cette terre est pleine de mystères qui échappent à ceux qui ne savent pas, comme moi, percer leurs ténèbres ; sache que dans les montagnes environnantes se trouve une caverne, que dans cette caverne il y a une table de fer, que sur cette table de fer est posée une armure magique, et que près de cette table se tient un coursier qu'un charme immobilise depuis des générations et des générations.

Le prince d'étonnement ouvrit de grands yeux, tandis que le hibou, clignant les siens et ébouriffant ses plumes, continuait :

– Il y a plusieurs années, comme j'accompagnais mon père qui faisait le tour de ses domaines, j'ai passé quelque temps dans cette caverne, et c'est ainsi que je me suis familiarisé avec son mystère.

»C'est une tradition familiale, que j'ai apprise du bec de mon grand-père quand je n'étais qu'un petit hibou, pas plus haut que ça ; on dit que cette armure appartenait à un magicien maure qui se réfugia dans cette caverne quand les chrétiens prirent Tolède, et qui y mourut en laissant sous un charme son armure et son coursier. Nul autre qu'un musulman ne peut les utiliser, et cela seulement entre le lever du soleil et midi. Mais alors personne ne peut lui résister.

– N'en dis pas plus, allons à cette caverne, s'exclama Ahmed.

Guidé par son mentor légendaire, le prince trouva la caverne, qui se creusait au fond des montagnes qui entourent Tolède. Nul autre qu'un hibou, une souris ou un archéologue n'en aurait pu découvrir l'entrée. Une lampe éternelle éclairait ces lieux d'une lueur sépulcrale et solennelle. Sur une table de fer placée au centre de la caverne, trônaient l'armure magique et la lance et, tout près, se tenait un coursier arabe superbement caparaçonné mais immobile comme une statue. L'armure était claire et sans tache comme autrefois, le coursier, aussi sain que s'il revenait du pâturage. Quand Ahmed lui posa la main sur l'encolure, il se mit à piaffer et poussa un hennissement de joie qui ébranla les parois de la caverne. Ainsi équipé, notre prince se prépara à prendre part au tournoi.

Le fameux matin arriva. La lice avait été préparée dans la

vega, juste au-dessous des murs abrupts de Tolède. Pour les spectateurs on avait édifié des gradins et des tribunes recouverts de riches tapisseries et protégés du soleil par des tissus de soie. Toutes les beautés du pays s'étaient rassemblées là ; en bas caracolaient les chevaliers empanachés, parmi leurs pages et leurs écuyers. On remarquait tout particulièrement ceux qui allaient lutter pour obtenir la main de la belle princesse. Quand celle-ci apparut dans la loge royale et s'offrit pour la première fois aux regards, les belles assises dans les tribunes furent instantanément éclipsées, cependant que de la foule montait un murmure d'admiration. On n'avait jamais vu pareille beauté. Les princes qui s'étaient inscrits au tournoi, sur la foi du récit de ses charmes, sentirent leur ardeur redoubler.

Pourtant, la princesse avait l'air troublé. Elle rougissait, pâlissait, et son œil parcourait avec une sorte d'inquiétude la foule empanachée des chevaliers. Les trompettes allaient donner le signal de la rencontre lorsque le héraut annonça l'arrivée d'un chevalier étranger, et Ahmed pénétra dans l'arène. Un heaume d'acier orné de pierres précieuses brillait au-dessus de son turban, sa cuirasse était incrustée d'or, son cimeterre et sa dague, œuvres d'un artisan de Fez, flamboyaient de pierreries. Il serrait contre son épaule un bouclier rond et tenait en main la lance enchantée. Le caparaçon de son cheval, richement brodé, balayait le sol, et de revoir l'éclat des armes le superbe animal dansait, reniflait et hennissait de joie. L'aspect à la fois hautain et gracieux du prince frappa tout le monde et lorsque fut annoncé son titre : « Le Pèlerin d'Amour », un frémissement parcourut la rangée des belles dames.

Quand Ahmed voulut s'inscrire sur la liste, on la lui déclara close ; seuls les princes, lui dit-on, étaient admis au combat. Il dit son nom et son rang. Pis encore ! Il était musulman et ne pouvait entrer dans un tournoi dont la main d'une princesse chrétienne était l'enjeu.

Ses rivaux l'entourèrent d'un air hautain et menaçant. L'un d'eux, taillé en hercule, se mit à faire des plaisanteries sur sa gracieuse légèreté et sur son titre amoureux. Le prince, courroucé, ayant lancé un défi à son rival, ils s'éloignèrent l'un de l'autre et, faisant volte-face, se chargèrent; la lance magique ne l'eut pas plus tôt effleuré que notre hercule fut soulevé de sa selle comme une plume. Le prince eût bien voulu en rester là mais, hélas! la lance et le cheval envoûtés, une fois en action, ne se pouvaient arrêter. Le coursier arabe fonçait au plus épais de la foule, la lance renversait tout ce qui s'offrait à elle; le gentil prince se voyait entraîné çà et là dans le champ qu'il jonchait de grands et de petits, de nobles et de roturiers, fort marri de tous ses exploits involontaires. Le roi, fou de rage de voir ainsi maltraiter ses sujets et ses invités, appela ses gardes en renfort. Tous, à peine descendus, furent désarmés. Le roi lui-même, se dépouillant de ses habits, saisit lance et bouclier et tenta d'intimider l'étranger par la présence de sa majesté. Las! la royauté ne fut guère mieux traitée que la noblesse, la lance et le coursier ne s'arrêtant pas à de pareilles distinctions. À la consternation d'Ahmed, sa monture le précipita en plein contre le roi et, l'instant d'après, la couronne roulait dans la poussière, cependant que la royale personne était projetée en l'air.

Quand le soleil atteignit alors son zénith, le charme magique cessa d'opérer. Le pur-sang arabe se précipita dans la plaine, sauta la palissade, plongea dans le Tage, franchit ses flots impétueux, déposa le prince pantelant et stupéfait dans la caverne et reprit, près de la table de fer, son immobilité de statue. Le prince, non mécontent de remettre pied à terre, replaça l'armure où il l'avait trouvée pour affronter les nouveaux décrets du destin. La tête dans les mains, il songeait à la situation désespérée où l'avaient réduit la monture et la lance démoniaques. Il n'oserait jamais plus se montrer à Tolède après avoir infligé à la chevalerie une telle disgrâce, au roi, un tel affront. Que devait penser la princesse d'exploits si barbares ? Plein d'anxiété, il envoya aux nouvelles ses messagers ailés. Le perroquet se rendit sur les lieux publics de la ville et revint bientôt avec une foule d'échos. Tolède était dans la consternation. La princesse avait été ramenée inanimée au palais ; le tournoi s'était achevé dans la confusion ; on ne parlait que de l'apparition soudaine, des prodigieux exploits et de l'étrange disparition du chevalier musulman. Les uns prétendaient que c'était un magicien maure, les autres, que c'était un démon incarné en une forme humaine ; on citait les légendes de chevaliers enchantés, cachés dans les cavernes des montagnes, pensant que ce pouvait être l'un d'eux qui avait soudain jailli hors de son repaire. Tous s'accordaient à déclarer qu'un simple mortel jamais n'eût accompli tant d'exploits, désarçonné tant de brillants et vigoureux guerriers chrétiens.

Le hibou attendit le soir pour sortir et voleter au-dessus de la ville enténébrée. Il se percha sur les toits et les cheminées, se dirigea ensuite vers le palais royal niché sur le sommet rocheux de Tolède et s'en alla rôder parmi les terrasses et les créneaux, appliquant l'oreille à chaque fente, écarquillant ses yeux ronds à chaque fenêtre illuminée – ce qui eut pour résultat de faire pousser des cris perçants à une ou deux demoiselles d'honneur. Quand l'aube grise descendit sur les montagnes, il revint de sa furtive expédition et relata au prince ce qu'il avait vu.

– Comme j'examinais une des plus hautes tours du château, dit-il, j'aperçus, à travers une vitre, une belle princesse. Elle était étendue sur sa couche, entourée de suivantes et de médecins dont elle refusait les offices. Lorsque tout le monde se fut retiré, je la vis tirer une lettre de son sein, la lire, la baiser et se lamenter... Tout philosophe que je suis, j'avoue que cette scène n'a pas laissé de m'émouvoir.

«Tes paroles ne sont que trop vraies, ô sage Eben Bonabben, les peines, les soucis, les nuits blanches sont le lot des amoureux. Allah préserve la princesse de la funeste influence de cette chose qu'on nomme l'amour ! » se dit le tendre Ahmed, consterné par ce rapport.

D'autres nouvelles, reçues de Tolède, vinrent confirmer le compte rendu du hibou. Un malaise régnait sur la ville inquiète. On avait installé la princesse dans la plus haute tour du palais, dont tous les abords étaient puissamment gardés. Mais elle était en proie à une mélancolie dévorante dont nul ne devinait la cause. Les praticiens les plus habiles avaient essayé vainement leur art. On pensait qu'un charme magique s'exerçait sur elle. Le roi offrit publiquement à qui la guérirait le plus riche joyau de la couronne. Quand, alors qu'il sommeillait dans un coin, le hibou entendit parler de cette proclamation, il ouvrit grand ses yeux plus ronds que jamais et eut l'air plus mystérieux encore.

– Allah Akbar ! s'exclama-t-il. Heureux celui qui saura la guérir, mais saura-t-il que choisir dans le trésor royal ?

– Que veux-tu dire, très révérend hibou ? demanda Ahmed.

– Prête l'oreille, ô prince, à mon récit. Tu sais que nous autres, les hiboux, formons une corporation qui se spécialise dans l'occultisme. Durant mes courses nocturnes autour des dômes et des tours de Tolède, j'ai découvert des hiboux archéologues réunis en collège dans une grande tour voûtée où le trésor royal est déposé. Ils discutaient des formes, des ciselures, de la finesse des pierres et joyaux antiques, évoquaient les montagnes d'argent et d'or amoncelées dans le trésor, analysaient le style des divers pays et époques. Mais ils étaient surtout intéressés par certaines reliques, certains talismans restés dans le trésor depuis le temps de Roderick le Goth ; certain coffre de bois de santal à ferrures, ouvragé à la manière orientale, couvert de mystérieuses inscriptions que seules quelques rares personnes parvenaient à déchiffrer, avait déjà fait l'objet de maintes doctes discussions. Le soir où je fis ma visite aux confrères, un très vieux hibou, arrivé récemment d'Égypte, était assis sur le rebord du coffre et faisait une conférence sur ses inscriptions. Il nous prouva, d'après celles-ci, que le coffre contenait le tapis de soie de Salomon le Sage, qu'avaient dû apporter à Tolède les Juifs qui s'y réfugièrent après la chute de Jérusalem.

Quand le hibou eut achevé son savant exposé, le prince resta songeur.

– J'ai appris du sage Eben Bonabben, dit-il, les étonnantes propriétés de ce talisman qui disparut à la chute de Jérusalem et que l'on croyait perdu à tout jamais. Il est certain que les chrétiens de Tolède ne se doutent pas de sa valeur. Si jamais je l'ai en ma possession, mon bonheur est assuré.

Le lendemain, dépouillant ses riches vêtements, le prince mit l'humble burnous d'un Arabe du désert, se brunit le visage, et nul n'eût reconnu en lui le splendide guerrier qui avait causé tant d'admiration et de ravages lors du tournoi. Son bâton en main, sa besace en bandoulière, jouant d'une petite flûte de pâtre, il se rendit à Tolède et, se présentant à la porte du palais royal, informa qu'il était candidat à la récompense promise pour la guérison de la princesse. Les gardes s'apprêtèrent à le chasser à coups de gourdin.

– Que prétend faire un nomade comme toi dans un cas où les plus savants ont échoué ? lui demandèrent-ils.

Le roi cependant perçut le bruit et donna ordre qu'on amenât l'Arabe en sa présence.

– Très puissant roi, lui dit Ahmed, tu as devant toi un bédouin qui a passé sa vie dans les solitudes du désert où, comme on sait, les démons et les mauvais esprits assaillent les pauvres bergers pendant leur garde, possèdent nos troupeaux et parfois rendent furieux le patient chameau. Notre meilleur antidote est la musique : nous connaissons des airs traditionnels, que nous nous transmettons de génération en génération, et que nous chantons ou jouons sur nos flûtes pour chasser ces mauvais esprits. J'appartiens à une famille de musiciens et je possède ce pouvoir au plus haut point. Si une mauvaise influence de cette sorte tient ta fille sous son charme, je te promets, sur ma tête, de l'en délivrer.

Le roi, qui était au courant des merveilleux secrets des Arabes, reprit courage en entendant ces paroles. Il conduisit aussitôt le prince à la haute tour, que protégeaient plusieurs portes, et au sommet de laquelle se trouvait la chambre de la princesse. Les fenêtres donnaient sur une terrasse à balustrade qui dominait Tolède et tous les environs. Mais elles étaient tendues de rideaux sombres, car la princesse, toute à son chagrin dévorant, refusait jusqu'à la consolation de la lumière.

Le prince s'assit sur la terrasse et joua sur sa flûte pastorale plusieurs airs arabes qu'il avait appris de ses gens au Generalife. Comme la princesse restait insensible, les docteurs secouèrent la tête d'un air incrédule et méprisant. Le prince, laissant de côté son roseau, chanta alors, sur une mélodie assez simple, les vers amoureux de la lettre où il avait déclaré sa passion.

La princesse reconnut les paroles, le cœur frémissant d'une joie imperceptible, leva la tête et écouta ; des larmes ruisselèrent le long de ses joues, son sein palpita, agité par le tumulte de ses émotions. Elle eût volontiers demandé qu'on amenât le troubadour en sa présence, mais sa timidité virginale l'empêchait de parler. Le roi comprit son désir et fit venir Ahmed dans la chambre. Discrets, les amoureux se contentèrent d'échanger des regards, mais des regards qui en disaient long. Jamais triomphe musical ne fut plus complet. La rougeur était revenue aux joues lisses de la princesse et le brillant de la rosée à ses yeux languissants.

Bouche bée, les médecins se considéraient avec étonnement. Le roi fixait sur l'Arabe un regard où la stupeur se mêlait à l'admiration.

– Ô merveilleux jeune homme, s'exclama-t-il, tu seras désormais le premier médecin de ma cour et je ne veux être traité qu'avec tes mélodies. Pour le moment, tu vas recevoir en récompense le joyau le plus précieux de mon trésor.

– Ô roi, répliqua Ahmed, ni l'or, ni l'argent, ni les pierres précieuses ne comptent pour moi. Tu possèdes une relique qui te vient des musulmans qui régnaient autrefois sur Tolède, un coffre de bois de santal contenant un tapis de soie; donne-moi ce coffre et je serai content.

Déjà surprise par la modération de l'Arabe, l'assistance le fut plus encore quand on apporta le coffre d'où l'on tira le tapis. Celui-ci était d'une fine soie verte couverte de caractères hébraïques et chaldéens. S'entre-regardant et haussant les épaules, les médecins de la cour se moquèrent de la simplicité de leur nouveau confrère, qui se contentait d'honoraires si misérables.

– Ce tapis, ayant autrefois couvert le trône de Salomon le Sage, est digne d'être placé sous les pieds de la beauté, déclara le prince, qui aussitôt l'étendit sur la terrasse, sous un divan qu'on y avait apporté pour la princesse.

»Qui osera s'opposer à ce qui est écrit dans le Livre du destin? poursuivit-il après s'être jeté aux pieds de sa bien-aimée. Voici que s'accomplit la prédiction des astrologues. Sache, ô roi, que ta fille et moi nous nous aimons depuis longtemps en secret. Vois en moi le Pèlerin d'Amour.

À peine ces paroles avaient-elles été prononcées que le tapis s'envola, emportant avec lui le prince et la princesse. Muets de stupeur, le roi et les médecins le contemplèrent, jusqu'à ce qu'il ne fût plus qu'une petite tache sur un nuage blanc et qu'il eût disparu dans la voûte céleste. Le roi, dans tous ses états, convoqua son trésorier.

– Comment se fait-il que tu aies laissé un infidèle s'emparer d'un tel talisman? lui demanda-t-il.

– Hélas, sire, nous n'en connaissions pas la nature et nous ne savions pas déchiffrer ses inscriptions. S'il fut vraiment le tapis du sage Salomon, il n'est pas étonnant qu'il soit doué d'un pouvoir magique et qu'il puisse transporter dans les airs celui qui le possède.

Le roi rassembla une puissante armée et se mit en marche

vers Grenade, à la poursuite des fugitifs. La marche fut longue et pénible. Il campa dans la vega et envoya un héraut réclamer sa fille au roi. Celui-ci, accompagné de sa cour, vint à ses devants. C'était le troubadour de Tolède : Ahmed avait accédé au trône à la mort de son père, et la belle Aldegonde était sa sultane.

Le roi se calma lorsqu'il apprit qu'on permettait à sa fille de rester chrétienne, non qu'il fût particulièrement pieux, mais la religion, chez les princes, fait partie de l'étiquette. Après force festins et réjouissances en guise de sanglantes batailles, le roi rentra ravi à Tolède, et le jeune couple continua de régner, heureux et sage, sur l'Alhambra.

Il convient d'ajouter que le hibou et le perroquet avaient rejoint séparément – par petites étapes – le prince à Grenade : l'un voyageant de nuit et s'arrêtant aux diverses propriétés familiales qu'il trouvait sur son chemin, l'autre, volant gaiement de réunion en réunion... Ahmed, reconnaissant, les récompensa pour les services qu'ils lui avaient rendus durant son pèlerinage. Il nomma le hibou premier ministre, le perroquet, maître de cérémonies. Inutile du dire que jamais royaume ne fut plus sagement administré, ni cour soumise à un protocole plus strict.

LÉGENDE DE L'HÉRITAGE DU MAURE

Dans l'enceinte même de l'Alhambra, en face du palais, s'étend une vaste esplanade que, à cause de ses réservoirs d'eau souterrains datant du temps des Maures, on appelle la place des Citernes. Dans un angle, on peut encore voir un puits arabe taillé très profondément dans le roc, dont l'eau est froide comme la glace et pure comme le cristal. Les puits creusés par les Maures sont toujours renommés, car on sait tout le mal que se donnaient ceux-ci pour atteindre aux sources et aux fontaines les plus pures. Celui dont nous parlons est fameux dans Grenade, à tel point que les porteurs d'eau – les uns portant de grandes bonbonnes sur les épaules, les autres poussant devant eux des ânes chargés de jarres – ne cessent de monter et de descendre le long des allées abruptes et peuplées d'arbres de l'Alhambra, du petit matin jusqu'à la nuit avancée.

Depuis les temps bibliques, on sait que les puits et les fontaines sont des lieux près desquels, sous les climats chauds, les gens aiment à bavarder. À l'ombre du puits en question se tient tout le jour une sorte de conférence perpétuelle à quoi participent des invalides, des vieilles femmes et divers fainéants de la forteresse. On vient s'asseoir sur les bancs de pierre, sous un vélum étendu au-dessus du puits pour protéger du soleil le chargé de péage, et l'on musarde, on se dit les derniers potins de la forteresse, on interroge tous les porteurs d'eau qui arrivent sur ce qui se passe en ville, on commente longuement tout ce que l'on entend et voit. Il n'est pas un moment du jour où l'on ne puisse voir des ménagères et des servantes s'y attarder, gargoulette en main ou sur la tête, pour entendre le dernier commérage de ces aimables caqueteurs.

Or, parmi les porteurs d'eau qui fréquentaient autrefois ce puits se trouvait un certain Pedro Gil, surnommé Perejil par abréviation, petit homme solide aux épaules larges et aux jambes arquées. Porteur d'eau, il était par définition *Gallego*, natif de Galice. Il semble que la nature ait formé des races d'hommes, comme elle a fait des races d'animaux, pour certaines besognes. En France, tous les cireurs sont savoyards, tous les portiers d'hôtel, suisses et, à l'époque des cerceaux et des perruques, en Angleterre, nul autre qu'un fils de la marécageuse Irlande ne pouvait donner le bon rythme à une chaise à porteurs. En Espagne, on ne dit pas « Faites venir un porteur d'eau », mais « Faites venir un Gallego ».

Revenons à nos moutons. Perejil le Gallego avait commencé son commerce avec une simple jarre de terre qu'il portait sur l'épaule ; peu à peu, sa situation sociale s'élevant, il se trouva à même d'acquérir l'assistant qui lui convenait le mieux : un solide baudet. De chaque côté de son *aide de camp** aux longues oreilles pendaient dans une sorte de panier deux jarres recouvertes de feuilles de figuier pour les protéger du soleil. Dans tout Grenade, il n'y avait pas de porteur d'eau plus diligent ni plus joyeux. Les rues résonnaient de son appel plein d'entrain, tandis qu'il marchait sur les pas de son âne – cet appel qu'on entend l'été dans toutes les villes d'Espagne : « *¿Quién quiere agua ? ¡ Agua más fría que la nieve !* », « Qui veut de l'eau ? de l'eau plus froide que la neige ! Qui veut de l'eau du puits de l'Alhambra, froide comme la glace, claire comme le cristal ? » Lorsqu'il tendait son verre étincelant à un client, c'était toujours avec un mot aimable qui faisait sourire; ou bien si c'était à une jolie dame ou à une gracieuse demoiselle, c'était toujours avec un sourire plein de malice et des compliments sur leur beauté qui étaient irrésistibles. Perejil le Gallego était donc connu dans tout Grenade comme l'un des citoyens les plus polis, les plus agréables et les plus heureux. Pourtant, ce n'est pas celui qui plaisante ou rit le plus fort qui a le cœur le plus gai. Sous ces apparences réjouies, le brave Perejil cachait ses soucis et ses ennuis. Il devait nourrir une ribambelle d'enfants qui, aussi affamés et bruyants qu'une nichée d'hirondelles, lui réclamaient, le soir quand il rentrait chez lui du pain à grands cris. Son épouse était loin de l'aider dans sa tâche. Elle avait été, avant de se marier, une des beautés de son village, remarquée pour l'art avec lequel elle dansait le boléro et faisait claquer les castagnettes; elle en avait conservé le goût, gaspillant en colifichets les maigres économies du bon Perejil et n'hésitant pas à réquisitionner l'âne de la maison pour se rendre à des parties de campagne les dimanches, les fêtes de saints et les innombrables jours fériés, qui sont presque plus nombreux en Espagne que les jours ouvrables. Avec cela, souillon, paresseuse, bavarde comme pas une, négligeant sa maison, son ménage et tout le reste pour tailler une bavette avec ses voisines.

Celui qui tempère la force du vent pour épargner l'agneau nouvellement tondu accommode le joug du mariage au cou qui le supporte. Perejil soutenait la lourde charge de sa femme et de ses enfants avec autant de douceur que son âne transportait son eau. Et si, en son privé, il lui tirait les oreilles, il n'osait jamais mettre en doute les qualités ménagères de sa femme.

Il aimait ses enfants comme le hibou peut aimer les siens et voyait en eux sa propre image multipliée, perpétuée, car ils étaient tous solides, trapus et tous avaient les jambes arquées. Le plus grand plaisir du bon Perejil, chaque fois qu'il disposait de maigres loisirs et d'une poignée de maravedis, était d'emmener promener sa nichée – les uns au bras, les autres accrochés à ses basques, les derniers gambadant sur ses talons – et de les faire cabrioler dans les vergers de la vega, tandis que sa femme dansait avec ses amies dans les vallées du Darro.

Ce soir-là, il était assez tard, la plupart des porteurs d'eau avaient abandonné leur travail. Le jour d'été avait été étouffant, mais brillait à présent un de ces délicieux clairs de lune qui incitent les habitants des contrées méridionales à se dédommager de la chaleur et de l'inaction forcée du jour en s'attardant dehors pour jouir de la douceur de l'air jusqu'à minuit passé. Il y avait encore dans les rues des amateurs d'eau. Perejil, en bon père prévoyant qu'il était, songeait à ses enfants affamés : « Encore une course au puits, se disait-il, et je pourrai, ce dimanche, offrir un *puchero* [1] à mes petits. » Sur quoi, il remonta vaillamment l'allée de l'Alhambra, tout en chantant et en assenant de temps en temps un vigoureux coup de gourdin sur les flancs de son animal, tant pour rythmer son chant que pour sustenter sa bête ; car, en Espagne, les coups servent de fourrage aux bêtes de somme.

Lorsqu'il arriva au puits, il n'y trouva personne, à l'exception d'un étranger habillé à la manière arabe, assis sur un banc de pierre, au clair de lune. Perejil s'arrêta et le regarda avec une surprise où entrait quelque effroi, car le Maure lui faisait faiblement signe d'approcher.

– Je suis malade et fatigué, lui dit-il. Aide-moi à rentrer en ville et je te paierai le double de ce que tu pourras gagner avec ton eau.

La prière de l'étranger émut le brave cœur du petit porteur d'eau.

– Dieu me garde, dit-il, de demander de l'argent ou une récompense pour un geste de pure humanité.

Il plaça donc le Maure sur son âne et descendit lentement vers Grenade ; le pauvre musulman était si faible qu'il

1. Pot-au-feu.

devait le tenir en chemin pour l'empêcher de tomber de l'âne. Lorsqu'ils entrèrent dans la ville, le porteur d'eau demanda au Maure où il devait le conduire.

– Hélas ! répondit l'autre d'une voix faible, je n'ai ni foyer ni maison. Je suis un étranger dans ce pays. Permets-moi de reposer ma tête sous ton toit, et tu en seras largement récompensé.

Voilà donc notre brave Perejil encombré d'un mécréant. Mais, trop humain pour refuser l'hospitalité d'une nuit à un pauvre étranger qui se trouvait dans une situation aussi désespérée, il conduisit le Maure à sa demeure. Les enfants, qui étaient sortis comme d'habitude, le bec ouvert, en entendant le trottinement de l'âne, battirent en retraite, effrayés à la vue de l'inconnu enturbanné et se réfugièrent derrière leur mère. Celle-ci se porta vaillamment en avant, telle une mère poule qui se met entre sa couvée et un chien errant.

– Quel est ce mécréant, s'écria-t-elle, que tu nous amènes si tard ? Veux-tu donc attirer sur nous l'attention de l'Inquisition ?

– La paix ! répondit le Gallego, c'est un pauvre étranger, malade, sans foyer ni amis. Allons-nous le jeter dans la rue pour qu'il meure ?

La femme aurait bien continué à le chicaner, car elle tenait à la réputation de sa masure, mais pour une fois le petit porteur d'eau se raidit et refusa de ployer sous le joug. Il aida le pauvre Maure à mettre pied à terre et étendit pour lui, dans le coin le plus frais de sa baraque, une natte et une peau de mouton, seul genre de couche que sa pauvreté lui permettait d'offrir.

Passé un instant, le Maure fut saisi de violentes convulsions contre lesquelles l'assistance du brave porteur d'eau ne put rien. Les yeux du pauvre patient lui disaient toute sa gratitude.

– Ma fin est proche ; si je meurs, je te lègue cette boîte en récompense de ta charité, lui murmura-t-il entre deux crises, ouvrant son burnous et exhibant une petite boîte en bois de santal qu'il portait en bandoulière.

– Dieu veuille, mon ami, lui répondit le bon Gallego, que tu vives longtemps pour jouir de ton trésor, quel qu'il soit.

Le Maure secoua la tête, posa la main sur la boîte, et il aurait ajouté quelques détails si les convulsions ne l'avaient repris avec une plus grande violence. Peu après, il expirait.

La femme du porteur d'eau était folle de peur.

– Tout cela, disait-elle, à cause de ta stupide bonté. Tu te mets toujours en quatre pour obliger les autres… Et, maintenant, que va-t-il advenir de nous lorsque l'on découvrira le cadavre chez nous ? On nous arrêtera comme des assassins et, si nous avons la vie sauve, nous serons la proie des notaires et des alguazils.

Le pauvre Perejil n'en menait pas large non plus, il se repentait presque d'avoir accompli cette bonne action. Une idée lui vint finalement.

– Il ne fait pas encore jour, dit-il, je peux le transporter hors de la ville et l'ensevelir dans les sables du Genil. Personne n'a vu le Maure entrer chez nous et personne ne saura rien de sa fin.

Aussitôt dit, aussitôt fait. Sa femme l'aide. Ils enroulent le corps du pauvre musulman dans la natte sur laquelle il a expiré, le placent en travers de l'âne et Perejil se met en route vers le bord de la rivière.

Malheureusement habitait juste en face de sa maison un voisin du nom de Pedrillo Pedrugo, barbier de son état et plus indiscret, plus cancanier, plus médisant que quiconque. Tête de fouine, pattes d'araignée, astucieux, insinuant, il laissait loin derrière lui le fameux barbier de Séville dans sa connaissance universelle des histoires d'autrui, qu'il n'avait pas plus le pouvoir de garder pour lui qu'une passoire. On disait qu'il ne dormait que d'un œil, toujours à l'écoute, en sorte que, même dans son sommeil, il continuait à voir et à entendre ce qui se passait autour de lui. Il était une espèce de chronique scandaleuse pour les badauds de Grenade et attirait à lui plus de clients que tous ses collègues.

L'indiscret barbier avait entendu Perejil arriver à une heure insolite, puis les exclamations de la femme et des enfants. Il avait instantanément passé la tête à sa petite fenêtre qui lui servait d'observatoire et vu son voisin qui aidait à entrer chez lui un homme vêtu à la manière arabe. La chose était si bizarre que Pedrillo Pedrugo s'était gardé de fermer l'œil de la nuit. Toutes les cinq minutes, il retournait à son poste, d'où il apercevait de la lumière sous la porte de son voisin, et, avant l'aube, il put voir Perejil qui sortait de chez lui avec son âne étrangement chargé. N'y tenant plus, le fouinard s'habilla en hâte, sortit silencieusement de chez lui, suivit à distance le petit porteur d'eau, le vit creuser un trou dans le sable du Genil et y enterrer quelque chose qui avait une forme humaine.

Le barbier se précipita chez lui, tourna en rond dans sa boutique, mettant tout sens dessus dessous ; puis, l'aube venue, il prit une cuvette sous son bras et se dirigea vers la maison de son client quotidien, l'alcade. Celui-ci venait de se lever. Pedrillo Pedrugo l'installa sur une chaise, lui noua une serviette autour du cou et, après lui avoir placé la cuvette d'eau chaude sous le menton, commença de lui ramollir la barbe avec les doigts.

– Il s'en passe de belles ! fit Pedrugo, à la fois barbier et gazetier, oui, de belles ! Un vol, un meurtre et un enterrement, tout cela dans la même nuit !

– Comment ? Que dis-tu ? s'écria l'alcade.

– Je dis, répliqua le barbier, tout en frottant un bout de savon entre le nez et la bouche de l'édile – car les coiffeurs espagnols dédaignent l'emploi du blaireau –, je dis que Perejil le Gallego a volé, tué et enterré un musulman cette nuit même. *¡ Maldita sea la noche !* Maudite soit cette nuit !

– Mais comment sais-tu cela ? demanda l'alcade.

– Un peu de patience, señor, et vous saurez tout, répondit

Pedrillo en le saisissant par le nez et en faisant glisser son rasoir sur ses joues.

Il lui rapporta alors en détail ce qu'il avait vu, menant de front les deux opérations qui consistaient, l'une à raser, laver et essuyer son client, l'autre, à le faire assister au vol, au meurtre puis à l'inhumation du musulman.

Or, il se trouvait que l'alcade était un des magistrats les plus despotiques, les plus cupides et les plus corrompus de Grenade. On ne pouvait l'accuser de n'estimer pas assez la justice, vu qu'il la vendait son pesant d'or. Il vit miroiter dans l'affaire en question, l'assassinat et le vol, une grosse somme. Mais comment la faire parvenir dans les mains légitimes de la justice ? Arrêter simplement le délinquant, cela ne servirait qu'à engraisser la potence ; mais saisir le butin, ce serait enrichir le juge, ce qui était selon lui l'ultime dessein de la justice. Perplexe, il convoqua son plus fidèle alguazil, individu famélique et dégingandé, vêtu selon sa charge, à l'ancienne manière espagnole : large chapeau noir à bords relevés, fraise traditionnelle, vêtements sombres qui soulignaient sa maigreur. Il tenait en main une mince baguette blanche, l'insigne redouté de son emploi. Tel était le limier que l'alcade lança sur les traces du malheureux porteur d'eau. Il alla si vite et si directement au but qu'il mit la main sur le pauvre Perejil avant que celui-ci eût eu le temps de rentrer chez lui et le conduisit, lui et son âne, devant le maître de la justice. L'alcade l'accueillit avec un formidable froncement de sourcils.

– Écoute bien, accusé, rugit-il d'une voix qui fit s'entrechoquer les genoux du petit Gallego ; inutile de nier ton crime, je sais tout. La potence, voilà ce que tu mérites, mais je suis clément et je sais écouter la voix de la raison. L'homme que tu as tué chez toi était un Maure, un infidèle, l'ennemi de notre foi. Je ne doute pas que tu ne l'aies frappé dans une crise de zèle religieux. Je serai donc indulgent. Rends-moi les richesses que tu lui as volées et j'étouffe l'affaire.

Le pauvre porteur invoqua tous les saints pour témoigner de son innocence, mais hélas, aucun d'eux n'apparut. Même s'ils l'avaient fait, d'ailleurs, l'alcade eût refusé sa foi au calendrier tout entier. Le porteur d'eau relata l'histoire du musulman agonisant avec l'accent irrésistible de la vérité, mais en vain.

– Persisteras-tu à déclarer, lui demanda le juge, que ce musulman ne possédait ni or, ni bijoux que tu convoitais ?

– Aussi vrai que j'espère être sauvé, Excellence, répondit le porteur d'eau, il n'avait avec lui qu'un petit coffret de bois de santal, qu'il m'a légué pour me récompenser de mes services.

– Un coffret de bois de santal ! s'exclama l'alcade, les yeux brillants de convoitise. Et où est-il, ce coffret ? Où l'as-tu caché ?

– Pardonnez-moi, répondit le porteur d'eau, mais il se trouve dans un des paniers de mon âne et il est à la disposition de Votre Excellence.

À peine eut-il prononcé ces mots que l'astucieux alguazil fila comme une flèche et revint aussitôt avec le mystérieux coffret de santal. L'alcade, d'une main avide et tremblante, l'ouvrit ; les deux autres se penchèrent pour admirer les trésors qu'il devait contenir. Tous trois furent déçus de n'y trouver qu'un rouleau de parchemin et un morceau de bougie.

Lorsqu'il n'y a aucun profit à tirer de la punition d'un homme, la justice, même en Espagne, tend à être impartiale. L'alcade, revenu de son désappointement et voyant qu'il n'y avait pas eu vol, écouta sans passion les justifications du porteur d'eau, que vint corroborer le témoignage de sa femme. Convaincu de son innocence, il le relâcha. Plus encore, il lui permit de conserver le don du Maure, le coffret avec son contenu, en récompense de sa bonté ; il se contenta de lui confisquer son âne pour couvrir les frais de justice.

Voilà donc notre infortuné Gallego réduit, une fois de plus, à la nécessité de porter lui-même son eau et de faire l'escalade de l'Alhambra avec sa grande jarre de terre sur les épaules. Un jour, vers midi, au plus fort de la chaleur, comme il gravissait péniblement la colline, sa bonne humeur coutumière l'abandonna.

« Chien d'alcade ! jura-t-il à part soi ; arracher à un pauvre homme son unique moyen de subsistance et le meilleur ami qu'il avait au monde ! » Au souvenir de son cher compagnon de travail, son affection éclata.

« Âne, mon cher âne ! s'exclama-t-il, en posant son fardeau sur une pierre et en s'épongeant le front, mon cher Aliboron ! Je suis bien sûr que tu penses à ton ancien maître ! Je suis bien sûr que tu regrettes nos jarres d'eau, pauvre animal ! »

Pour ajouter à sa peine, sa femme, à son retour, l'accablait de plaintes acariâtres. Elle avait sur lui l'avantage d'avoir prévu les conséquences de son bel acte d'humanité et ne perdait aucune occasion de faire valoir sa magnifique prévoyance. Lorsqu'un de ses enfants lui réclamait du pain ou avait besoin d'habits, elle lui répondait d'un air sarcastique :

– Demande-le donc à ton père, c'est l'héritier du roi Chico de l'Alhambra ; demande-lui qu'il te donne de l'argent avec le trésor du Maure !

Vit-on jamais mortel plus durement puni de sa bonté ? Le malheureux Perejil souffrait dans son corps et dans son âme, mais il supportait patiemment les brocards de son épouse. Pourtant, un soir qu'il était rentré épuisé de son travail, les injures de sa femme lui firent perdre patience. Il n'osa pas lui répondre mais, comme ses yeux s'étaient posés sur le coffret de santal qui, entrouvert sur une étagère, avait l'air de narguer sa misère, il le saisit et le lança violemment par terre.

– Maudit soit le jour où je t'ai vu, s'écria-t-il, et où j'ai hébergé ton maître !

En touchant le sol, le couvercle s'ouvrit et laissa échapper le rouleau de parchemin. Perejil le considéra un instant, dans un silence boudeur. Puis, se ressaisissant : « Puisque le Maure le conservait avec tant de soin, se dit-il, qui sait si cet écrit n'a pas de valeur ?» Il le ramassa et le mit dans son sein. Le lendemain, comme il vendait son eau dans les rues, il s'arrêta devant le magasin d'un Maure, natif de Tanger, qui vendait des bibelots et des parfums dans le Zacatín ; il entra, le pria de lui expliquer ce que disait le texte mystérieux. Le Maure l'examina attentivement puis, passant la main dans sa barbe, lui dit en souriant :

– Ce manuscrit est une incantation pour retrouver un secret trésor placé sous un charme. Il est dit qu'elle a un tel pouvoir que les plus gros verrous, les barreaux les plus massifs et jusqu'aux rocs doivent lui céder.

– Bah ! s'écria le petit Gallego, à quoi cela m'avance ? Je ne suis pas un enchanteur et je n'ai aucune idée des trésors cachés.

Laissant le parchemin entre les mains du Maure, il reprit sa jarre et continua sa tournée. Or, ce soir-là, tandis qu'il se reposait un instant près du puits de l'Alhambra, il se trouva au milieu d'un certain nombre de flâneurs qui s'entretenaient, comme souvent à cette heure crépusculaire, d'histoires surnaturelles. Étant très pauvres, ils s'étendaient volontiers sur le sujet si populaire des richesses enchantées laissées par les Maures en divers endroits de l'Alhambra. Tout le monde s'accordait à penser qu'il y avait d'énormes trésors enterrés sous la Tour à sept étages.

Ces histoires impressionnèrent particulièrement le bon Perejil et s'ancrèrent en son esprit tandis qu'il descendait seul les allées assombries de l'Alhambra. «Après tout, si ce trésor était enseveli sous cette tour, et si le rouleau laissé par le Maure me permettait de m'en emparer !» Ravi par cette pensée, il faillit laisser tomber sa jarre.

Cette nuit-là, il se tourna et se retourna dans son lit sans pouvoir fermer l'œil, tant son esprit travaillait. Le lendemain, à la première heure du jour, il alla frapper chez le Maure et lui dit l'idée qui lui était venue à l'esprit.

– Vous savez lire l'arabe, lui dit-il. Si nous allions à cette tour pour essayer la vertu de ce charme. Si nous échouons, aucun mal. Si nous réussissons, nous partageons le butin.

– Attention ! répliqua le Maure. Cet écrit ne suffit pas par lui-même. Il doit être lu à minuit, à la lumière d'une bougie composée et préparée d'une manière spéciale, avec des produits que je n'ai pas en ma possession. Sans la bougie, le parchemin ne vaut rien.

– N'en dites pas plus, s'écria le petit Gallego, cette bougie, je l'ai chez moi. Je vous l'apporte dans une minute.

Il courut chez lui et revint bientôt avec le morceau de bougie qu'il avait trouvé dans le coffret de santal. Le Maure le prit et le sentit.

– Dans cette cire jaune, fit-il, sont enfermés des parfums rares. C'est bien le genre de bougie spécifié dans le texte. Tant qu'elle brûle, les murs les plus puissants, les cavernes les plus secrètes restent ouvertes. Mais malheur à celui qui s'y attarde lorsqu'elle s'éteint. Il y demeure, enchanté, avec ses trésors.

Les deux hommes convinrent d'en éprouver le charme la nuit même. À une heure très avancée, tandis que rien ne bougeait, à l'exception des chauves-souris et des chouettes, ils gravirent la colline touffue de l'Alhambra et s'approchèrent de la redoutable tour que rendaient encore plus inquiétante son revêtement de feuillage nocturne et les histoires qui l'entouraient. À la lueur d'une lanterne, ils tâtonnèrent à travers des buissons, par-dessus des pierres écroulées, jusqu'à la porte en arceau qui s'ouvrait sous la tour. Tremblant d'émotion, ils descendirent une première série de marches taillées dans le roc. Elles menaient à une pièce humide et sombre, où d'autres degrés conduisaient à une cave plus profonde. Ils descendirent ainsi quatre autres escaliers qui menaient chacun à une crypte ; les parois de la dernière étaient épaisses. La légende prétendait qu'il y en avait encore trois au-dessous, mais il était impossible de les atteindre, défendues qu'elles étaient par un charme. L'air de ce sous-sol était humide et glacial, on y sentait une odeur de terre et la lanterne l'éclairait à peine. Les deux hommes s'arrêtèrent un instant, le cœur battant, jusqu'au moment où ils entendirent faiblement l'horloge de la tour de guet égrener ses douze coups. Ils allumèrent alors la bougie, qui répandit un parfum de myrrhe, d'encens et de storax.

Le Maure commença de lire d'une voix saccadée. À peine eut-il achevé l'incantation qu'il se produisit un bruit pareil à un coup de tonnerre souterrain. La terre trembla et le sol s'entrouvrit, découvrant une volée d'escalier. Tremblant de peur, ils descendirent et, à la lumière de leur lanterne, se virent dans une crypte couverte d'inscriptions arabes. Au centre se dressait un grand coffre fortifié de sept cercles d'acier à chaque extrémité duquel était assis un Maure en armure, enchanté, immobile comme une statue. Devant le coffre, plusieurs jarres regorgeaient d'or, d'argent et de pierres précieuses. Ils plongèrent leurs bras jusqu'aux coudes dans la plus grande d'entre elles et en retirèrent chaque fois des poignées de pièces d'or mauresques, des bracelets ou d'autres ornements, avec, de temps en temps, un collier de perles orientales qui s'enroulait à leurs doigts. Mais, tout en bourrant leurs poches de butin, ils frissonnaient, haletaient, n'osaient quitter des yeux les deux Maures enchantés qui, impassibles et redoutables, les fixaient sans ciller. Finalement, un bruit imaginaire les mit dans une telle panique qu'ils se précipitèrent dans l'escalier; en se heurtant, ils se culbutèrent, la bougie s'éteignit et le sol se referma avec un grondement de tonnerre. Heureusement, ils étaient à l'étage supérieur.

Pleins de terreur, ils ne s'arrêtèrent que lorsqu'ils furent sortis tant bien que mal de la tour et qu'ils revirent entre les arbres briller les étoiles. Alors, ils s'assirent sur l'herbe, partagèrent leur prise, satisfaits pour le présent de ce léger acompte, mais bien décidés à retourner à leurs jarres une de ces nuits pour les vider jusqu'au fond. Pour s'assurer de leur bonne foi mutuelle, ils se partagèrent les talismans, l'un conservant le parchemin, l'autre la bougie. Ceci fait, ils se dirigèrent vers Grenade, les poches lourdes mais le cœur léger. Comme ils descendaient la colline, l'astucieux Maure souffla quelques conseils à l'oreille du brave petit porteur d'eau :

– Ami Perejil, tant que nous n'aurons pas mis en sécurité tout le trésor, cette affaire doit rester dans le plus grand secret. Si l'alcade en a vent, nous sommes perdus.

– Certainement, répondit le Gallego, rien n'est plus vrai.

– Ami Perejil, continua le Maure, vous êtes un homme discret et vous saurez-vous, mais vous avez une femme.

– Elle n'apprendra rien, affirma avec fermeté le petit porteur d'eau.

– Bien, dit le Maure. Je compte sur votre discrétion et sur votre promesse.

Jamais promesse ne fut faite avec autant d'assurance et de sincérité, mais, hélas, quel homme peut cacher un secret à sa femme ? Sûrement pas Perejil le porteur d'eau, qui était le plus aimant et le plus docile des maris. À son retour, il trouva sa femme qui se désolait dans un coin.

– Enfin te voilà ! s'écria-t-elle. Tu as roulé toute la nuit ! Tu ne m'amènes pas un autre Maure, j'espère ?

Puis, fondant en larmes, elle se tordit les bras et se frappa la poitrine.

– Malheureuse que je suis ! s'exclama-t-elle. Que vais-je devenir ? Ma maison pillée par les notaires et les alguazils... mon mari, un bon à rien qui, au lieu d'apporter du pain à sa famille, s'en va courir nuit et jour avec des musulmans, des infidèles ! Ô mes enfants ! mes enfants ! qu'allons-nous devenir ? On nous verra mendier dans les rues !

Le bon Perejil fut tellement attendri par la désolation de son épouse que les larmes lui vinrent aux yeux. Impossible pour lui de se contenir, son cœur étant aussi plein que sa poche. Mettant la main dans cette dernière, il en tira trois ou quatre grosses pièces d'or qu'il fit glisser dans le sein de sa moitié. La pauvre femme, éberluée, se demandait ce que cette pluie d'or voulait dire. Elle n'était pas revenue de sa surprise que le petit Gallego, fou de joie, la bouche ouverte d'une oreille à l'autre, faisait danser devant ses yeux une chaîne d'or.

– Que la Sainte Vierge nous protège ! s'exclama sa femme. Qu'as-tu fait, Perejil ? Tu n'as pas commis un vol... un meurtre ?

À peine cette idée eut-elle effleuré l'esprit de la pauvre femme qu'elle se transforma en certitude. Elle voyait déjà la prison, la potence au loin et, pendu à cette potence, son petit Gallego de mari, avec ses jambes arquées... Épouvantée par les horreurs que dressait devant elle son imagination, elle eut une crise de nerfs.

Que pouvait faire le pauvre homme ? Il n'avait d'autre moyen de calmer sa femme et de chasser les fantômes de son imagination que de lui raconter toute l'histoire de son aubaine. Mais il ne le fit qu'après avoir obtenu d'elle la promesse la plus solennelle de la garder, vis-à-vis de tout être vivant, dans le plus grand secret. Décrire sa joie est au-dessus de nos forces. Elle se jeta au cou de son mari et faillit l'étrangler sous ses caresses.

– Et maintenant, ma femme, s'exclama le petit homme dans une légitime exaltation, que dis-tu du legs du Maure ? Désormais, ne me reproche plus d'avoir aidé un pauvre homme dans la misère.

Le brave Gallego s'étendit alors sur sa peau de mouton et dormit aussi profondément que sur un lit de plume. Mais pas sa femme. Elle vida le contenu de ses poches sur la natte et passa la nuit à compter et recompter les pièces d'or, à essayer les colliers et les boucles d'oreilles, à imaginer l'air qu'elle aurait en plein jour lorsqu'elle pourrait jouir pleinement de ses richesses.

Le lendemain matin, le brave Gallego apporta une de ses grosses pièces d'or à un bijoutier du Zacatín. Il voulait la vendre, lui dit-il, ajoutant qu'il l'avait trouvée parmi les ruines de l'Alhambra. Le bijoutier vit qu'elle portait une inscription en arabe et qu'elle était d'or pur. Il ne lui proposa toutefois que le tiers de sa valeur, que le porteur d'eau accepta volontiers. Perejil acheta alors pour sa petite famille des vêtements neufs, des jouets, toutes sortes de provisions pour faire un excellent repas et, de retour chez lui, se mit à danser avec eux, car il était le plus heureux des pères.

La femme du porteur d'eau tint sa promesse avec une rigueur surprenante. Pendant un jour et demi, elle vaqua à ses occupations avec un air plein de mystère, le cœur gonflé à éclater, muette bien qu'entourée de ses voisines les commères. De vrai, elle ne pouvait s'empêcher de faire un peu l'importante ; elle s'excusait de sa toilette fripée, parlait de se commander une basquiña brodée d'or et ornée de perles de verre, ainsi qu'une mantille de dentelle. Elle laissa entendre que son mari avait l'intention de se retirer de son métier qui ne convenait pas tout à fait à sa santé. Peut-être même passeraient-ils l'été à la montagne, les enfants ayant besoin d'air pur et la ville étant invivable en cette saison. Ses voisines ouvrirent des yeux ronds et crurent que la pauvre femme avait perdu l'esprit ; elle n'avait pas plus tôt tourné le dos que ses mines, ses manières et ses prétentions nouvelles faisaient les frais des moqueries et des plaisanteries de ses amies.

Si elle se contenait en public, elle prenait chez elle sa revanche, passait autour de son cou un collier de perles d'Orient, parait ses bras de gourmettes mauresques et sa tête de diadèmes de diamants ; dans ses haillons, elle se pavanait entre ses quatre murs, se contemplant de temps en temps sur un bout de miroir. Un jour même, incapable de résister à sa vanité, elle se montra à sa fenêtre pour jouir de l'effet que produiraient ses atours sur les passants.

Le sort voulut qu'à cet instant précis le remuant barbier Pedrillo Pedrugo prît l'air devant sa boutique. Son œil toujours en alerte saisit aussitôt l'éclat d'un diamant. Une minute plus tard, posté à son observatoire, il épiait la femme du misérable porteur d'eau vêtue de la somptueuse parure d'une nouvelle mariée orientale. Le temps de faire un inventaire précis de ses ornements, il s'élance à toutes jambes chez l'alcade, qui lâche son alguazil famélique sur la piste du malheureux Perejil, lequel se voit, avant la fin du jour, traîné de nouveau devant le juge.

– Qu'as-tu fait, faquin ! cria l'alcade d'une voix furieuse. Tu m'as dit que l'infidèle qui est mort chez toi ne t'a laissé qu'un coffret vide, et j'apprends à l'instant que ta femme se pavane, dans ses haillons, couverte de perles et de diamants. Misérable ! Apprête-toi à nous restituer le butin extorqué à ta pauvre victime et à te balancer à la potence qui est déjà lasse de t'attendre.

Le porteur d'eau, terrifié, tomba à genoux et conta en détail la façon merveilleuse dont il avait acquis la fortune. L'alcade, l'alguazil et le barbier écoutaient d'une oreille avide cette histoire de trésor enchanté. On dépêcha l'alguazil chez le Maure qui avait lu l'incantation. Le musulman entra, passablement effrayé de se voir dans les griffes de la justice. Lorsqu'il eut aperçu le porteur d'eau, tête basse et intimidé, il comprit aussitôt de quoi il retournait.

– Chien, fit-il, en passant près de lui. Ne t'avais-je pas mis en garde contre les cancans de ta femme ?

La version du Maure coïncidait parfaitement avec celle de son associé, mais l'alcade, feignant de comprendre difficilement, le menaçait de perquisition et même de prison.

– Doucement, señor alcade, dit le musulman, qui retrouvait avec son sang-froid son astuce habituelle. Ne gâchons pas les faveurs de la fortune en nous les disputant follement. Personne n'est au courant de l'affaire, à part nous : tenons-la secrète. Il y a, dans la caverne, de quoi nous enrichir tous. Promettez-nous un partage équitable, et tout sera à votre disposition ; refusez, et la caverne restera fermée à tout jamais.

L'alcade consulta à voix basse l'alguazil, qui était un vieux renard.

– Promettez-leur tout ce qu'ils voudront, lui répondit celui-ci, jusqu'au moment où ils extrairont le trésor. Alors, mettez la main dessus et, si le Maure et son complice osent murmurer, menacez-les du fagot et du bûcher comme hérétiques et sorciers.

Ce conseil ravit l'alcade. Se radoucissant, il se tourna vers le Maure et lui dit :

– Voilà en vérité une histoire bien étrange, mais peut-être vraie ; je veux en avoir une preuve oculaire. Cette nuit même, vous répéterez l'incantation en ma présence. Si ce trésor existe effectivement, nous le partagerons à l'amiable et nous n'en reparlerons plus. Mais si vous m'avez trompé, n'espérez aucune pitié de ma part. En attendant, vous resterez à ma disposition.

Le Maure et le porteur d'eau, convaincus que l'événement prouverait leur bonne foi, acceptèrent volontiers ces conditions.

Vers minuit, l'alcade sortit secrètement en compagnie de l'alguazil et de l'intrigant barbier, armé comme eux jusqu'aux dents. Ils menaient devant eux le Maure et le porteur d'eau, ainsi que le baudet de celui-ci, en prévision du trésor à emporter. Ils arrivèrent à la tour sans avoir été vus de personne et, après avoir attaché l'âne à un figuier, descendirent à la quatrième cave de la tour.

On produisit le rouleau, on alluma la bougie de cire jaune, le Maure se mit à lire l'incantation. La terre trembla comme la première fois, le sol s'ouvrit dans un fracas de tonnerre, une nouvelle volée d'escalier se découvrit. L'alcade, l'alguazil et le barbier, frappés de stupeur, ne purent se résoudre à descendre. Le Maure et le porteur d'eau pénétrèrent dans la crypte et retrouvèrent les deux Maures silencieux, immobiles. Ils emportèrent deux des grandes jarres emplies à ras bords de pièces de monnaie et de pierres précieuses. Le porteur d'eau les chargea l'une après l'autre sur ses épaules et, bien que vigoureux et accoutumé à porter des fardeaux, il titubait sous leur poids. Quand il les pendit aux flancs de son âne, il se rendit compte que c'était le maximum que pouvait supporter l'animal.

– Cela suffit pour le moment, dit le Maure. C'est là toute la fortune que nous pouvons emporter sans nous faire remarquer ; elle suffira amplement à nous rendre tous riches.

– Mais reste-t-il en bas des trésors ? demanda l'alcade.

– Le plus précieux, répondit le Maure : un énorme coffre à ferrures d'acier plein de perles et de pierres précieuses.

– Il nous faut absolument ce coffre, s'écria l'alcade insatiable.

– Quant à moi, je refuse de redescendre, déclara le Maure obstiné ; un homme raisonnable doit savoir se modérer.

– Moi de même, dit le porteur d'eau ; je ne veux pas charger ma pauvre bête de fardeaux qui, même précieux, lui briseraient le dos.

Ordres, menaces, prières n'y faisant rien, l'alcade se tourna vers ses deux acolytes :

– Aidez-moi à remonter ce coffre, et nous nous partagerons son contenu, dit-il, descendant les marches sur-le-champ, suivi de l'alguazil et du barbier tremblants. Ils n'eurent pas plus tôt pénétré sous l'arcade que le Maure souffla sa bougie de cire jaune. Le sol se referma en grondant, les trois compères restèrent enfermés dans les entrailles de la terre. Il se hâta ensuite de remonter les étages et ne s'arrêta qu'à l'air libre. Le petit porteur d'eau le suivit aussi vite que ses courtes jambes le lui permettaient.

– Qu'avez-vous fait ? demanda Perejil dès qu'il put reprendre son souffle ; l'alcade et les deux autres sont enfermés dans la cave.

– C'est la volonté d'Allah, répondit le Maure d'un ton dévot.

– Vous n'allez pas les libérer ? s'enquit le Gallego.

– Allah m'en garde ! répliqua l'autre en se passant la main sur la barbe. Il est écrit dans le Livre du destin qu'ils sont condamnés à rester enfermés jusqu'à ce qu'un nouvel événement rompe le charme. Que la volonté de Dieu soit faite !

s'exclama-t-il, lançant d'un grand geste le morceau de bougie au loin, dans les buissons noirs.

Comme ils n'avaient plus rien à faire là, le Maure et le porteur d'eau redescendirent vers la ville. En chemin, Perejil ne pouvait s'empêcher de serrer contre lui et d'embrasser son humble compagnon ainsi délivré des griffes de la justice, et l'on n'aurait pu dire ce qui, d'avoir conquis un trésor ou de retrouver son âne, réjouissait le plus le brave homme.

Les heureux associés partagèrent leur butin à l'amiable et fort équitablement. Le Maure, qui avait du goût pour les colifichets, obtint de mettre dans son tas le plus possible de perles, de pierres précieuses et de bijoux; mais, en échange, il offrait au porteur d'eau de magnifiques joyaux d'or massif, cinq fois plus grands que les siens, et qui contentaient largement ce dernier. Ils prirent bien soin de se mettre à l'abri de tout incident fâcheux et décidèrent de jouir en paix de leur fortune dans un autre pays. Le Maure retourna à sa ville natale, en Afrique, tandis que le Gallego, avec sa femme, ses enfants et son âne, se dirigeait vers le Portugal. Là, grâce aux conseils avisés de sa femme, il devint une espèce de personnage que l'on voyait en pourpoint et chausses, plume au chapeau, épée au côté. Rejetant l'appellation familière de Perejil, il avait adopté le nom plus ronflant de don Pedro Gil. Sa progéniture croissait heureusement sur ses jambes courtes et arquées, tandis que doña Gil, couverte des pieds à la tête de franges, de pompons et de dentelles, pour ne rien dire de ses mains qu'elle avait baguées de diamants, devenait un modèle d'élégance criarde.

Quant à l'alcade et à ses tristes acolytes, ils restèrent enfermés sous la grande Tour à sept étages et ils le sont encore. Lorsque manqueront en Espagne les barbiers intrigants, les alguazils rapaces et les alcades corrompus, on ira peut-être les chercher; mais s'ils doivent attendre ce jour pour être délivrés, il y a grand danger que leur enchantement se prolonge jusqu'au jour du Jugement dernier.

LÉGENDE DE LA ROSE DE L'ALHAMBRA
OU LE PAGE ET LE GERFAUT

Après la reddition de Grenade aux chrétiens, cette ville charmante fut, pendant un certain temps, le séjour favori des souverains espagnols, jusqu'au moment où ils se virent contraints de la quitter à la suite de tremblements de terre répétés qui renversèrent des maisons et secouèrent les fondations des vieilles tours mauresques.

Bien des années s'écoulèrent, durant lesquelles Grenade fut rarement honorée d'une visite royale. Les palais de la noblesse se fermèrent et se turent, l'Alhambra, telle une beauté qu'on méprise, demeura triste et solitaire parmi ses jardins abandonnés. La désolation générale avait gagné la tour des Infantes, autrefois résidence de trois belles princesses mauresques. Sous ses voûtes dorées, l'araignée tissait sa toile, les chauves-souris se partageaient avec les chouettes les chambres où avaient rayonné Zayda, Zorayda et Zorahayda. L'état de négligence où se trouvait la tour s'explique en partie par les superstitions dont le voisinage l'entourait. On murmurait que le soir, au clair de lune, on pouvait apercevoir le fantôme de Zorahayda – morte dans cette tour – assis près de la vasque de la salle, ou bien gémissant près des créneaux ; les promeneurs attardés dans le vallon pouvaient percevoir à minuit les accords de son luth d'argent.

Grenade devait cependant connaître une fois de plus la faveur d'une visite royale. On sait que Philippe V fut le premier Bourbon qui tint le sceptre de l'Espagne, qu'il épousa en secondes noces Élisabeth, la belle princesse de Parme, et que, par une série de contingences, un prince français et une princesse italienne se trouvèrent réunis sur le trône d'Espagne. Pour la réception de ce couple illustre, l'Alhambra fut restauré et aménagé en toute diligence. L'arrivée de la cour transforma totalement l'aspect du palais, hier encore désert. Le fracas des tambours et des trompettes, le galop des coursiers dans les allées et sur l'esplanade, l'éclat des armes et le déploiement des oriflammes autour des barbacanes et des créneaux, tout rappelait les temps héroïques et glorieux de la forteresse. Mais une ambiance plus pacifique caractérisait l'intérieur du palais royal. On n'entendait plus dans les antichambres que le froufrou des robes, les murmures de courtisans respectueux, le va-et-vient des pages et des filles d'honneur dans les jardins, et la musique qui s'exhalait par les fenêtres ouvertes.

Or, parmi les gens qui composaient le cortège des monarques, se trouvait le page favori de la reine, un certain Ruiz de Alarcón. Dire qu'il était le page favori de la reine équivaut à faire son éloge, car celle-ci n'admettait dans sa suite que la grâce, la beauté, le talent. Ruiz venait d'atteindre sa dix-huitième année, il était souple et gracieux comme un jeune Antinoüs. À la reine, il ne montrait que respect et déférence, mais, choyé et gâté par les dames de la cour, et plus expérimenté en amour qu'on ne l'est d'ordinaire à son âge, il était en réalité passablement effronté.

Notre page se promenait, un matin, dans les bois du Generalife, qui dominent les terres de l'Alhambra. Il avait pris avec lui, pour s'amuser, le gerfaut favori de la reine. Au cours de sa promenade, voyant un oiseau s'élever d'un buisson, il déchaperonna le gerfaut et le lâcha. Celui-ci s'élança dans les airs, fondit sur sa proie mais, la manquant, s'envola derechef, indifférent aux appels du page, qui suivit des yeux le fugitif dans sa course capricieuse, jusqu'à ce qu'il l'eût vu se poser sur le créneau d'une tour lointaine et isolée de l'Alhambra. Celle-ci se dressait au-dessus de la muraille extérieure qui séparait la forteresse royale du territoire du Generalife : c'était la tour des Infantes.

Le page descendit dans le ravin et s'approcha du donjon, mais on ne pouvait y avoir accès depuis le vallon, et ses hautes parois abruptes décourageaient toute tentative d'escalade. Il chercha donc à gagner une des portes de la forteresse et fit un vaste circuit qui l'amena devant la tour, face au côté qui donnait sur l'intérieur des murailles. Un jardinet, enclos par un treillis de roseaux recouverts de myrte, le séparait de la tour. Ouvrant une barrière, le page passa entre des parterres de fleurs et des buissons de roses. Il atteignit la porte. Elle était fermée et verrouillée. Par une fente dans le bois, il jeta un coup d'œil à l'intérieur et vit une petite salle mauresque aux murs ornés de stuc, avec de sveltes colonnes de marbre et une fontaine d'albâtre entourée de fleurs. Au centre était suspendue une cage dorée enfermant un oiseau chanteur; juste au-dessous, un chat tigré reposait entre des écheveaux de soie et d'autres articles de couture; une guitare décorée de rubans était appuyée contre la fontaine.

Ruiz de Alarcón fut frappé de trouver ces indices de goût et d'élégance féminine dans une tour solitaire qu'il avait crue déserte. Cela lui remit en mémoire les légendes de salles enchantées et il se dit que le chat tigré pourrait bien être quelque princesse captive d'un charme. Il frappa doucement à la porte. Un délicieux visage apparut à la fenêtre au-dessus, mais s'en retira aussitôt. Le page attendit, dans l'espoir qu'on allait lui ouvrir la porte, mais en vain. Aucun bruit de pas... silence complet. Ses sens l'avaient-ils trompé, cette charmante apparition était-elle la fée de la tour? Il frappa de nouveau, plus fort. Peu après, le radieux visage d'une fillette de quinze ans dans toute sa fraîcheur se montra à la fenêtre. Le page ôta aussitôt son bonnet à plume et la supplia, du ton le plus courtois, de lui permettre de monter sur la tour pour rattraper son faucon.

– Je n'ose pas ouvrir la porte, señor, lui répondit la petite demoiselle rougissante ; ma tante me l'a défendu.

– Je vous en conjure, belle demoiselle, c'est le faucon favori de la reine ! Je n'ose pas rentrer au palais sans le rapporter.

– Vous êtes donc un des gentilshommes de la cour ?

– Oui, belle demoiselle ; mais, si je ne ramène pas le faucon, je perds et la faveur de la reine et ma place.

– Santa Maria ! C'est justement contre vous autres, gentilshommes de la cour, que ma tante m'a chargée de verrouiller la porte.

– Bien sûr, contre les méchants gentilshommes ; mais moi je ne suis qu'un simple page inoffensif, un page ruiné et perdu si vous n'agréez point à son humble requête.

Le cœur de la petite demoiselle fut touché par la désolation du page. C'eût été vraiment bien dommage qu'il fût perdu pour une bagatelle. Sûrement, il n'était pas de ces dangereux bipèdes que sa tante lui avait décrits comme des espèces de cannibales, toujours prêts à saisir dans leurs griffes les jeunes filles étourdies. Il était doux et modeste et avait l'air si charmant dans son attitude de suppliant, coiffure à la main !

Le malin, voyant la garnison balancer, redoubla ses prières d'une façon si émouvante qu'il était impossible qu'une jeune fille y fût insensible. La petite gardienne de la tour descendit donc et ouvrit la porte d'une main tremblante ; si le page avait été charmé par le peu qu'il en avait aperçu de la fenêtre, il fut absolument ravi du portrait en pied qui se révélait maintenant à ses yeux. Le corsage andalou et la basquiña soulignaient la ronde et délicate symétrie de ses formes graciles. Dans ses cheveux lustrés, séparés sur le front par une raie d'une scrupuleuse exactitude, était piquée, selon la coutume du pays, une rose fraîchement cueillie. Il est vrai que son teint était doré par le soleil méridional, mais cela ne faisait que rehausser l'éclat de ses joues et le lustre de ses yeux caressants. Ruiz de Alarcón vit tout cela d'un seul coup d'œil – il n'eût pas été convenable de fixer plus longtemps la jeune fille. Se bornant à lui murmurer des remerciements, il bondit dans l'escalier, à la recherche de son faucon.

Il revint bientôt, le fugitif au poing. La demoiselle s'était installée près de la fontaine et enroulait de la soie mais, dans son agitation, elle laissa tomber la bobine sur la dalle. Le page, d'un bond, la ramassa, vint gracieusement s'agenouiller devant la belle, la lui présenta et, sur la main qui se tendait pour la prendre, il posa un baiser plus fervent et plus dévot que ceux qu'il imprimait sur celle de sa souveraine.

– Ave Maria, señor ! s'exclama la demoiselle, rougissant de plus belle sous l'effet de la confusion et de la surprise, car elle n'avait jamais reçu pareille salutation.

Le page, d'un air modeste, se confondit en excuses et lui assura que c'était la manière, à la cour, d'exprimer le respect et l'hommage les plus profonds. La colère de la jeune fille – en supposant qu'elle en eût éprouvé – se calma bientôt, mais son agitation et sa gêne redoublèrent ; elle rougissait, les yeux baissés, et embrouillait le fil qu'elle voulait enrouler.

Le rusé, voyant la confusion dans le camp adverse, en eût volontiers profité, mais les beaux discours qu'il voulait prononcer mouraient sur ses lèvres. Ses galanteries étaient maladroites, inefficaces et, à sa propre surprise, le page, qui paraissait avec tant de grâce et d'effronterie parmi les dames les plus fines de la cour, se vit intimidé et confondu en présence d'une simple fillette de quinze ans. C'est que la jeune personne avait en sa modestie et sa pudeur des gardiens bien plus forts que les portes et les verrous de sa tante. Quel cœur féminin peut cependant rester insensible au premier aveu d'amour ? Comprenant instinctivement, malgré son ingénuité, ce que la langue balbutiante du page était incapable d'exprimer, la petite demoiselle sentait son cœur battre à la vue, pour elle inédite, d'un amoureux à ses pieds. Et quel amoureux !

La gêne du page, bien que sincère, ne dura pas ; il retrouvait son aisance et son assurance coutumières lorsqu'une voix perçante retentit au loin.

– Ma tante qui revient de la messe ! s'écria la demoiselle, effrayée. Je vous en prie, señor, partez.

– Pas avant que vous ne m'ayez accordé en souvenir la rose piquée dans vos cheveux.

– Prenez-la, s'écria-t-elle, agitée, rougissante, en dégageant la fleur de ses cheveux de jais ; mais, de grâce, partez.

Le page prit la rose et couvrit de baisers la petite main qui la lui donnait. Puis, plaçant la fleur sur son bonnet, il s'élança, le faucon au poing, à travers le jardin, emportant avec lui le cœur de Jacinta.

Quand la tante arriva à la tour, elle remarqua l'agitation de sa nièce et le désordre de la salle ; un mot lui expliqua tout :

– Un faucon a poursuivi sa proie dans la salle, lui apprit la jeune fille.

– Juste Ciel ! un faucon a pénétré dans cette tour ! A-t-on jamais vu oiseau plus insolent ? Même dans sa cage l'oiseau n'est plus en sécurité !

La vigilante Frédégonde était une des vieilles filles les plus méfiantes du monde. Elle éprouvait, à l'encontre de ce qu'elle appelait « le sexe opposé », une terreur qui n'avait fait que s'accroître avec son célibat. Non qu'elle eût eu l'occasion de pâtir de ses ruses, mère Nature l'en ayant garantie par un visage qui interdisait d'empiéter sur ses terres ; mais les femmes qui ont le moins de motifs de craindre pour elles-mêmes montrent souvent un soin extraordinaire à surveiller leurs voisines plus exposées par leurs charmes.

Sa nièce, orpheline d'un officier tombé à la guerre, avait été élevée dans un couvent et venait de quitter cet asile sacré pour être confiée à la tutelle immédiate de sa tante, sous la jalouse surveillance de qui elle végétait, telle une rose en bouton à l'ombre d'une ronce. La comparaison n'est pas fortuite, car, pour tout dire, sa jeune beauté, même recluse, avait retenu les regards du voisinage, et les paysans des alentours, avec cette tournure poétique qui caractérise l'Andalousie, l'avaient surnommée « la Rose de l'Alhambra ».

La vieille fille, redoublant de vigilance tant que la cour demeura à Grenade, se flattait déjà du succès de ses soins. Certes, elle avait été passablement troublée par les sérénades qu'on donnait parfois au clair de lune sous la tour, mais elle exhortait sa nièce à fermer ses oreilles à ces vaines chansons d'amour, l'assurant que c'était encore une ruse du sexe opposé destinée à perdre les filles qui s'y laissaient prendre. Mais que peut sur le cœur d'une enfant la sèche condamnation d'une sérénade au clair de lune ?

Finalement, le roi Philippe décida d'abréger son séjour à Grenade et s'en alla brusquement avec sa suite. La vigilante Frédégonde vit le cortège royal sortir par la porte de la Justice et descendre la grande allée qui menait à la ville. Lorsque la dernière oriflamme eut disparu, elle revint à la tour, exultant de savoir que ses soucis avaient pris fin. Mais imaginez sa surprise lorsqu'elle aperçut un pur-sang arabe devant la barrière du jardin, son horreur lorsqu'elle distingua entre les massifs de roses un jeune homme en costume brillamment brodé aux pieds de sa nièce. Au bruit de ses pas, celui-ci fit un tendre adieu à la jeune fille, sauta légèrement par-dessus la barrière de roseaux et de myrtes, bondit sur son cheval et disparut presque aussitôt avec lui.

La tendre Jacinta, dans sa douleur, oublia les sentiments de sa tante. Se jetant dans ses bras, elle éclata en sanglots.

– *¡ Ay de mí !* s'écria-t-elle. Il est parti ! Parti ! Je ne le reverrai plus !

– Parti ! Qui donc ? Quel est ce jeune homme que j'ai vu à tes pieds ?

– Un page de la reine, ma tante, qui est venu me dire adieu.

– Un page de la reine, mon enfant ? répéta faiblement

la vigilante Frédégonde. Et quand as-tu connu ce page de la reine ?

– Le matin où le gerfaut est venu dans la tour. C'était le gerfaut de la reine, il était venu le reprendre.

– Ah, que tu es sotte ! Sache bien qu'il n'y a pas de gerfauts aussi dangereux que ces jeunes pages espiègles et que c'est sur des oiseaux inoffensifs comme toi qu'ils fondent !

La tante fut d'abord outrée d'apprendre qu'en dépit de la vigilance dont elle était si fière les deux jeunes amoureux avaient entretenu un tendre commerce presque sous ses yeux. Mais quand elle découvrit que sa naïve nièce, bien qu'exposée, sans portes ni verrous, à toutes les machinations du sexe opposé, était sortie intacte de cette terrible épreuve, elle se consola en se disant que c'était grâce aux maximes chastes et avisées qu'elle lui avait inculquées.

Tandis que la tante répandait ce baume sur son amour-propre blessé, la nièce se répétait avec délices les serments de fidélité du page. Mais qu'est-ce que l'amour d'un homme toujours en mouvement ? Une onde capricieuse qui s'attarde un instant auprès de chaque fleur de la rive et passe, les laissant toutes en larmes.

Les jours, les semaines, les mois passèrent… Aucune nouvelle du page. Les grenades mûrirent, les vignes donnèrent leurs grappes, les pluies d'automne grossirent les torrents des montagnes ; la sierra Nevada se couvrit de son manteau de neige et les rafales de l'hiver mugirent dans les salles de l'Alhambra, mais il n'était toujours pas là. L'hiver passa. L'heureux printemps éclata de nouveau avec ses chants, ses fleurs et ses zéphyrs embaumés ; les neiges fondirent sur les montagnes, sauf sur les plus hautes cimes de la sierra, qui continuèrent à briller dans la touffeur de l'été. Toujours pas de nouvelles du page oublieux.

Pendant ce temps, la pauvre petite Jacinta pâlissait, mélancolique. Elle avait oublié ses anciennes occupations, la soie restait enchevêtrée, la guitare muette, les fleurs négligées ;

elle n'écoutait plus le chant de son oiseau ; ses yeux brillants étaient maintenant ternis par les larmes qu'elle versait en secret. Pour entretenir la passion d'une demoiselle délaissée, on ne saurait imaginer d'endroit plus propice que l'Alhambra, où tout semble avoir été combiné pour faire naître des rêveries tendres et romanesques. C'est un paradis pour les amoureux, mais quelle souffrance d'être seule en ce paradis, plus que seule : abandonnée !

– Hélas, ma pauvre enfant, lui disait l'immaculée Frédégonde quand elle la trouvait dans cet état d'abattement ; ne t'avais-je pas mise en garde contre les ruses et les tromperies des hommes ? D'ailleurs, que pouvais-tu attendre d'un fils de famille noble et ambitieux, toi qui n'es qu'une orpheline issue d'une lignée déchue et appauvrie ? Sois bien certaine que, même si ce jeune homme t'était fidèle, son père, qui est un des grands les plus orgueilleux de la cour, s'opposerait à son union avec une fille sans dot comme toi. Sois donc énergique et ôte-toi ces idées de l'esprit.

Les paroles de l'immaculée Frédégonde ne firent qu'accroître la mélancolie de sa nièce, qui s'ingéniait malgré tout à la dissimuler. Une nuit d'été, après que sa tante se fut retirée, elle resta seule dans la salle de la tour, près de la fontaine d'albâtre. C'est là que l'infidèle s'était agenouillé, lui avait baisé la main pour la première fois et lui avait juré une fidélité éternelle. Accablée de ces tristes et charmantes souvenances, la petite demoiselle versa des larmes qui tombèrent goutte à goutte dans la fontaine. Peu à peu le cristal de l'eau s'agita, se troubla, bouillonna, dansa et, richement vêtue à la mauresque, une figure féminine en sortit lentement.

Jacinta en fut si effrayée qu'elle se sauva et n'osa plus retourner à la salle. Le lendemain matin, elle conta ce qu'elle avait vu à sa tante, mais cette aimable personne déclara que c'était une fantaisie de son esprit troublé ou bien qu'elle avait dû s'endormir et rêver au bord de la fontaine.

– Tu as dû penser à l'histoire des trois princesses mauresques qui habitaient autrefois cette tour.

– Quelle histoire, ma tante ? Je ne la connais pas.

– Tu as certainement entendu parler des trois princesses, Zayda, Zorayda et Zorahayda, qui, enfermées jadis dans cette tour par le roi leur père, furent enlevées par des gentilshommes chrétiens. Les deux premières s'enfuirent, mais la troisième n'eut pas le courage d'exécuter sa décision et l'on dit qu'elle mourut ici.

– Je me souviens maintenant d'avoir entendu cette histoire, et je crois bien que j'ai pleuré sur le sort de la douce Zorahayda, dit Jacinta.

– Tu fais bien de pleurer sur son sort, répliqua la tante, car l'amoureux de Zorahayda était ton ancêtre. Il se lamenta longtemps d'avoir perdu sa princesse mauresque, mais le temps adoucit son chagrin et il épousa une dame espagnole, dont tu descends.

« Ce que j'ai vu hier n'est pas un phantasme de mon esprit, j'en suis sûre, se dit Jacinta, songeuse. Si c'est l'esprit de la douce Zorahayda qui hante cette tour, ainsi que je l'ai appris, de quoi aurais-je peur ? J'observerai cette nuit la fontaine. Peut-être fera-t-elle une nouvelle visite ? »

Vers minuit, dans le plus grand silence, elle alla s'asseoir dans la salle. Comme la cloche de la lointaine tour de guet de l'Alhambra égrenait ses douze coups, l'eau de la fontaine s'agita de nouveau et se mit à danser… Bientôt la figure mauresque en émergea. Elle était jeune et belle ; sa toilette était enrichie de joyaux et elle tenait en main un luth d'argent. Tremblante, Jacinta allait s'évanouir, mais la douce et plaintive voix de l'apparition la rassura, ainsi que son expression mélancolique.

– Fille mortelle, lui dit-elle, qu'as-tu ? Pourquoi tes larmes troublent-elles ma fontaine ? Pourquoi tes soupirs et tes plaintes dérangent-ils le calme de la nuit ?

– Je pleure à cause de l'inconstance d'un homme et je gémis sur ma solitude et mon abandon.

– Rassure-toi. Tes chagrins peuvent cesser. Tu as devant toi une princesse mauresque qui, comme toi, a été malheureuse en amour. Un gentilhomme chrétien, ton ancêtre, gagna autrefois mon cœur ; il voulait me conduire à son pays natal et me convertir à sa religion, mais le courage m'a manqué, je suis restée ici. C'est pourquoi les mauvais génies exercent sur moi leur pouvoir et me maintiendront enchantée dans cette tour jusqu'au moment où un pur chrétien consentira à rompre le charme magique. Veux-tu entreprendre cette tâche ?

– Je le veux, répondit la demoiselle, frissonnante.

– Approche donc et sois sans crainte ; trempe ta main dans la fontaine, asperge-moi, baptise-moi, et l'enchantement se dissipera, mon âme en peine obtiendra le repos.

La jeune fille s'avança d'un pas chancelant, plongea sa main dans la fontaine et aspergea le pâle visage du fantôme. La princesse défunte sourit avec une douceur ineffable. Posant son luth aux pieds de Jacinta, elle croisa ses bras blancs sur son sein et s'évanouit dans l'eau qu'elle troubla comme l'eût fait une giboulée.

Jacinta quitta la salle, pleine de surprise et de terreur. Cette nuit-là, elle ferma à peine l'œil, mais lorsqu'elle s'éveilla à l'aube, elle crut avoir été victime d'un cauchemar. Redescendant dans la salle, elle se convainquit de la réalité de la vision en apercevant près de la fontaine le luth qui brillait au soleil matinal. Elle s'empressa d'aller dire à sa tante ce qui était survenu la veille et la pria de jeter un coup d'œil sur le luth qui établissait la vérité de ses dires. Et si le brave chaperon avait encore quelques doutes, ils ne résistèrent pas aux accents de l'instrument qui, sous les doigts de Jacinta, parvinrent à faire fondre le cœur frigide de l'immaculée Frédégonde où régnait un hiver éternel. Rien d'autre qu'une mélodie surnaturelle n'eût produit cet effet.

Le pouvoir extraordinaire de l'instrument éclatait chaque jour davantage. Le promeneur qui passait sous la tour s'immobilisait, extasié, comme sous l'influence d'un charme. Les oiseaux même se rassemblaient dans les arbres environnants et se taisaient pour l'écouter. La nouvelle se répandit. Les habitants de Grenade montaient en foule à l'Alhambra pour recueillir quelques notes de la musique transcendante qui flottait au-dessus de la tour des Infantes.

La gentille sirène fut enfin tirée de sa retraite. Les puissants et les riches se disputaient sa présence, plus exactement les charmes de son luth, qui attiraient des foules élégantes dans leurs salons. Mais partout où elle allait, son dragon de tante ne la quittait pas d'une semelle et l'éloignait des admirateurs passionnés pendus à sa musique. Sa renommée s'étendit de ville en ville. Málaga, Séville, Cordoue furent conquises tour à tour. Dans toute l'Andalousie, il n'était question que de la belle sirène de l'Alhambra. Comment pouvait-il en être autrement chez des gens aussi fous de musique et aussi galants que les Andalous, quand le luth possédait un pouvoir magique et la poétesse était inspirée par l'amour ?

Pendant que l'Andalousie s'enthousiasmait ainsi pour notre héroïne, l'inquiétude régnait à la cour d'Espagne. Philippe V, on le sait, était un malheureux hypocondriaque sujet à toutes sortes de lubies. Tantôt il gardait le lit pendant des semaines et se plaignait de maux imaginaires, tantôt il voulait abdiquer, et sa royale épouse en était fort marrie, car elle avait beaucoup de goût pour les splendeurs de la cour et les gloires de la couronne et maniait le sceptre d'une main ferme et habile.

On n'avait rien trouvé de plus efficace que la musique pour dissiper les humeurs sombres du roi ; la reine prenait donc grand soin de s'environner des meilleurs artistes, chanteurs et instrumentistes, et conservait à la cour le fameux chanteur italien Farinelli comme une manière de médecin du roi.

Au moment où se situe notre histoire, le sage et illustre Bourbon fut pris d'une fantaisie qui dépassait de loin toutes les autres. Après une longue période de maladie imaginaire, qui eut raison de toutes les mélodies de Farinelli et de tous les concerts de l'orchestre de la cour, le monarque fut persuadé qu'il avait rendu l'âme et qu'il était bel et bien mort. Cet égarement eût été inoffensif, voire avantageux à la reine et aux courtisans, si le roi s'était contenté d'adopter l'immobilité propre à un mort ; mais ce qui les ennuyait, c'est qu'il tenait à ce qu'on lui fît des funérailles ; et ce qui les rendait tout à fait perplexes, c'est qu'il s'impatientait et qu'il les injuriait pour le manque de respect et la négligence dont ils se rendaient coupables en le laissant sans sépulture. Que faire ? Désobéir aux volontés expresses du monarque était quelque chose de monstrueux pour un courtisan respectueux de l'étiquette, mais lui obéir, n'était-ce pas commettre un régicide ? Au milieu de ce redoutable dilemme, la nouvelle parvint à la cour qu'une jeune musicienne tournait la tête de l'Andalousie. La reine envoya en toute hâte des gens qui avaient mission de la ramener à San Ildefonso, où la cour résidait alors.

Au bout de quelques jours, comme la reine se promenait avec les dames de sa suite dans les vastes jardins qui, avec leurs terrasses, leurs allées et leurs fontaines, voulaient éclipser Versailles, la jeune fille prodige fut conduite devant elle. L'auguste Élisabeth contempla avec surprise l'apparence simple et modeste de celle dont la musique affolait le monde. Elle portait une pittoresque toilette andalouse ; le luth à la main, les yeux baissés, elle montrait dans sa beauté une simplicité et une fraîcheur qui la proclamaient encore la Rose de l'Alhambra.

Comme à l'accoutumée, elle était accompagnée de la toujours vigilante Frédégonde qui, sur la demande de la reine, conta à celle-ci toute l'histoire de sa généalogie. Si l'imposante Élisabeth avait été intéressée par l'apparence de Jacinta, elle montra plus de plaisir encore à apprendre qu'elle était d'une famille noble, bien que ruinée, et que son père était mort bravement au service de la couronne.

– Si ton pouvoir égale ta renommée et si tu peux chasser le mauvais esprit qui possède ton souverain, je me charge moi-même de ton sort et je te comble de richesses et d'honneurs.

Impatiente d'éprouver son art, la reine conduisit aussitôt la jeune fille à la chambre du triste monarque. Jacinta la suivit, les yeux baissés, entre deux rangs de gardes et parmi une foule de courtisans. Elles arrivèrent enfin à une vaste salle toute tendue de noir. Les fenêtres étaient fermées contre la clarté du jour ; un grand nombre de cierges de cire jaune dans des candélabres d'argent diffusaient une lumière lugubre et révélaient confusément des courtisans silencieux, en habit noir, qui se mouvaient sur la pointe des pieds, d'un air tragique. Le roi « mort » était étendu sur son lit funéraire, ou plutôt dans sa bière, les mains croisées sur la poitrine, ne laissant voir de son visage que le bout du nez.

La reine entra dans la chambre en silence et, désignant un tabouret à Jacinta, elle lui fit signe de s'y asseoir et de commencer. La jeune artiste caressa d'abord son luth d'une main tremblante, mais bientôt, reprenant confiance et s'animant à mesure qu'elle jouait, elle en tira des sons d'une harmonie tellement céleste que toute la compagnie se demanda s'ils étaient produits par une main humaine. Quant au monarque, qui se croyait déjà dans le monde des esprits, il s'imagina que c'était la musique des anges ou des sphères. Peu à peu, modifiant son thème, la jeune virtuose mêla sa voix au son de son instrument. Elle entonna une des ballades légendaires qui chantaient les gloires antiques de l'Alhambra et les exploits des Maures. Elle mettait toute son âme dans sa chanson, car elle associait à l'Alhambra ses souvenirs d'amour. La chambre mortuaire fut emplie de cet air passionné qui parvint au cœur sombre du monarque. Levant la tête, celui-ci regarda autour de lui et il s'assit sur sa couche. Ses yeux brillèrent, il sauta à bas du lit, réclama son épée et son bouclier.

Le triomphe de la musique – du luth enchanté pour être plus précis – fut complet. Le démon était chassé et le mort ramené à la vie. On ouvrit grand les fenêtres, et la riche lumière espagnole envahit la pièce tendue de noir. Tous les yeux cherchèrent l'enchanteresse, mais celle-ci, lâchant son luth, venait de s'évanouir… L'instant d'après, Ruiz de Alarcón la serrait contre sa poitrine.

Bientôt les noces de l'heureux couple étaient célébrées magnifiquement…

– Mais, voyons, va me demander mon lecteur, comment Ruiz de Alarcón justifia-t-il sa négligence ?

– En faisant retomber toute la faute sur son vieux père autoritaire ; d'ailleurs, quand on s'aime, on finit toujours par se réconcilier et oublier les torts passés.

– Mais comment le vieux noble altier a-t-il consenti à cette union ?

– Oh, un mot de la reine a mis fin à son opposition, pour ne rien dire de tous les honneurs qui ont commencé de pleuvoir sur la jeune favorite. Et puis, vous le savez, le luth de Jacinta avait un pouvoir magique qui triomphait de toutes les obstinations.

– Et qu'advint-il du luth enchanté ?

– Ah ! c'est le plus curieux de l'histoire et, en même temps, la preuve de sa vérité. Le luth resta quelque temps dans la famille, mais le grand chanteur Farinelli, par pure jalousie, le vola et l'emporta avec lui. À sa mort, il passa aux mains d'Italiens qui, ignorant son pouvoir, fondirent l'argent et mirent ses cordes à un ancien violon de Crémone. Et ces cordes ont gardé quelque chose de leur charme. Un mot à l'oreille, cher lecteur, pour que le secret reste entre nous : ce violon qui aujourd'hui ensorcelle le monde, c'est celui de Paganini !

LE VÉTÉRAN

Au nombre des curieuses connaissances que j'ai faites en me promenant autour de l'Alhambra est un vieux colonel invalide. Le brave homme niche comme un faucon dans une des tours mauresques. Son histoire, qu'il conte volontiers, est un tissu d'aventures, de tribulations et de vicissitudes qui rendent la vie de presque chaque Espagnol aussi capricieuse et diverse que celle de Gil Blas.

À douze ans, il est en Amérique – il considère aujourd'hui comme un des événements les plus extraordinaires et les plus heureux de sa vie d'avoir pu voir le général Washington. Puis il prend part à toutes les guerres de son pays. Il peut parler par expérience de la plupart des prisons et des cachots de la péninsule. Amputé d'une jambe, mutilé des mains, il a été tellement taillé et recousu qu'il constitue une espèce d'histoire ambulante des troubles de l'Espagne, où chaque bataille, chaque querelle a laissé sa cicatrice, à la façon dont Robinson Crusoé faisait une entaille sur son arbre pour marquer chaque nouvelle année. Mais le plus grand malheur de ce brave gentilhomme fut, semble-t-il, d'avoir pris le commandement de Málaga pendant une période de dangers et de confusion et d'avoir été élu général par les habitants qui voulaient se défendre de l'invasion des Français. Ce rôle lui a valu d'adresser à son gouvernement tant de justes réclamations qu'il en aura – je le crains bien – jusqu'à la fin de sa vie à écrire et publier des pétitions et des mémoires qui fatiguent son esprit, épuisent sa bourse et attristent ses amis ; aucun d'eux, en effet, ne peut lui rendre visite sans avoir à subir la lecture d'un interminable document et sans le quitter avec une demi-douzaine de brochures. Cas très fréquent en Espagne : partout on peut voir d'honorables gens ruminant leur rancœur dans un coin et ressassant, non sans complaisance, l'injustice dont ils ont été victimes. D'ailleurs, un Espagnol qui est en contestation ou en procès avec son gouvernement se voit, par là même, pourvu d'une occupation jusqu'à la fin de sa vie.

J'ai souvent rendu visite au vétéran, dans la partie supérieure de la *Torre del Vino*, ou tour du Vin. Sa chambre, petite mais confortable, donne sur une magnifique vue de la vega. Elle est arrangée avec une précision toute militaire : trois mousquets et une paire de pistolets, fourbis et brillants, sont accrochés au mur entre un sabre et une canne ; au-dessus sont deux tricornes, l'un pour la parade, l'autre pour tous les jours. Une petite étagère contenant une demi-douzaine de volumes forme toute sa librairie. Son livre de chevet est un vieux manuel de maximes philosophiques, qu'il feuillette et médite quotidiennement, appliquant à son propre cas chacune des sentences, pourvu qu'elles aient une saveur légèrement amère et traitent de l'injustice du monde.

Cela ne l'empêche pas d'être sociable et de bonne compagnie, lorsqu'on sait le distraire de ses rancunes et de sa philosophie. J'aime bien ces hommes ballottés par la vie et leurs rudes odyssées. Au cours de mes visites à cet invalide, j'ai appris des choses curieuses à propos d'un ancien commandant de notre forteresse, qui devait lui ressembler en plus d'un point et avoir connu le même sort dans les guerres. J'ai enrichi ces détails de ceux que j'ai obtenus des vieux résidants de la place, en particulier du père de Mateo Jiménez qui, dans ses contes, prend volontiers pour héros le personnage que je m'en vais présenter au lecteur.

LE GOUVERNEUR MANCHOT ET LE NOTAIRE

Autrefois l'Alhambra était gouverné par un vieux et vaillant gentilhomme qui, ayant perdu un bras à la guerre, était surnommé communément *el Gobernador Manco*, savoir, le gouverneur manchot. Très fier d'être un vieux soldat, il portait ses moustaches retroussées jusqu'aux yeux, des bottes de campagne et une épée de Tolède longue comme une broche, dont la garde s'ornait d'une pochette.

Il était à cheval sur le règlement et très attaché à ses privilèges ainsi qu'à ses dignités. Sous son autorité, les exemptions de l'Alhambra, au titre de domaine et résidence royale, étaient rigoureusement appliquées. Personne, à moins d'appartenir à un certain rang, n'avait la permission d'entrer dans la forteresse avec une arme à feu, une épée ou même un bâton; les cavaliers, à l'entrée, devaient mettre pied à terre et conduire leur monture par la bride. De même que la colline de l'Alhambra s'élève au centre même de la ville comme une protubérance, cet *imperium in imperio*, ce poste indépendant au centre même de son domaine ne laissait pas d'être agaçant pour le capitaine général, qui commandait la province. En l'occurrence, la situation était rendue plus irritante encore par le zèle intraitable du vieux gouverneur, qui prenait feu à propos de la moindre question d'autorité et de juridiction, et par le caractère bohème et dissolu de la populace qui, peu à peu, avait pris possession de l'Alhambra comme d'un sanctuaire, d'où elle exerçait impunément ses déprédations sur les honnêtes bourgeois de la ville.

Une hostilité perpétuelle, une animosité brûlante opposaient le capitaine général au gouverneur, haine d'autant plus virulente chez ce dernier qu'entre deux puissances voisines c'est toujours la plus petite qui est la plus jalouse de sa dignité. L'imposant palais du capitaine général se dressait sur la *Plaza Nueva*, en contrebas de l'Alhambra : on y voyait continuellement s'affairer et parader gardes, domestiques et fonctionnaires de la ville. Dominant le palais et le jardin public tout proche, s'élevait un bastion où le vieux gouverneur aimait à faire les cent pas d'un air important, son épée tolédane au côté, jetant des regards méfiants sur son rival d'en bas, tel un faucon qui guette sa proie de l'arbre sec où il a installé son nid.

Chaque fois qu'il descendait en ville, c'était en grand apparat, à cheval, entouré de gardes, ou bien dans son plus beau carrosse, un énorme monument de bois sculpté, tiré par huit mules, avec valets de pied et laquais. Il se flattait de produire sur les badauds une impression de respect et d'admiration... Mais les plaisantins de Grenade, surtout ceux qui flânaient du côté du palais du capitaine général, se moquaient de cette mesquine parade et, faisant allusion au caractère misérable de ses sujets, baptisaient le gouverneur « le roi des mendiants ». Une des sources les plus intarissables de dispute entre les deux vaillants rivaux était le droit réclamé par le gouverneur de ne pas payer de taxe sur les marchandises qui traversaient la ville à destination de la garnison. Peu à peu, ce privilège avait donné lieu à une vaste contrebande. Une multitude de trafiquants, de connivence avec les soldats, avaient pris pour repaires les baraques de la forteresse et les nombreuses grottes du voisinage, réalisant un commerce prospère.

Cela éveilla enfin la vigilance du capitaine général. Il

consulta son avocat et factotum, un astucieux et remuant *escribano*, ou notaire, qui se frotta les mains à l'idée d'inquiéter le vieux potentat de l'Alhambra et de le perdre dans un labyrinthe de subtilités juridiques. Il conseilla au capitaine général d'user de son droit d'examiner tout convoi passant par les portes de sa ville et lui rédigea de sa plus belle plume une lettre dans laquelle il revendiquait ce droit. Le gouverneur manchot, en vieux soldat qu'il était, avait une sainte horreur des escribanos et surtout de celui du capitaine général.

« Comment ! songeait-il en retroussant férocement ses moustaches, le capitaine général se sert maintenant de ce scribouillard pour me mystifier ? Je vais lui montrer un peu qu'un vieux soldat ne se laisse pas prendre à ses arguties. »

Saisissant la plume, il griffonna une note où, sans daigner entamer la discussion, il insistait sur son droit de libre transit et menaçait de ses foudres l'imprudent douanier qui oserait mettre la patte sur tout convoi protégé par le drapeau de l'Alhambra. Or, tandis que la question demeurait pendante, il advint qu'un mulet chargé de provisions destinées à la forteresse arriva un jour devant la porte du Genil, par laquelle il devait traverser un faubourg de Grenade et atteindre sa destination. Le convoi était conduit par un vieux caporal qui avait longtemps servi sous le commandement du gouverneur, un dur à cuire, un homme selon son cœur, aussi raide et rouillé qu'une vieille lame de Tolède.

Gomme il approchait de la porte de la ville, le caporal plaça le drapeau de l'Alhambra sur la selle de son mulet et, se redressant droit comme un I, il avança sans tourner la tête, mais avec le regard de côté du roquet qui franchit une zone hostile, prêt à aboyer et à mordre.

– Qui va là ? demanda la sentinelle à la porte.

– Soldat de l'Alhambra, fit le caporal, sans tourner davantage la tête.

– Que transportes-tu ?

– Provisions pour la garnison.

– Passe.

Le caporal avança avec ses hommes. À peine avait-il fait quelques pas qu'une troupe de douaniers faisait irruption d'un bureau de péage.

– Eh là ! cria leur chef. Muletier, halte-là ! Ouvre les sacs.

Le caporal fit volte-face et se mit en position de combat.

– Respecte le drapeau de l'Alhambra, dit-il. Ces marchandises sont pour le gouverneur.

– Au diable le gouverneur et son drapeau. Stoppe, muletier, je te l'ordonne.

– À tes risques et périls, cria le caporal en brandissant son mousquet ; muletier, en avant !

Le muletier donna un vigoureux coup de gourdin à sa bête ; le douanier bondit et saisit la bride. Là-dessus le caporal le mit en joue et l'abattit. La rue entra aussitôt en révolution. Le vieux caporal fut saisi et, après avoir essuyé une pluie de horions dont la populace en Espagne aime à gratifier les gens de son espèce, pour leur donner un avant-goût des aménités de la justice, il fut chargé de fers et traîné à la prison de la ville. Lorsque le convoi eut été fouillé de fond en comble il reçut l'autorisation de continuer son chemin.

Le vieux gouverneur entra dans une colère folle lorsqu'il apprit l'insulte faite à son drapeau et l'arrestation du caporal. Il parcourut les salles mauresques et les bastions, rugissant, écumant, jetant des regards de feu et de flamme sur le palais du capitaine général. Après avoir donné libre cours à sa rage, il envoya un message dans lequel il réclamait qu'on lui remît le caporal, ayant seul le droit de juger les délits de ceux qu'il commandait. Le capitaine général, par la plume de l'escribano ravi, lui répondit avec force détails que le crime, commis dans les murs de la ville et contre la personne de l'un de ses fonctionnaires, relevait de sa propre juridiction. Le gouverneur répliqua en renouvelant sa réclamation, le capitaine général riposta avec un luxe accru de détails et de subtilités juridiques. Plus le gouverneur s'enflammait et haussait le ton dans ses requêtes, plus le capitaine général se refroidissait et s'étendait dans ses réponses, jusqu'au jour où le vieux lion en vint à rugir de se voir pris ainsi dans les rets de la justice.

Tout en se divertissant ainsi aux dépens du gouverneur, le subtil escribano menait le procès du caporal qui, enfermé dans son cachot, ne recevait les consolations de ses amis qu'à travers une petite fenêtre défendue par des barreaux.

Une montagne de témoignages écrits – selon la coutume espagnole – s'éleva, grâce à la diligence de l'infatigable escribano. Le pauvre caporal fut écrasé par le poids de tant de papier. Convaincu de meurtre, il fut bientôt condamné à la pendaison. C'est en vain que le gouverneur faisait pleuvoir protestations et menaces du haut de l'Alhambra. Le jour fatal était proche. Le caporal, comme tous les coupables la veille d'une exécution, fut mis *en capilla*, c'est-à-dire dans la chapelle de la prison, où il méditait sur sa fin et ses péchés.

Voyant que les choses prenaient cette tournure extrême, le vieux gouverneur décida de s'en charger personnellement. À cette fin, il fit sortir son carrosse d'apparat et, entouré de ses gardes, descendit à grand bruit dans la ville. Il s'arrêta devant la porte de l'escribano et le convoqua. Les yeux du vieux gouverneur s'allumèrent comme des charbons à la vue de l'homme de loi qui s'efforçait hypocritement de dissimuler son triomphe.

– Qu'est-ce que j'entends ? s'écria-t-il. Vous allez mettre à mort un de mes hommes ?

– La loi le veut, c'est stricte justice, dit l'escribano, gloussant et se frottant les mains de satisfaction. Je peux montrer à Votre Excellence le compte rendu du procès.

– Apportez-le-moi, dit le gouverneur.

L'escribano courut à son cabinet, heureux d'avoir une nouvelle occasion de déployer ses roueries aux dépens de cette vieille tête de bois. Il revint avec un portefeuille bourré de pièces et se mit à lire avec sa volubilité professionnelle une énorme déposition. Tandis qu'il lisait, une foule s'était rassemblée autour de lui, le cou tendu, bouche bée.

– Veuillez donc entrer dans mon carrosse. Nous serons à l'abri de cette populace et je vous entendrai mieux, proposa le gouverneur.

L'escribano monta... Mais, en un clin d'œil, la porte se referma, le fouet claqua et mules, voiture, gardes disparurent dans un bruit de tonnerre, laissant derrière eux la foule ébahie. Le gouverneur ne s'arrêta que lorsqu'il eut installé sa proie dans l'un des cachots les plus épais de l'Alhambra. Puis, à la manière militaire, il envoya un drapeau blanc au palais, proposant un échange d'otages – le caporal contre le notaire. Blessé dans sa fierté, le capitaine général envoya un refus dédaigneux et, pour l'exécution du caporal, fit élever une énorme potence au centre même de la Plaza Nueva.

« Ah, c'est votre réponse ! », pensa le gouverneur manchot, qui aussitôt fit ériger un gibet sur le bord du grand bastion surplombant la place.

« Pendez à présent mon soldat si bon vous en semble, écrivit-il dans un nouveau message au capitaine général ; mais au moment où il se balancera sur la place, vous lèverez les yeux pour voir votre escribano pendouiller dans les airs. »

Le capitaine général fut inflexible ; la troupe défila sur la place, les tambours battirent, la cloche sonna le glas. Une immense multitude de badauds s'était rassemblée pour assister à l'exécution. Mais, de son côté, le gouverneur avait disposé sa garnison sur le bastion et fait sonner le glas pour le notaire à la *Torre de la Campana*, la tour à la Cloche.

La femme du notaire, accompagnée de sa progéniture d'escribanos en herbe, se fraya un chemin à travers la foule et, se jetant aux pieds du capitaine général, l'implora de ne pas sacrifier la vie de son mari et le bien-être de sa nombreuse famille à son amour-propre.

– Car, dit-elle, vous connaissez trop bien le vieux gouverneur pour douter qu'il ne mette sa menace en exécution si vous pendez son homme.

Le capitaine général se laissa enfin fléchir par ses larmes, ses lamentations et les clameurs de sa nichée. Il renvoya sous escorte à l'Alhambra le caporal qui, dans sa tenue de futur pendu, avait l'air d'un frère capucin mais gardait la tête haute et impassible. Il réclamait en échange, selon la convention, son escribano. L'homme de loi fut tiré de son cachot, plus mort que vif. Son arrogance et sa morgue de naguère avaient disparu. On dit que la peur avait blanchi ses cheveux. Il avait l'air abattu et soumis, comme s'il sentait encore le chanvre autour de son cou. Le vieux gouverneur mit son unique main sur la hanche et le considéra un moment avec un sourire glacial.

– Désormais, mon ami, lui dit-il en manière de conclusion, modérez votre zèle à précipiter les autres à la potence ; ne soyez pas trop certain de votre sécurité, quand bien même vous auriez la loi de votre côté ; et surtout, prenez garde d'essayer une autre fois vos petites finasseries sur un vieux soldat.

LE GOUVERNEUR MANCHOT ET LE SOLDAT

Tout en maintenant de son mieux le prestige militaire de l'Alhambra, le gouverneur manchot s'exaspérait d'entendre continuellement reprocher à la forteresse d'être un nid de brigands et de contrabandistas. Un jour, brusquement, le vieux potentat décida de réformer tout cela, et, se mettant vigoureusement à l'œuvre, il chassa des familles entières de vagabonds de la forteresse et de toutes les alvéoles creusées dans les collines alentour. Il fit également circuler des patrouilles dans les allées et les sentiers, avec ordre d'arrêter tout suspect. Postés en sentinelle par un clair matin d'été sous la muraille du Generalife, près de la route qui descend de la colline du Soleil, le vieux caporal irascible qui s'était distingué dans l'affaire du notaire, un trompette et deux simples soldats entendirent le pas d'un cheval et une voix d'homme, rude mais musicale, qui entonnait une vieille chanson guerrière de Castille.

Bientôt, ils distinguèrent un gaillard brûlé de soleil, vêtu d'un uniforme déguenillé de fantassin, qui menait un puissant coursier caparaçonné à l'ancienne manière arabe. Étonné à la vue de cet étrange soldat qui descendait en menant sa monture par la bride, le caporal s'avança et interpella l'homme.

– Qui va là ?

– Un ami.

– Qui es-tu d'abord?

– Un pauvre soldat qui revient de la guerre, la tête brisée et l'escarcelle vide pour toute récompense.

Comme il approchait, on put le détailler. Il avait sur le front un bandeau noir qui, avec sa barbe grise, lui donnait un air de tête brûlée; mais un regard malicieux ajoutait à sa physionomie une sorte de bonne humeur canaille. Après avoir répondu aux questions de la patrouille, le soldat se crut en droit d'interroger ses questionneurs.

– Puis-je vous demander, leur dit-il, quelle est la ville que j'aperçois au pied de la colline?

– La ville? s'écria le trompette. C'est un peu fort! Voilà un gaillard qui vient de la colline du Soleil et qui demande le nom de la grande ville de Grenade!

– Grenade! *¡Madre de Dios!* Est-ce possible?

– Est-ce possible? répéta le trompette. Et peut-être aussi que tu ne sais pas que ces tours sont celles de l'Alhambra?

– Tête de trompette, répondit l'étranger, ne plaisante pas avec moi. Si ce palais est vraiment l'Alhambra, j'ai d'étranges nouvelles à révéler au gouverneur.

– Nous allons t'en donner l'occasion, dit le caporal, car nous avons l'intention de te mener devant lui.

Sur ces mots, le trompette saisit la bride du cheval, les deux soldats prirent chacun l'inconnu par un bras, le caporal, se plaçant devant eux, cria: «En avant, marche!», et tout le monde se dirigea vers l'Alhambra. Le spectacle du soldat en guenilles et du magnifique pur-sang que ramenait la patrouille attira l'attention des badauds de la forteresse et des bavards qui se rassemblent d'ordinaire autour des puits et des fontaines depuis le petit matin. Comme le caporal passait avec sa prise, la roue de la citerne s'arrêta de tourner et les servantes en espadrilles s'immobilisèrent, bouche bée, la cruche à la main. Un cortège bigarré se forma bientôt à l'arrière-garde de l'escorte.

On échangeait des signes de tête, des œillades, des conjectures : « C'est un déserteur », disait l'un, « un contrebandier », disait l'autre, « un bandolero », déclarait un troisième, jusqu'au moment où l'on assura que c'était le capitaine d'une terrible bande de voleurs vaillamment capturé par le caporal et sa patrouille. « Bon, bon, disaient les vieilles commères, capitaine ou pas, qu'il essaie un peu de sortir des pattes, ou plutôt de la patte unique du gouverneur manchot. »

Ce dernier, installé dans une des salles intérieures de l'Alhambra, prenait sa tasse de chocolat matinale en compagnie de son confesseur, un franciscain replet du couvent voisin. Une demoiselle brune de Málaga d'allure grave, fille de sa gouvernante, le servait. Les mauvaises langues prétendaient que c'était une sainte-nitouche qui, malgré ses airs, avait trouvé un coin sensible dans le cœur du vieux guerrier, qu'elle menait par le bout du nez. Passons, mieux vaut ne pas examiner de trop près la vie privée des grands de ce monde.

Lorsqu'on vint l'informer qu'un étranger avait été surpris en train de rôder autour de la forteresse et qu'il était dans la cour, entre les mains du caporal, attendant le bon plaisir de Son Excellence, la fierté et la dignité de sa charge enflèrent la poitrine du gouverneur. Remettant sa tasse de chocolat à la brune demoiselle, il réclama son épée, la ceignit, s'installa dans un grand fauteuil, frisa sa moustache, prit un air sévère et impressionnant, puis ordonna qu'on lui amenât le prisonnier. Celui-ci arriva, fortement tenu de chaque côté et gardé par le caporal. Conservant un air calme et résolu, il répondit au coup d'œil, qui se voulait scrutateur, du vieux militaire par un regard dont le sans-gêne n'était pas pour enchanter un homme aussi formaliste que le gouverneur.

– Eh bien ! prévenu, fit ce dernier après l'avoir détaillé un moment en silence, qu'as-tu à dire pour ta défense ? Qui es-tu ?

– Un simple soldat qui revient de la guerre plein de cicatrices et de meurtrissures.

– Un soldat... hum! un fantassin, si j'en juge à ton uniforme. On me dit que tu as un superbe pur-sang arabe. Je présume que tu le ramènes également de la guerre, en plus de tes cicatrices et de tes meurtrissures.

– Si Votre Excellence me le permet, j'ai quelque chose d'étrange à vous conter à propos de ce cheval. À vrai dire, c'est quelque chose d'absolument extraordinaire qui affecte la sécurité de la forteresse, et même de tout Grenade. Mais je ne peux vous en parler qu'en privé, ou seulement en présence de gens ayant toute votre confiance.

Le gouverneur réfléchit un instant, puis ordonna au caporal et à ses hommes de se retirer, mais de rester postés derrière la porte en cas de nécessité.

– Ce révérend frère, dit-il, est mon confesseur; tu peux tout dire en sa présence. Quant à cette demoiselle, ajouta-t-il en désignant de la tête la jeune personne qui s'était attardée dans la pièce par curiosité, c'est un modèle de prudence et de discrétion, on peut se fier à elle.

– En ce cas, je ne vois pas d'inconvénient à ce qu'elle reste ici, répondit le soldat après avoir jeté sur elle un regard vaguement railleur.

Quand les autres se furent retirés, le soldat commença son histoire. Il parlait avec une grande facilité et une correction qu'on n'eût pas attendue de son rang apparent.

– Avec la permission de Votre Excellence, dit-il, je suis, comme j'ai eu l'honneur de vous le faire remarquer, un soldat qui a participé à pas mal de rudes campagnes. Après avoir fait mon temps, j'ai été libéré il n'y a pas longtemps à Valladolid. Je me suis mis en route vers mon village natal d'Andalousie. Hier soir, le soleil se couchait tandis que je traversais une immense plaine déserte de la Vieille-Castille...

– Allons, allons! s'écria le gouverneur. Que nous dis-tu là? La Vieille-Castille se trouve à deux ou trois cents lieues d'ici.

– Justement, répondit le soldat impassible. Quand je vous

disais que j'avais des choses étranges à vous raconter... Mais pas moins vraies pour cela, comme Votre Excellence le verra, si vous daignez m'écouter patiemment.

– Continue, prévenu, dit le gouverneur en tortillant ses moustaches.

– Le soleil se couchait, je promenais mes regards autour de moi en quête d'un gîte pour la nuit, mais aussi loin que ma vue pouvait s'étendre, il n'y avait pas un signe d'habitation. Je vis qu'il me resterait à coucher sur la dure avec mon sac pour oreiller. Mais Votre Excellence est un vieux soldat et sait que pour quelqu'un qui a l'habitude de la guerre, une nuit à la belle étoile n'est pas un grand mal.

Le gouverneur acquiesça du chef et tira sa pochette de la garde de l'épée pour chasser un moucheron qui bourdonnait autour de son nez.

– Donc, pour abréger, poursuivit le soldat, après avoir parcouru plusieurs milles, je parvins à un pont jeté au-dessus d'un profond ravin où courait un petit filet d'eau presque desséché par la chaleur de l'été. À l'extrémité du pont se trouvait une tour mauresque dont le chapiteau était en ruine, mais qui présentait une voûte basse parfaitement intacte. «Voilà, me dis-je, un excellent endroit où s'arrêter.» Je descendis au ruisseau et bus un bon coup de son eau très pure, car je mourais de soif. Je m'assis là sur une pierre, ouvris mon sac, en tirai un oignon et quelques croûtes – toutes mes provisions – et me mis à dîner. Je comptais m'installer ensuite pour la nuit sous l'arc de la tour, endroit épatant pour quelqu'un qui sort d'une guerre, ainsi que s'en doute Votre Excellence, qui est un vieux soldat.

– J'en ai vu de pires en mon temps, fit le gouverneur en remettant sa pochette dans la garde de son épée.

– J'étais donc en train de grignoter tranquillement mon quignon de pain, continua le soldat, lorsque j'entendis quelque chose qui bougeait sous la voûte. Je prêtai l'oreille... le pas d'un cheval! Bientôt, je pus distinguer, éclairé par le scintillement des étoiles, un homme qui, tenant un puissant cheval par la bride, sortit par une porte pratiquée dans les fondations de la tour, près de la rive. Je trouvai suspect toutefois de le voir rôder ainsi parmi les ruines d'une tour, dans une telle solitude. Ce pouvait être un voyageur comme moi, ou bien un contrebandier, ou encore un bandolero. Quelle importance ? Grâce à Dieu et à ma pauvreté, je n'avais rien à perdre. Je continuai donc à grignoter tranquillement mon pain.

» L'homme conduisit son cheval au ruisseau, près de l'endroit où je m'étais installé, ce qui me permit de l'examiner à loisir. À ma grande surprise, je constatai qu'il portait une tenue arabe, une cuirasse d'acier et un casque brillant que je distinguai à ses reflets. Son cheval également était harnaché à la manière mauresque, avec de grands étriers plats. Il le mena donc, ainsi que j'ai dit, vers la rivière, où l'animal plongea la tête presque jusqu'aux yeux et but à en éclater, à ce qu'il me parut, du moins.

» – Camarade, dis-je à l'homme. Ta bête boit bien. C'est bon signe quand un cheval plonge bravement le museau dans l'eau.

» – Il peut bien boire, répondit l'étranger avec un accent maure, cela fait bien un an qu'il n'a pas avalé d'eau.

» – Par Santiago ! m'écriai-je, voilà qui est plus fort que la sobriété des chameaux que j'ai vus en Afrique. Approche donc, tu m'as l'air d'être un soldat. Veux-tu t'asseoir et partager avec moi mes maigres provisions ?

» À la vérité, dans une telle solitude, j'avais envie d'un compagnon et j'étais prêt à m'accommoder d'un infidèle. D'ailleurs, comme le sait Votre Excellence, un soldat ne fait point cas de la religion de ses compagnons, et tous les soldats du monde sont amis en temps de paix.

Le gouverneur opina du bonnet.

– Donc, comme je vous le disais, je l'invitai à partager mon maigre dîner, car les lois de l'hospitalité ne m'obligeaient pas à moins.

»– Je n'ai pas le temps de m'arrêter pour boire ou manger, me répondit-il. J'ai un long voyage à faire avant le matin.

»– Dans quelle direction ?

»– L'Andalousie.

»– C'est la mienne, observai-je ; si tu n'as pas le temps de t'arrêter pour manger avec moi, peut-être me prendras-tu en croupe. Je vois que ton cheval est une bête robuste et je suis certain qu'il peut porter deux personnes sur son dos.

»– Soit, acquiesça le chevalier.

»Il n'eût pas été élégant de sa part, ni digne d'un soldat de refuser, d'autant plus que je l'avais invité à partager mon dîner. Il monta donc à cheval et moi derrière lui.

»– Maintenant, tiens-toi bien, me recommanda-t-il ; mon coursier va comme le vent.

– Ne crains rien pour moi, répondis-je.

»Nous nous mîmes en route. Du pas tranquille, notre monture passa bientôt au trot, puis du trot au galop, et enfin du galop à une course échevelée. Rochers, arbres, maisons, tout semblait voler derrière nous.

»– Quelle est cette ville ? m'enquis-je.

»– Ségovie, répondit-il.

»Il n'avait pas plus tôt prononcé ces mots que les tours de Ségovie avaient disparu derrière nous. Balayant les montagnes de Guadarrama, nous plongeâmes vers l'Escorial et, après avoir rasé les murs de Madrid, nous filâmes à travers les plaines de la Manche. Nous allions ainsi par monts et par vaux, tours et villes, montagnes, plaines, fleuves, dans un monde enseveli sous le sommeil et faiblement éclairé par le pâle scintillement des étoiles.

»Pour abréger mon histoire et ne pas importuner Votre Excellence, je vous dirai simplement que le soldat maure s'arrêta brusquement sur le versant d'une montagne.

»– Nous voici au terme de notre voyage, m'informa-t-il.

»Je regardai autour de moi : nulle habitation, rien que la bouche d'une caverne. Tandis que j'examinais les lieux, je vis surgir des foules en habit maure, les uns à cheval, les autres à pied, qui arrivaient des quatre points de l'horizon comme portés par le vent et se précipitaient dans la caverne, telles les abeilles dans leur ruche. Avant que j'eusse eu le temps de poser une question, mon soldat, éperonnant sa bête, s'élançait avec la foule dans un chemin abrupt et tortueux qui plongeait jusqu'aux entrailles de la montagne. À mesure que nous avancions, nous voyions percer une lumière qui vibrait comme les premières blancheurs du jour ; d'où venait-elle ? je ne pus le découvrir. Devenue de plus en plus forte, elle me permit de tout voir autour de moi. Je remarquais maintenant, sur notre passage, de grandes cavernes qui s'ouvraient à droite et à gauche, comme les salles d'un arsenal. Certaines étaient tapissées de boucliers, de heaumes, de cuirasses, de lances et de cimeterres ; dans d'autres s'entassaient sur le sol des monceaux de munitions de guerre et d'équipement de campagne.

» Cela eût réjoui le cœur d'un vieux soldat comme Votre Excellence de voir tant de provisions guerrières. Dans certaines cavernes, des chevaliers, immobiles sur leur selle comme des statues, armés jusqu'aux dents, lance brandie, étendards déployés, formaient des rangs infinis ; dans d'autres, je vis des guerriers endormis par terre près de leurs chevaux et des fantassins en ligne. Tous étaient vêtus et armés à la manière mauresque d'autrefois.

» Bref, Excellence, pour résumer cette longue histoire, nous entrâmes enfin dans une immense caverne, je dirais même un palais, dont les parois semblaient veinées d'or et d'argent et étinceler de diamants, de saphirs, ainsi que de toutes sortes de pierres précieuses. Au fond, sur un trône d'or, siégeait un roi maure, entouré de ses nobles, avec une garde de noirs africains armés de cimeterres. La foule, affluant en masse, passait devant le trône, et chacun rendait hommage au roi. Dans l'assistance, certains portaient de splendides vêtements immaculés étincelant de joyaux, ou bien des armures rouillées ; d'autres étaient vêtus de haillons et munis d'armes bosselées, rongées, également mangées par la rouille.

» J'avais jusqu'alors tenu ma langue, car Votre Excellence le sait, un soldat en service ne doit pas poser de questions ; mais je ne pus me taire davantage.

» – Dis-moi, camarade, demandai-je à mon cavalier, que signifie tout ceci ?

» – Tu as sous les yeux un mystère effrayant, me répondit-il. Sache donc, ô chrétien, que tu vois ici la cour et l'armée de Boabdil, le dernier roi de Grenade.

» – Que me dis-tu ? m'écriai-je. Boabdil et sa cour ont été exilés de cette terre il y a des centaines d'années et tous sont morts en Afrique.

» – C'est ce que prétendent vos chroniques mensongères, répliqua le Maure. Sache que Boabdil et les guerriers qui ont assuré la dernière défense de Grenade ont tous été enfermés dans cette montagne par un puissant enchantement. Quant au roi et à l'armée qui sortirent de la ville au moment de la capitulation, ce n'étaient qu'un cortège de fantômes et de démons qui avaient pris leur apparence pour tromper les souverains catholiques. D'ailleurs, laisse-moi te dire, camarade, que toute l'Espagne est placée sous un charme. Il n'y a pas de grotte de montagne, de tour de guet solitaire dans les plaines, ni de château ruiné sur les collines qui n'abritent sous leurs voûtes des guerriers endormis depuis des siècles et qui le resteront jusqu'au moment où auront été expiés les péchés pour lesquels Allah a permis que le royaume de Grenade passe temporairement aux mains des infidèles. Une fois par an, à la veille de la Saint-Jean, ils sont libérés de leur enchantement, du coucher du soleil à l'aube suivante, et ont la permission de se rendre en ces lieux pour rendre hommage à leur souverain. Les foules d'hommes que tu vois grouiller dans cette caverne, ce sont des guerriers musulmans qui viennent des quatre coins de l'Espagne. Tu connais cette ancienne tour de pont, en Vieille-Castille, où j'ai passé des centaines d'hivers et d'étés, je dois quant à moi y être de retour à l'aube. Ces bataillons de cavalerie et d'infanterie que tu as vus dans les cavernes voisines, ce sont les guerriers enchantés de Grenade. Il est écrit dans le Livre du destin que, lorsque ce charme sera rompu, Boabdil descendra de la montagne à la tête de son armée, reprendra son trône à l'Alhambra et son empire sur Grenade, et, rassemblant autour de lui ses guerriers enchantés, il reconquerra la péninsule et la soumettra de nouveau à la loi musulmane.

»– Quand cela se produira-t-il? demandai-je.

»– Allah seul le sait! Nous espérions que le jour de la délivrance était proche, mais aujourd'hui l'Alhambra est régi par un gouverneur vigilant, un brave et intraitable soldat connu sous le nom de gouverneur manchot. Tant que ce guerrier commandera cette forteresse et se tiendra prêt à repousser notre premier assaut, je crains bien que Boabdil et toutes ses troupes ne doivent se contenter de dormir sur leurs armes.

À ces mots, le gouverneur se redressa, ajusta son épée et frisa ses moustaches.

– Enfin, pour abréger cette longue histoire et ne pas importuner Votre Excellence, je vous dirai que mon soldat, après m'avoir ainsi renseigné, mit pied à terre.

»– Reste ici et garde le cheval, tandis que je vais m'agenouiller devant Boabdil, m'ordonne-t-il avant d'aller se mêler à la foule qui se presse devant le trône.

»Que faire? pensai-je alors. Vais-je attendre ici que cet infidèle revienne pour m'emporter sur son cheval fantôme Dieu sait où; ou bien, saurai-je profiter de son absence pour fausser compagnie à ces honorables spectres? Un soldat a tôt fait de se décider, comme le sait Votre Excellence. Le cheval n'appartenait-il pas à un ennemi de la religion et du royaume? N'était-il pas de bonne guerre de le prendre en butin? Je montai sur la selle, tournai bride et, enfonçant l'éperon dans les flancs de mon coursier, m'ouvris un passage par le chemin que nous avions pris. Tandis que nous filions à travers les salles où les cavaliers musulmans demeuraient en immobiles bataillons, je crus percevoir derrière moi un bruit d'armes et un brouhaha. J'éperonnai de nouveau mon cheval qui redoubla de vitesse. J'entendis à mes trousses comme un sifflement de rafales, le martèlement de mille sabots, une foule innombrable me rattrapait... Je me vis porté par la foule et rejeté de la caverne, tandis que des milliers de formes inconsistantes s'évaporaient aux quatre vents du ciel.

»Dans le tumulte et la confusion de cette scène, je fus lancé à terre, inanimé. Quand je revins à moi, j'étais étendu au sommet d'une colline ; le pur-sang arabe était à mes côtés. En tombant, mon bras s'était accroché à la bride, ce qui, je suppose, l'avait empêché de s'enfuir vers la Vieille-Castille.

»Votre Excellence peut aisément juger de la surprise que j'éprouvai quand, en regardant autour de moi, je vis des haies d'aloès et de cactus et les autres signes d'un climat méridional, ainsi que cette grande ville à mes pieds, avec ses palais et sa grande cathédrale.

»Je descendis précautionneusement de la colline, conduisant mon cheval par la bride ; je ne voulais pas le monter de nouveau, de crainte qu'il ne me jouât quelque mauvais tour. Comme je cheminais, je rencontrai votre patrouille qui m'apprit que j'étais devant Grenade, sous les murs même de l'Alhambra, la forteresse du redoutable gouverneur manchot, la terreur de tous les musulmans enchantés. Quand j'appris cela, je décidai aussitôt d'aller trouver Votre Excellence, pour vous informer de tout ce que j'avais vu et vous avertir des périls qui vous menacent de toutes parts, afin que vous puissiez prendre des mesures destinées à protéger votre forteresse et le royaume tout entier de cette armée souterraine qui vous guette dans les entrailles de la colline.

– Dis-moi, mon ami, toi qui as participé à tant de campagnes, demanda le gouverneur, que me conseillerais-tu de faire pour prévenir ce danger ?

– Il n'appartient pas à un simple deuxième classe, dit le

soldat modestement, de donner des leçons à un chef de votre valeur ; mais il me semble que Votre Excellence pourrait murer solidement les grottes et les ouvertures de la montagne, de façon à enfermer complètement dans leur repaire Boabdil et son armée. De plus, si le bon père, ajouta le soldat en faisant une révérence et en se signant dévotement, si le bon père veut bien bénir les *barricadas* et y placer des croix, des reliques et des images de saints, je crois que cela serait de force à contrebalancer l'ensorcellement des infidèles.

– Voilà qui serait certainement très efficace, dit le frère.

Le gouverneur, le poing sur la hanche près du pommeau de son épée de Tolède, fixa le soldat en branlant doucement la tête :

– Ainsi donc, mon ami, fit-il, tu t'imagines vraiment que je me laisse piper par des histoires à dormir debout, des contes de fées et d'enchantements ? Écoute, accusé... plus un mot ! Tu es peut-être un vieux fantassin, mais tu as affaire à un soldat plus vieux encore, à un soldat qui connaît un peu la tactique ! Holà, gardes ! Mettez cet homme aux fers.

La chambrière allait intercéder en faveur du prisonnier, mais le gouverneur la fit taire d'un regard. Comme on fouillait le pauvre homme, un des gardes sentit quelque chose de volumineux dans l'une de ses poches et en tira une grande bourse de cuir qui paraissait bien rebondie. La prenant par un bout, il en vida le contenu sur la table, devant le gouverneur, et jamais butin de pillard ne fut si merveilleux. Des bagues, des bijoux, des rosaires de perles, d'étincelantes croix de diamant en jaillirent pêle-mêle, ainsi qu'une profusion de pièces d'or qui s'en allèrent rouler aux quatre coins de la pièce. Les fonctions de la justice pour un temps interrompues, tous se ruèrent sur les brillantes fugitives. Seul le gouverneur, imbu de la véritable fierté espagnole, conserva sa digne attitude, non sans trahir dans ses regards quelque inquiétude tant que la dernière pièce et le dernier bijou ne furent pas remis en place. Loin d'être aussi impassible, le capucin montrait un visage rougeoyant comme un four, ses yeux étincelaient à la vue des rosaires et des croix.

– Misérable sacrilège ! s'exclama-t-il. Quelle église, quel sanctuaire as-tu dépouillés de ces reliques sacrées ?

– Pas la moindre chapelle, révérend père. Si ces objets ont jamais été volés, ils ont dû l'être autrefois par le soldat musulman dont je vous ai parlé. Quand j'ai été interrompu, j'allais justement conter à Son Excellence qu'en prenant possession de la monture du musulman, je détachai une bourse de cuir qui pendait à l'arçon de la selle et qui, je présume, contenait le butin de ses campagnes d'autrefois, du temps où les Maures envahirent notre pays.

– Tout cela est bien beau, mais il faut te résoudre maintenant à loger dans une chambre des tours Vermeilles, où, sans l'aide d'aucun sortilège, tu seras aussi bien en sécurité que dans les cavernes des Maures enchantés.

– Votre Excellence agira comme bon lui semblera, répliqua froidement le prisonnier. Je saurai toujours gré à Son Excellence de bien vouloir me loger dans la forteresse. En cette matière, un soldat qui a fait la guerre n'est pas très difficile, comme Votre Excellence le sait. Pourvu que j'aie un cachot confortable et une nourriture régulière, je n'en demande pas plus. Je supplierai seulement Votre Excellence d'ouvrir l'œil sur la forteresse et de penser à la suggestion que j'ai faite à propos des cavernes de la montagne.

Ainsi se termina la scène. Le prisonnier fut conduit à un épais cachot des tours Vermeilles, le pur-sang arabe, à l'écurie de Son Excellence, et la bourse du chevalier maure, déposée dans le coffre-fort de ce grand personnage. Il est vrai qu'à ce sujet le frère hasarda quelques questions : ces dépouilles sacrilèges ne devaient-elles pas être remises sous la garde de l'Église ? etc. Mais comme la réponse du gouverneur fut catégorique, et comme il était maître absolu de l'Alhambra, le moine abandonna prudemment la discussion, bien décidé toutefois à en informer les dignitaires de Grenade.

Pour expliquer ces promptes et sévères mesures de la part du vieux gouverneur manchot, il convient de faire remarquer qu'à ce moment-là les montagnes de l'Alpujarra, aux environs de Grenade, étaient terriblement infestées par une bande de voleurs qui, placés sous les ordres d'un chef audacieux nommé Manuel Borasco, rôdaient dans la province et entraient même dans la ville sous divers déguisements pour avoir connaissance du départ de convois ou de voyageurs aux bourses bien garnies, qu'ils prenaient soin d'attaquer dans quelque col désert. Ces agressions multiples et audacieuses ayant attiré l'attention du gouvernement, les commandants de plusieurs postes militaires avaient reçu des instructions leur enjoignant d'être en alerte et d'arrêter les vagabonds suspects. À la suite d'un certain nombre de critiques qu'il avait essuyées personnellement, le gouverneur manchot avait redoublé de zèle, et il était à présent convaincu d'avoir capturé quelque formidable malfaiteur.

L'histoire du soldat se répandit et défraya la chronique, non seulement dans la forteresse, mais dans tout Grenade. On disait que le fameux bandit Manuel Borasco, la terreur de l'Alpujarra, était tombé dans les griffes du vieux gouverneur manchot, et qu'il avait été enfermé par lui dans un cachot des tours Vermeilles. Ses victimes accoururent pour le reconnaître. Les tours Vermeilles, comme on sait, sont séparées de la colline jumelle de l'Alhambra par un ravin où s'ouvre la principale allée. Il n'y avait pas de murs extérieurs, mais une sentinelle montait la garde devant la tour. La fenêtre de la pièce où le soldat était emprisonné, pourvue de solides barreaux, donnait sur une petite esplanade, où les bonnes gens venaient en foule pour le contempler, comme si c'eût été une hyène dans sa cage. Nul cependant ne reconnut en lui Manuel Borasco, car ce bandit avait une physionomie féroce qui contrastait singulièrement avec le visage affable de l'actuel prisonnier. Les visiteurs venaient non seulement de la ville, mais encore de toute la province et, personne ne le connaissant, l'on se demanda bientôt s'il n'y avait pas quelque vérité dans son histoire. Que Boabdil et son armée fussent enfermés dans la montagne, c'était une vieille tradition que les plus vieux tenaient de leurs pères. Afin de retrouver la caverne mentionnée par le soldat, beaucoup de gens gravirent la colline du Soleil et allèrent se pencher au-dessus d'un vieux puits noir qui s'enfonçait on ne sait jusqu'où – et qui subsiste de nos jours –, car on disait que c'était l'entrée de la résidence souterraine de Boabdil. Peu à peu, le soldat devint très populaire auprès du petit peuple. Un bandit des montagnes n'a aucunement en Espagne la réputation infamante qu'il aurait dans un autre pays ; au contraire, c'est une espèce de personnage chevaleresque aux yeux du commun. Et, comme on aime bien critiquer les gens en place, on se mit à murmurer contre les trop sévères mesures du vieux gouverneur manchot et à regarder un peu son prisonnier comme un martyr.

Il faut dire que celui-ci était un joyeux luron qui avait toujours le mot pour rire et qui savait complimenter les belles dames. S'étant procuré une vieille guitare, il venait s'asseoir sous les fenêtres et chantait des ballades et des madrigaux pour les femmes du voisinage qui se rassemblaient le soir sur l'esplanade et dansaient le boléro au son de sa musique. La barbe maintenant rasée, son visage tanné trouvait quelque faveur auprès du beau sexe, et la sérieuse chambrière du gouverneur déclara que ses regards coquins étaient absolument irrésistibles. Cette compatissante personne avait d'emblée manifesté une profonde sympathie pour ses infortunes et, après avoir tenté vainement d'adoucir le gouverneur, s'était mise en devoir de modérer les rigueurs de son régime. Chaque jour, elle apportait au prisonnier les restes de la table de son maître, ou quelque bon morceau pris au garde-manger, accompagnés de temps en temps d'une consolante bouteille de valdepeñas ou de bon málaga.

Tandis que cette vénielle trahison s'opérait au sein même

de la citadelle, les ennemis de l'extérieur préparaient une guerre ouverte. L'histoire du sac plein d'or et de bijoux découvert sur la personne du voleur présumé s'était divulguée, non sans exagérations, dans tout Grenade. Le vieux rival du gouverneur, le capitaine général, souleva une question de juridiction territoriale. Insistant sur le fait que le prisonnier avait été arrêté hors des murs de l'Alhambra et qu'il dépendait par conséquent de son autorité, il réclamait sa personne ainsi que les *opima spolia* saisies sur lui. Dûment informé par le frère franciscain du contenu du sac, le Grand Inquisiteur proclama le prisonnier coupable de sacrilège et affirma que son butin appartenait à l'Église, son corps au prochain bûcher. La dispute s'envenima, le gouverneur furieux jura que, plutôt que de rendre son captif, il le pendrait dans l'enceinte de l'Alhambra, où on l'avait arrêté pour espionnage. Le capitaine général menaça d'envoyer un détachement de soldats pour transférer le prisonnier des tours Vermeilles à la prison de la ville. Le Grand Inquisiteur, de son côté, était résolu à envoyer quelques-uns de ses familiers auprès du Saint-Siège. Un soir, le gouverneur fut averti de tout ce qui se machinait contre lui.

– Qu'ils viennent donc, fit-il. Je les attends de pied ferme. Il doit se lever tôt, celui qui veut surprendre un vieux soldat comme moi.

Il ordonna en conséquence que le prisonnier fût jeté, le lendemain dès l'aube, dans un cul-de-basse-fosse de l'Alhambra.

– Tu entends, mon enfant, dit-il à sa chambrière, tu frapperas à ma porte et me réveilleras avant le chant du coq pour que je veille en personne à l'exécution de mes ordres.

Le jour blanchit, le coq chanta, mais personne ne frappa à la porte du gouverneur. Le soleil se leva au-dessus du sommet des montagnes, brilla à sa fenêtre... Le gouverneur ne fut tiré de ses rêves matinaux que par son vieux caporal, dressé devant lui, avec tous les signes de la terreur.

– Il a filé ! il est parti ! lui criait le caporal, haletant.

– Qui a filé ? Qui est parti ?

– Le soldat… le voleur… le diable en personne. Le cachot est vide, mais la porte est verrouillée… Personne ne sait comment il a pu s'enfuir.

– Qui l'a vu en dernier lieu ?

– Votre chambrière. Elle lui apportait son repas.

– Amenez-la-moi tout de suite.

Stupéfaction ! La chambre de cette si sérieuse personne étant également déserte, il était évident qu'elle n'avait pas dormi dans son lit et s'était enfuie avec le prisonnier, avec qui on l'avait vue plus d'une fois en conversation.

Touché au point le plus sensible, le vieux gouverneur n'avait pas le temps de sacrer qu'il se voyait victime d'un nouveau malheur. Comme il se rendait à son bureau, il trouva son coffre-fort ouvert. La bourse du soldat maure avait disparu et, avec elle, deux gros sacs remplis de doublons.

Mais comment, et de quel côté, les deux fugitifs s'étaient-ils sauvés ? Un vieux paysan qui vivait dans une ferme, au bord d'un chemin qui menait à la sierra, déclara qu'il avait entendu le sabot d'un puissant coursier qui filait, juste avant le jour, vers les montagnes. Il avait mis les yeux à sa vitre et n'avait eu que le temps de distinguer un cavalier avec une femme assise devant lui.

– Fouillez-moi les écuries ! cria le gouverneur manchot.

On les fouilla ; tous les chevaux étaient dans leurs stalles, à l'exception du pur-sang arabe. À sa place était un gros gourdin qui portait l'inscription suivante : « Au Gouverneur manchot, ce don d'un vieux soldat. »

LÉGENDE DES DEUX STATUES DISCRÈTES

Autrefois vivait dans un appartement délabré de l'Alhambra un joyeux petit homme nommé Lope Sánchez, qui travaillait dans les jardins et passait son temps à chanter, gai comme un pinson, âme vivante de la forteresse. Quand il avait terminé son travail, il s'asseyait sur un banc de pierre de l'esplanade, grattait sa guitare et, pour distraire les soldats, chantait les exploits du Cid, de Bernardo del Carpio, de Fernando del Pulgar et autres héros nationaux, ou bien entonnait des chansons plus entraînantes, boléros ou fandangos, pour faire danser les jeunes filles.

Comme la plupart des petits hommes, Lope Sánchez avait une grande et grosse femme qui pouvait presque le mettre dans sa poche ; à la différence des autres pauvres, au lieu de dix enfants il n'en avait qu'une, fillette d'une douzaine d'années, Sanchica, aussi joyeuse que son père, dont elle faisait les délices. Elle jouait autour de lui tandis qu'il travaillait dans les jardins, dansait au son de sa guitare lorsqu'il se reposait à l'ombre et folâtrait comme une biche par les bois, les allées et les salles en ruine de l'Alhambra.

La veille de la Saint-Jean, les amateurs de fêtes, hommes, femmes, enfants, gravirent la nuit la colline du Soleil, qui s'élève au-dessus du Generalife, pour passer cette veille sur son sommet plat. Le brillant clair de lune miroitait, les montagnes étaient d'un gris d'argent, la ville, avec ses dômes et ses clochers, s'étendait dans l'ombre, la vega, parcourue de ruisseaux qui luisaient mystérieusement parmi ses bois noirs, semblait une terre enchantée. Sur la cime de la colline, on alluma un feu de joie, selon une vieille tradition locale qui remontait au temps des Maures. Les habitants des alentours célébraient cette veillée de la même façon, et les feux, répandus dans la vega et sur les versants des montagnes, jetaient leur flamme pâle au clair de lune.

La nuit se passa gaiement à danser au rythme de la guitare de Lope Sánchez, qui n'était jamais aussi joyeux que durant ces fêtes. Tandis que les autres dansaient, la petite Sanchica s'amusait avec ses compagnes parmi les ruines d'un vieux fort qui couronne la montagne ; en ramassant des pierres dans le fossé, elle trouva une petite main, curieusement sculptée dans le jais, les doigts fermés et le pouce fortement appuyé par-dessus. Ravie de son aubaine, elle courut montrer l'objet à sa mère, ce qui provoqua toutes sortes de sages considérations parmi l'assistance. Certains, par superstition, s'en méfiaient. « Jette-le, disait l'un. C'est une main mauresque et, vous pouvez me croire, il y a de la sorcellerie là-dedans. – Pas du tout, disait un autre ; les bijoutiers du Zacatín vous en donneront bien quelque chose. » Au milieu de la discussion, un vieux soldat basané, qui avait servi en Afrique et aurait pu passer pour un Maure, s'approcha pour examiner l'objet. Il le palpa d'un air connaisseur.

– J'ai vu des objets comme celui-ci, fit-il, parmi les Maures de Barbarie. C'est une amulette très efficace contre le mauvais œil, les envoûtements et les pratiques magiques. Je te félicite, ami Lope. Cette main présage beaucoup de chance à ta fille.

Aussitôt, la femme de Lope Sánchez, attachant la petite main de jais à un ruban, la mit au cou de sa fille.

La vue de ce talisman évoqua toutes sortes de superstitions.

La compagnie, abandonnant la danse, s'assit en groupes par terre, et l'on se conta de vieilles légendes héritées des ancêtres. Certains de leurs récits portaient sur les merveilles de la montagne même où ils se trouvaient et qui, disait-on, abritait des lutins. Une vieille commère, en particulier, fit une description détaillée du palais souterrain, creusé dans les entrailles de la montagne, où, dit-on, Boabdil et toute sa cour demeurent ensorcelés.

– Parmi ces ruines, dit-elle, en désignant des murs croulants et des monticules de terre au loin, sur la montagne, il y a un grand puits noir qui s'enfonce jusqu'au cœur de la montagne. Pour tous les trésors de Grenade, je n'accepterais jamais d'y descendre ; on dit qu'autrefois un pauvre homme de l'Alhambra, qui gardait ses chèvres sur cette colline, s'y aventura pour ramener un cabri ; il en ressortit affolé et hagard et fit un tel récit des choses qu'il avait vues en bas que tout le monde crut qu'il avait perdu la tête. Il délira un jour ou deux, parlant des lutins arabes qui l'avaient poursuivi dans la caverne et ne voulant plus retourner sur la montagne avec ses chèvres. Un jour, enfin, il s'y décida, mais le pauvre diable n'en revint jamais. Les voisins ne trouvèrent que ses chèvres qui broutaient parmi les ruines, son chapeau et sa cape posés près de l'entrée du puits… Il avait disparu.

La petite Sanchica écoutait de toutes ses oreilles. Curieuse de nature, elle éprouva aussitôt le plus grand désir de jeter un coup d'œil sur ce fameux puits. Faussant compagnie à ses petites amies, elle se dirigea vers les ruines lointaines et, après avoir tâtonné pendant quelque temps, arriva à un petit creux, près du sommet de la montagne, à partir duquel celle-ci plongeait brusquement dans la vallée du Darro. Au centre de ce creux béait le puits. Sanchica s'aventura jusqu'au bord et y jeta un regard. Le puits était d'un noir d'encre et donnait une impression de profondeur sans limite. Le sang de l'enfant se glaça ; elle recula, avança encore, eût bien voulu s'enfuir, mais, trouvant un certain charme à son effroi, se pencha de nouveau pour voir. Enfin, elle fit rouler un gros bloc jusqu'au bord de l'abîme et l'y poussa. D'abord, il tomba en silence, puis, répercuté d'une paroi à l'autre, il fit un roulement de tonnerre et, tout au fond, s'écrasa en un floc... Tout se tut.

Mais le silence ne dura pas longtemps, on eût dit que quelque chose s'était éveillé au sein de l'abîme épouvantable. Un murmure s'en éleva, qui s'enflait comme celui d'une ruche. Il grossissait toujours : c'était un brouhaha lointain, mêlé au faible choc des armes, au retentissement des cymbales et des trompettes, comme si, dans les entrailles de la terre, une armée se rangeait en bataille.

La fillette s'enfuit, terrorisée, et courut vers l'endroit où elle avait laissé ses parents et ses compagnes. Tout le monde était parti. Le feu de joie expirait et sa dernière spirale de fumée s'évanouissait au clair de lune. Les feux lointains qui brûlaient dans la vega et sur les montagnes s'étaient tous éteints. Tout semblait enseveli sous le sommeil. Sanchica appela ses parents et ses amies, mais personne ne lui répondit. Elle descendit la montagne, longea les jardins du Generalife, arriva à l'avenue qui montait à l'Alhambra. Alors, elle s'assit sur un banc pour reprendre son souffle. La cloche de la tour de guet sonna minuit. Tout se taisait, comme si la nature était endormie, à l'exception du faible murmure d'un ruisselet courant sous les buissons. La suavité de l'heure allait endormir l'enfant lorsque son œil perçut quelque chose de brillant dans le lointain, et, stupéfaite, elle vit que c'était une longue cavalcade de guerriers maures qui descendait le long des allées touffues. Les uns étaient armés de lances et d'écus, les autres, de cimeterres et de haches de combat. Leurs cuirasses polies luisaient aux rayons de la lune. Leurs fiers coursiers rongeaient leur frein et piaffaient, mais ils semblaient avancer sur des sabots de feutre, tant leur allure était silencieuse, et les cavaliers étaient pâles comme la mort. Parmi eux chevauchait une belle dame à la tête couronnée et aux boucles d'or mêlées de perles. Son palefroi était revêtu d'un caparaçon de velours grenat brodé d'or qui balayait le sol. La jeune femme, les yeux baissés, semblait désolée.

Vint ensuite un cortège de courtisans magnifiquement parés de robes et de turbans de diverses couleurs, et parmi eux, sur un alezan doré, Boabdil el Chico, dans un manteau royal couvert de bijoux et portant une couronne éblouissante de diamants. La petite Sanchica le reconnut à sa barbe blonde et à sa ressemblance avec le portrait qu'elle avait vu souvent dans la galerie du Generalife. Elle contempla stupéfaite ce défilé royal qui disparaissait maintenant parmi les arbres ; mais, bien qu'elle sût que ce spectacle était surnaturel, elle continuait à l'observer d'un œil intrépide, tant la réconfortait le talisman magique qui était pendu à son cou.

La cavalcade ayant passé, Sanchica se leva pour la suivre. Elle la vit cheminer vers la porte de la Justice, alors grande ouverte. Les vieilles sentinelles dormaient d'un épais sommeil sur les bancs de la barbacane et le cortège royal passa près d'eux, sans bruit, bannières déployées. Sanchica avançait à quelque distance et, à sa grande surprise, vit que la terre s'ouvrait sous la barbacane. Elle entra, fit quelques pas et fut encouragée à aller plus avant en découvrant des marches grossièrement creusées dans le roc, puis un passage souterrain, illuminé çà et là par une lampe d'argent qui diffusait, en même temps que sa lumière, un parfum délicieux. S'y aventurant, elle arriva enfin dans une grande salle magnifiquement aménagée dans le style arabe et illuminée par des lampes de cristal et d'argent. Là, sur un sofa, un vieil homme vêtu d'un costume musulman et arborant une longue barbe blanche dodelinait du chef. Un bâton entre ses mains semblait sur le point de lui échapper. À quelques pas de là, une belle dame en toilette espagnole d'autrefois, la tête couronnée d'un diadème étincelant de diamants et la chevelure ornée de perles, jouait tout bas de la lyre. La petite Sanchica se souvint alors de l'histoire qu'elle avait entendue parmi les vieilles gens de l'Alhambra, où il était question d'une princesse chrétienne séquestrée au centre de la montagne par un vieux magicien arabe, qu'elle maintenait plongé dans le sommeil au moyen de sa lyre enchantée. Surprise d'apercevoir une mortelle dans la salle, la dame cessa de jouer.

– Sommes-nous à la veille de la Saint-Jean ? demanda-t-elle.

– Oui, madame, répondit Sanchica.

– Alors le charme magique est suspendu pour cette nuit. Viens ici, mon enfant, et ne crains rien. Je suis une chrétienne comme toi, mais fixée ici par un enchantement. Touche mes chaînes avec ce talisman que tu portes accroché au cou, et cette nuit je serai libre.

Après avoir prononcé ces paroles, elle ouvrit sa robe et laissa voir une large ceinture d'or et une chaîne d'or qui la retenait au sol. L'enfant n'hésita pas un instant à appliquer la petite main de jais à la ceinture d'or et aussitôt la chaîne tomba. À ce bruit, le vieil homme se réveilla et se frotta les yeux, mais la dame effleura les cordes de sa lyre et le magicien se remit à somnoler, à dodeliner de la tête, tandis que son bâton menaçait de lui échapper.

– Maintenant, dit la dame, touche ce bâton avec ton talisman.

La fillette obéit, le bâton tomba, l'homme s'endormit tout à fait. La dame posa doucement la lyre sur le sofa, l'appuya contre la tête du magicien et, faisant vibrer les cordes de son instrument, elle invoqua le puissant esprit de l'Harmonie afin qu'il continuât de le garder sous son charme jusqu'à l'aube.

– Maintenant, suis-moi, mon enfant, et tu verras l'Alhambra tel qu'il apparaissait au temps de sa gloire, car tu as un talisman qui découvre toutes ses merveilles.

Sanchica suivit la dame en silence. Elles passèrent par la barbacane de la porte de la Justice et s'avancèrent vers la Plaza de las Aljibes, l'esplanade qui s'étend devant la forteresse. Celle-ci grouillait de soldats maures, cavaliers et fantassins, formés en escadrons, toutes bannières déployées. Sous le portique étaient postés des gardes royaux et des rangées de noirs aux cimeterres dégainés. Personne ne disant rien, Sanchica passa sans crainte derrière son guide. Son étonnement s'accrut lorsqu'elle pénétra dans le palais royal où elle avait été élevée. Le grand clair de lune illuminait les salles, les cours et les jardins, mais la scène qu'il lui révélait était fort différente de celle à quoi elle était accoutumée. Les murs des appartements n'étaient plus tachés ni détériorés par la vieillesse. Au lieu de toiles d'araignée, ils étaient maintenant tendus de riches damas ; les dorures et les peintures étaient restaurées dans toute leur fraîcheur originale. Les salles, non plus nues, étaient décorées de divans et de sofas tapissés des plus rares étoffes brodées de perles et de gemmes et, dans les cours, tous les jets d'eau jouaient.

Dans les cuisines régnait une intense activité. Des marmitons préparaient des semblants de plats, rôtissaient et faisaient cuire des apparences de poulets et de perdrix ; des serviteurs allaient et venaient avec des vaisselles d'argent pleines de mets délicats destinés à un festin. La cour des Lions était bondée de gardes, de courtisans et de laquais, comme au temps des Maures. À l'extrémité de la salle de la Justice, Boabdil siégeait sur son trône, entouré de sa cour, avec son sceptre chimérique. Malgré la foule et l'illusoire agitation, on n'entendait ni voix ni pas. Rien ne troublait le silence de minuit sinon le chant des fontaines. La petite Sanchica suivait son guide dans un émerveillement muet, jusqu'au moment où elles arrivèrent à une porte qui conduisait à des passages ouverts sous la tour de Comares. De chaque côté de la porte se dressait la forme d'une nymphe sculptée dans l'albâtre. Leur visage se tournait vers le même point de la voûte. La dame s'arrêta, fit signe à l'enfant d'approcher et lui dit :

– En récompense de ton courage et de ta confiance, je vais te révéler le secret de cette pièce. Ces statues vigilantes surveillent un trésor qu'autrefois cacha ici un roi maure.

Demande à ton père de venir le chercher à l'endroit que fixent leurs yeux, et il se verra l'homme le plus riche de Grenade. Mais seules tes mains innocentes et ton talisman lui permettront d'emporter le trésor. Prie-le d'en user avec discrétion et d'en consacrer une partie à faire dire une messe quotidienne pour me délivrer de ces sortilèges impies.

Quand elle eut achevé ce discours, la dame mena l'enfant vers le petit jardin de Lindaraja, contigu à la niche aux statues. La lune tremblait sur l'eau de la fontaine solitaire et diffusait une tendre lumière sur les orangers et les citronniers. La dame arracha une branche de myrte et en fit une couronne qu'elle posa sur la tête de l'enfant.

– Que ceci te rappelle ce que je viens de te révéler et te donne un témoignage de la réalité de cette scène, lui dit-elle. Mon heure est venue, je dois regagner ma grotte… Ne me suis pas, un malheur pourrait t'arriver… Adieu ! Souviens-toi, fais dire des messes pour ma délivrance, implora-t-elle avant de disparaître dans un passage noir.

Un faible chant de coq retentit au loin dans une ferme de la vallée du Darro, une pâle lueur commença de s'étendre au-dessus des montagnes, à l'orient. Une brise s'éleva, un bruissement semblable à celui des feuilles mortes parcourut les couloirs et les cours, des portes claquèrent violemment.

Sanchica revint sur les lieux qu'elle avait vus tout à l'heure peuplés… mais Boabdil et sa cour fantôme avaient disparu. La lune brillait dans les salles désertes et les galeries dépouillées de leur passagère splendeur, tachées et détériorées par l'âge, tapissées de toiles d'araignée. La chauve-souris voletait sous les voûtes, la grenouille coassait dans le bassin. Elle se hâta de prendre un escalier qui menait à l'humble appartement de la famille. La porte était ouverte, comme de coutume, car Lope Sánchez était trop pauvre pour s'offrir une barre ou un verrou. Elle se glissa vers sa couche et, posant la couronne de myrte près de son coussin, s'endormit bientôt.

Le matin venu, elle conta ce qu'elle avait vu à son père.

Lope Sánchez ne fit d'abord que rire de ce qu'il appelait la crédulité de sa fille. Il s'en allait à son travail journalier lorsque sa fillette le rejoignit, hors d'haleine.

– Papa, papa ! lui dit-elle, regarde la couronne de myrte que la dame m'a posée sur la tête !

Lope Sánchez en resta bouche bée, car la tige de myrte était d'or pur et chacune des feuilles était une émeraude étincelante ! N'ayant pas l'habitude des pierres précieuses, il ignorait ce que pouvait valoir la couronne, mais ce qu'il voyait le convainquit que c'était quelque chose de plus palpable qu'un rêve, et que, de toute façon, sa fille n'avait pas rêvé pour rien. Son premier soin fut de recommander à celle-ci le secret absolu. À cet égard, il n'avait pas de craintes, car il l'avait toujours vue plus avisée que les personnes de son âge et de son sexe. Il se rendit ensuite à la niche aux statues. Il nota qu'elles avaient la tête tournée vers l'intérieur du bâtiment. Il ne put s'empêcher d'admirer avec quelle discrétion et quelle ingéniosité elles gardaient et révélaient à la fois leur secret. Prolongeant la ligne de leur regard, il fit une marque sur le mur et se retira.

Tout le jour mille soucis vinrent le tourmenter. Il ne pouvait s'empêcher d'aller rôder autour des deux statues et s'effrayait à l'idée que son secret pouvait être découvert. Chaque pas qui s'en approchait le faisait trembler. Il eût donné n'importe quoi pour faire tourner la tête des statues, oubliant qu'elles regardaient dans la même direction depuis des siècles sans que personne se doutât de rien. « Le diable les emporte ! murmurait-il. Elles vont trahir. A-t-on jamais entendu parler d'une façon pareille de garder un secret ? » Quand il entendait venir, il s'esquivait, comme si sa présence en ces lieux risquait d'éveiller des soupçons, puis, revenant à petits pas, il regardait autour de lui pour s'assurer que tout allait bien, mais la vue des statues l'indignait de nouveau. « Ah oui, se disait-il, vous regardez, vous ne vous fatiguez jamais de regarder là où il ne faut pas. Peste soit de vous ! Vous êtes bien de votre sexe… Quand elles n'ont pas de langue pour babiller, elles le font avec les yeux.»

Finalement, à son grand soulagement, il vit s'achever cette longue journée d'inquiétude. Les bruits de pas cessèrent de retentir dans les salles sonores de l'Alhambra, le dernier étranger franchit le seuil du palais, le grand portail fut verrouillé. La chauve-souris, la grenouille et la chouette reprirent peu à peu leurs jeux nocturnes dans la solitude. Lope Sánchez attendit cependant que la nuit fût bien avancée pour s'aventurer avec sa fillette dans la salle aux deux nymphes. Elles fixaient toujours du même regard mystérieux et entendu l'endroit secret.

– Avec votre permission, aimables dames, leur dit Lope Sánchez en passant entre elles, je vais vous décharger de ce souci que vous supportez depuis deux ou trois bons siècles.

S'attaquant à la partie du mur qu'il avait marquée, il découvrit bientôt une cavité qui contenait deux grandes jarres de porcelaine. Il essaya de les amener à lui, mais ce fut impossible tant que les mains innocentes de l'enfant ne les eurent pas touchées. Avec son aide, il les délogea de leur niche et vit alors, à son immense joie, qu'elles étaient pleines de pièces d'or mauresques, de bijoux et de pierres précieuses. Avant l'aube, elles étaient dans sa chambre, et les statues fixaient un mur désormais vide.

Voici Lope Sánchez devenu riche du jour au lendemain. Mais la richesse amène avec elle un monde insoupçonné de soucis. Comment allait-il placer sa fortune en lieu sûr ? Comment allait-il en jouir sans éveiller de soupçons ? Pour la première fois dans sa vie, il eut peur des voleurs. Il songeait avec terreur à l'insécurité de sa maison et se mit en devoir de barricader ses portes et ses fenêtres. Malgré ces précautions, il était incapable de dormir tranquille. Son habituelle gaieté avait disparu, il ne plaisantait plus avec personne… En un mot, il devenait la créature la plus misérable de l'Alhambra. Ses vieux amis remarquèrent cette altération d'humeur, le prirent sincèrement en pitié et, loin de se douter que la richesse était son seul malheur, l'évitèrent, songeant qu'il était dans le dénuement et risquait de leur demander de l'aide.

La femme de Lope Sánchez partageait son inquiétude, mais elle avait ses consolations spirituelles. Nous aurions dû informer déjà notre lecteur que, comme Lope était assez léger et étourdi de caractère, sa femme, dans les cas graves, demandait conseil à son confesseur, Fray Simón ; homme solide et imposant avec ses larges épaules, sa barbe épaisse et sa tête ronde, il appartenait au couvent de Saint-François et était le consolateur spirituel de la moitié des bonnes commères du quartier. Il était tenu en outre en haute estime par plusieurs communautés de nonnes, qui le récompensaient de ses services spirituels par des friandises et des liqueurs comme on en fabrique dans les couvents : biscuits, confitures, bouteilles de vin cordial, etc., toutes choses qui étaient les bienvenues après les jeûnes et les vigiles. Fray Simón prenait de l'embonpoint dans l'exercice de ses fonctions. Sa peau luisante brillait au soleil lorsqu'il remontait la côte de l'Alhambra par les jours de chaleur. Pourtant, malgré cet aspect florissant, la corde à nœuds autour de sa ceinture indiquait l'austérité qu'il s'imposait. Les gens se découvraient sur son passage comme devant un miroir de piété, et même les chiens, flairant l'odeur de sainteté de sa robe, le saluaient de leurs aboiements.

Tel était donc Fray Simón, le directeur spirituel de la puissante femme de Lope Sánchez. Et comme, en Espagne, le père confesseur est le confident domestique des femmes du peuple, il ne fut pas long à être mis au courant de l'histoire du trésor. Quand il apprit la nouvelle, le frère, bouche bée, se signa une douzaine de fois ; après un court silence, il déclara :

– Fille de mon âme ! sache que ton mari est coupable d'un double péché, contre l'État et contre l'Église ! Le trésor qu'il a accaparé a été trouvé sur le domaine royal et appartient évidemment à la couronne ; mais, comme c'est un butin impie, arraché pour ainsi dire aux griffes de Satan, il doit être remis aux mains de l'Église. On peut cependant trouver un arrangement; apporte-moi la couronne de myrte.

Lorsque le bon père la vit, ses yeux brillèrent plus que jamais d'admiration devant la grosseur et la beauté des émeraudes.

– Comme elle est le premier fruit de cette découverte, fit-il, il faut la consacrer à des œuvres pieuses. Je vais la déposer en offrande devant l'image de saint François, dans notre chapelle, et je vais l'implorer cette nuit même pour que ton mari ait la permission de conserver son trésor.

La bonne dame fut ravie de faire sa paix avec le ciel à si bon compte; le frère, après avoir mis la couronne sous son manteau, s'en alla saintement vers son couvent. Quand il rentra chez lui et quand sa femme lui eut rapporté ce qui s'était passé, Lope Sánchez en fut extrêmement irrité, car il n'avait pas la foi de sa femme et voyait d'un mauvais œil les visites du frère.

– Femme, dit-il, qu'as-tu fait? Tu as tout compromis avec tes cancans.

– Quoi! s'écria la bonne dame, veux-tu maintenant m'interdire de décharger ma conscience dans le sein de mon confesseur?

– Non, tu peux confesser tes péchés tout autant que tu voudras; mais cette histoire de trésor est un péché qui m'appartient et ma conscience s'en porte fort bien.

Mais à quoi bon se plaindre? Le secret était éventé, perdu, comme une eau répandue sur le sable. Restait à espérer en la discrétion du frère. Le lendemain, comme Lope Sánchez était sorti, on frappa doucement à la porte, et Fray Simón entra d'un air bonasse et patelin.

– Ma fille, dit-il, j'ai prié avec ferveur saint François et il a entendu ma prière. Au milieu de la nuit, le saint m'est apparu en rêve, mais avec un visage sévère. « Comment peux-tu me demander, m'a-t-il dit, de renoncer à ce trésor des païens, alors que tu connais la pauvreté de ma chapelle ? Va-t'en chez Lope Sánchez, réclame-lui en mon nom une part du trésor maure pour m'offrir deux candélabres, et qu'il jouisse en paix du reste. »

Quand la brave femme eut entendu cette nouvelle, elle se signa en tremblant, puis se rendit à l'endroit secret où Lope avait caché son trésor. Elle emplit de pièces d'or une grande bourse de cuir et la remit au frère. Le pieux moine la gratifia en retour de bénédictions, pour elle et toute sa descendance jusqu'à la dernière génération. Puis, glissant la bourse dans sa manche, il croisa les mains sur la poitrine et s'en alla d'un air d'humble gratitude.

Lorsque Lope Sánchez fut mis au courant de ce deuxième don à l'Église, il faillit devenir fou.

– Malheureux, s'écria-t-il, que va-t-il advenir de moi ? Lambeau après lambeau, je vais être dépouillé, ruiné, réduit à la mendicité.

Sa femme eut les plus grandes peines du monde à le calmer en lui rappelant la richesse illimitée qui lui restait encore et combien saint François avait été modéré dans ses exigences.

Malheureusement, Fray Simón avait beaucoup de pauvres à nourrir, pour ne rien dire d'une demi-douzaine d'orphelins et d'enfants trouvés qu'il avait à sa charge. Chaque jour donc il renouvelait ses visites et réclamait de l'argent tantôt pour saint Dominique, tantôt pour saint André ou saint Jacques, si bien que le pauvre Lope, désespéré, se dit que s'il ne se mettait pas hors d'atteinte du révérend frère, il lui faudrait faire sa paix avec tous les saints du calendrier. Il décida de faire ses paquets, de battre en retraite pendant la nuit et de s'en aller vivre ailleurs.

À cette fin, il acheta un solide mulet qu'il attacha sous une arcade sombre qui s'ouvrait sous la Tour à sept étages, le lieu même par où sort le Velludo, le cheval fantôme acéphale, pour parcourir les rues de Grenade, poursuivi par une meute de chiens. Lope Sánchez, lui, ne croyait guère à cette légende mais, tablant sur l'effroi qu'elle causait, savait bien que personne n'aurait l'idée de mettre son nez dans l'écurie du cheval maudit. Il envoya sa famille, pendant la journée, dans un village assez distant, avec ordre de l'y attendre. Comme la nuit avançait, il transporta son trésor sous la voûte et, après en avoir chargé son mulet, se mit en route et descendit précautionneusement l'allée enténébrée.

Le bon Lope ayant pris ces mesures dans le plus grand secret, seule sa chère femme en était instruite. Pourtant, par quelque révélation miraculeuse, il se trouva que Fray Simón ne les ignorait pas. Voyant le trésor des infidèles sur le point de lui glisser entre les mains, le zélé frère décida d'y goûter derechef, pour le plus grand profit de l'Église et de saint François. Donc, quand les cloches eurent sonné, quand l'Alhambra fut plongé dans le silence, il se glissa furtivement hors du couvent et, après avoir franchi la porte de la Justice, alla se cacher parmi les buissons de roses et de lauriers qui bordent l'allée principale. Il compta les quarts d'heure qu'égrenait la cloche de la tour de guet, tout en écoutant le hululement de la chouette et les aboiements lointains des chiens des gitans.

Il entendit finalement le sabot d'un cheval et, à travers l'ombre des arbres qui le dominaient, perçut vaguement une bête qui descendait l'allée. Le vigoureux frère gloussa de plaisir à l'idée du bon tour qu'il allait jouer au brave Lope. Retroussant sa bure et se tortillant comme un chat prêt à bondir sur une souris, il attendit que sa proie se trouvât exactement en face de lui puis, surgissant de son abri, mettant une main sur l'encolure de l'animal et l'autre sur sa croupe, il fit un saut qui n'eût pas déshonoré le meilleur écuyer du monde et se posa solidement sur l'échine de l'étalon.

– Ah ! s'exclama le robuste franciscain, rira bien qui rira le dernier !

À peine avait-il prononcé ces mots que la bête rua, piaffa,

s'élança et dévala la colline à fond de train. Le frère essaya de la retenir, mais en vain. Le cheval bondissait de rocher en rocher, de buisson en buisson. L'habit du frère, lacéré en rubans, flottait au vent ; sur sa tête tonsurée pleuvaient les coups de branches, les gifles de ronces. Pour accroître sa terreur, il se vit poursuivi par sept chiens hurleurs et s'aperçut enfin, mais trop tard, qu'il était monté sur le terrible Velludo !

Ils s'en allèrent donc le long de la grande allée, traversèrent la Plaza Nueva, longèrent le Zacatín, firent le tour de la Bibarrambla, et jamais chasseur ni meute ne firent course plus furieuse ni tapage plus endiablé. C'est en vain que le frère invoquait tous les saints du calendrier et la Vierge, chaque nom prononcé était comme un coup d'éperons et faisait bondir le Velludo aussi haut qu'une maison. Tout le reste de la nuit, le malheureux Fray Simón fut emporté de çà de là, malgré qu'il en eût ; il sentait ses os rompus, la partie la plus charnue de son individu, plus échauffée qu'il n'eût souhaité. Enfin, le chant du coq donna le signal du jour nouveau. À cet appel, le cheval fantôme fit volte-face et remonta au galop vers la tour. Il parcourut de nouveau la Bibarrambla, la Plaza Nueva, le Zacatín, et l'allée aux fontaines, avec ses sept chiens qui aboyaient, hurlaient et bondissaient aux jambes du frère terrorisé. La première blancheur du jour apparaissait lorsqu'ils atteignirent la tour ; là, le coursier fantôme fit une superbe ruade qui envoya en l'air le franciscain, puis s'engouffra sous le dais obscur, toujours suivi par la meute infernale. Un profond silence succéda au vacarme.

Vit-on jamais jouer un tour aussi diabolique à un révérend frère ? Un paysan qui se rendait à son travail, de bon matin, rencontra le malheureux Fray Simón étendu sous un figuier, au pied de la tour, mais si contusionné et moulu de coups qu'il ne pouvait ni bouger ni parler. On le mena à sa cellule avec la plus grande sollicitude, et le bruit se répandit qu'il avait été agressé, maltraité par des voleurs. Un jour ou deux s'écoulèrent avant qu'il pût recouvrer l'usage de ses membres. Évidemment le mulet au trésor lui avait échappé, mais il se consolait à l'idée qu'il avait sauvegardé une partie non négligeable du butin. Dès qu'il put bouger, son premier soin fut de chercher sous sa couche, où il les avait dissimulés, la couronne de myrte et les sacs de cuir pleins d'or soustraits à la piété de la bonne doña Sánchez. Quel ne fut pas son désarroi de constater que la couronne de myrte n'était plus qu'une branche flétrie, que les sacs de cuir ne contenaient plus rien, sinon du sable et du gravier ! Malgré sa déconvenue, Fray Simón eut la sagesse de tenir sa langue, car divulguer son secret, c'eût été attirer sur sa personne les quolibets du voisinage et le châtiment de ses supérieurs. Quelques années plus tard seulement, il révéla à son confesseur, sur son lit de mort, sa chevauchée nocturne sur le dos du Velludo.

Après qu'il eut disparu de l'Alhambra, on resta longtemps sans nouvelles de Lope Sánchez. On se souvenait de lui comme d'un excellent homme, et l'on craignait, à la mélancolie et à l'inquiétude qu'il avait laissé voir peu avant son mystérieux départ, que la pauvreté et la misère ne l'eussent porté à quelque extrémité. Quelques années plus tard, un invalide qui avait jadis été de ses compagnons, de passage à Málaga, faillit être renversé par un carrosse à six chevaux. L'attelage s'arrêta, et un vieux gentilhomme magnifiquement vêtu, avec perruque et épée, en descendit pour assister le vieux soldat. Quelle ne fut pas la stupéfaction de ce dernier quand il reconnut en ce noble personnage son vieil ami Lope Sánchez, qui célébrait justement les noces de sa fille Sanchica avec un grand d'Espagne !

Le carrosse transportait également l'épouse de Lope Sánchez et les deux jeunes mariés. Doña Sánchez, ronde comme une barrique, portait des plumes, des bijoux, des colliers de perles et de diamants, des bagues à chaque doigt, et une toilette que l'on n'avait plus vue depuis le temps de la reine de Saba. La petite Sanchica, devenue femme, était d'une grâce et d'une beauté de duchesse, sinon de princesse. Quant à son mari, assis près d'elle, c'était un gringalet rabougri, à cuisses de coq – preuve suffisante de son origine, car un vrai grand d'Espagne dépasse rarement trois coudées de haut. Cette union était l'œuvre de doña Sánchez.

La richesse n'avait pas gâté le bon cœur de Lope. Il garda plusieurs jours avec lui son vieux camarade, le régala comme un roi, l'amena au théâtre et aux courses de taureaux. En le quittant, il lui tendit même deux grosses bourses gonflées d'argent, l'une pour lui-même, l'autre à distribuer parmi ses anciens amis de l'Alhambra.

Bien que Lope déclarât qu'un de ses frères, mort en Amérique, lui avait légué une mine de cuivre, les bonnes langues de l'Alhambra savaient que sa fortune venait du trésor gardé par les deux nymphes de marbre. Notons que ces très discrètes statues continuent à ce jour de fixer le même endroit dans le mur, ce qui incite certaines gens à croire qu'il reste encore, pour le voyageur entreprenant, un trésor à découvrir, tandis que d'autres, particulièrement les femmes, les considèrent avec complaisance comme la preuve indubitable que les personnes de leur sexe savent parfois garder un secret.

MOHAMED IBN ALAHMAR
FONDATEUR DE L'ALHAMBRA

Après avoir traité si librement les merveilleuses légendes de l'Alhambra, je me sens tenu de donner à mon lecteur quelques détails précis sur son histoire, sur celle de ces magnifiques princes – celui qui fonda le palais et celui qui l'acheva – à qui le monde doit un monument oriental si beau et si poétique. Pour obtenir ces faits, j'ai dû quitter la sphère de la fantaisie et de la fable, où l'imagination colore toute chose, et mener mes recherches au milieu des volumes poussiéreux de l'université, jadis bibliothèque des Jésuites. Ce trésor d'érudition si célèbre autrefois n'est plus que l'ombre de ce qu'il fut, car les Français le dépouillèrent de ses manuscrits et de ses pièces les plus rares lorsqu'ils furent maîtres de Grenade. On y trouve cependant, entre d'épais traités de casuistique, quelques recueils de poésie espagnole et, surtout, un certain nombre de ces antiques et poussiéreux volumes de chroniques reliés en maroquin pour lesquels j'ai une vénération particulière.

Dans cette vieille bibliothèque, j'ai passé des heures délicieuses à consulter en paix des documents car, comme on avait eu la bonté de me confier les clés des portes et des vitrines, je pouvais feuilleter à loisir tout ce que je désirais – privilège rare en ces sanctuaires du savoir où la vue des fontaines scellées *tantalise* trop souvent l'homme avide de connaître. Au cours de ces visites, j'ai glané, sur les personnages historiques en question, les détails suivants.

Les Maures de Grenade regardaient l'Alhambra comme un miracle d'art et pensaient que le roi qui l'avait fondé pratiquait la magie ou tout au moins l'alchimie, grâce à quoi il avait pu se procurer les sommes énormes nécessaires pour l'édifier. Un rapide aperçu de son règne nous donnera la clé de sa richesse.

Le nom de ce monarque, selon les inscriptions que l'on trouve dans certaines salles, était Ibn Abd'allah (c'est-à-dire le fils d'Abd'allah) ; il est plus communément connu dans l'histoire musulmane sous le nom de Mohamed Ibn Alahmar (Mohamed, fils d'Alahmar) ou encore, pour abréger, Ibn Alahmar.

Il naquit à Arjona, en l'an 591 de l'hégire, soit en 1195 de l'ère chrétienne, de la noble maison des Beni Nasar (les fils de Nasar). Ses parents n'épargnèrent aucune dépense pour le préparer à la place importante à laquelle le destinaient l'opulence et la dignité de sa famille. Les sarrasins d'Espagne connaissaient déjà une civilisation brillante ; chaque grande ville était un foyer d'art et de savoir. Il fut donc facile de trouver à ce jeune prince les précepteurs les plus cultivés. Parvenu à sa majorité, Ibn Alahmar fut nommé alcade de Jaén et d'Arjona, et sa douceur ainsi que son esprit équitable lui gagnèrent tous les suffrages. Quelques années plus tard, à la mort d'Aben Hud, le pouvoir musulman en Espagne se brisa en diverses factions et beaucoup de lieux se déclarèrent pour Mohamed Ibn Alahmar. Ambitieux, de tempérament ardent, celui-ci saisit l'occasion pour faire une tournée à travers le pays. Partout il fut reçu avec des acclamations. C'est en 1238 qu'il entra à Grenade au milieu des clameurs enthousiastes de la foule. Il se vit proclamé roi avec toutes sortes de démonstrations de joie et se trouva bientôt à la tête des musulmans d'Espagne. C'était le premier prince de l'illustre maison des Beni Nasar qui occupait le trône. Son règne fut une vraie bénédiction pour ses sujets. Il donna le commandement de ses villes à ceux qui s'étaient distingués par leur valeur et leur prévoyance et qui lui semblaient les plus estimés du peuple. Il mit sur pied une police vigilante et établit des lois sévères pour l'administration de la justice. Les pauvres et les malheureux étaient toujours admis en sa présence et il veillait personnellement à leur aide et à leur réconfort. Il bâtit des hôpitaux pour les aveugles, les infirmes, les vieillards et tous ceux qui étaient incapables de travailler; il les visitait souvent, non point à jours fixes, en grande pompe, pour trouver tout en ordre, mais brusquement, à l'improviste, s'informant personnellement, par observation directe et enquête serrée, du traitement administré aux malades ainsi que de la conduite de ceux qui avaient mission de les soigner. Il fonda des écoles et des collèges, qu'il visitait de la même façon, inspectant en personne l'instruction des jeunes. Il créa également des boucheries et des fours, pour que la population eût une nourriture saine à un tarif juste et raisonnable. Il amena d'abondantes conduites d'eau dans la ville, érigea des bains et des fontaines, bâtit des aqueducs et des canaux pour irriguer la vega. C'est ainsi que la prospérité et l'abondance régnèrent dans sa belle ville : ses portes étaient ouvertes au commerce, ses entrepôts, remplis d'objets de luxe et de marchandises venus de tous les climats et de tous les pays.

Or, tandis que Mohamed Ibn Alahmar gouvernait ses fertiles domaines avec autant de sagesse et de bonheur, il fut soudain menacé des horreurs de la guerre. Les chrétiens, à cette époque, profitant du démembrement de l'empire musulman, reconquéraient rapidement leurs anciennes terres. Jaime le Conquistador avait déjà soumis tout Valence et Ferdinand le Saint portait dans l'Andalousie ses armes victorieuses. Il avait assiégé la ville de Jaén et jurait de ne pas lever le camp avant d'avoir pris possession de la place. Mohamed Ibn Alahmar, convaincu de l'insuffisance de ses moyens en face du puissant souverain de Castille, prit une rapide résolution, se rendit secrètement au camp chrétien et se présenta à l'improviste au roi Ferdinand.

– Tu vois en moi, lui dit-il, Mohamed, roi de Grenade. Je me fie à ta bonne foi et me mets sous ta protection. Prends tout ce que je possède et accepte-moi comme ton vassal.

Touché par cette preuve de confiance, le roi Ferdinand décida de ne pas être en reste de générosité. Il releva son ancien rival et l'embrassa comme un ami. Il n'accepta pas les richesses proposées, mais le prit pour vassal, le laissant maître de ses domaines à condition qu'il lui versât un tribut annuel, assistât aux Cortes au même titre que les autres nobles de son empire et le servît à la guerre avec un certain contingent de cavaliers.

Peu de temps après, Mohamed fut appelé à fournir son aide militaire au roi Ferdinand, à l'occasion du fameux siège de Séville. Le roi maure sortit de Grenade avec cinq cents cavaliers d'élite qui savaient mieux que personne au monde tenir un coursier et manier la lance. Participation humiliante et mélancolique, car ils devaient tourner leur épée contre leurs coreligionnaires.

Mohamed se distingua, dans cette conquête, par ses prouesses et plus encore par l'humanité qu'il fit adopter au roi Ferdinand dans les usages de la guerre. Lorsque, en 1248, la fameuse cité de Séville se rendit au monarque castillan, Mohamed rentra dans ses domaines triste et soucieux. Il voyait tous les maux qui menaçaient la cause musulmane et prononça cette exclamation qui lui revenait souvent à la bouche, dans les jours d'angoisse : « Ah, que notre vie serait étroite et misérable, si notre espérance n'était si vaste et débordante ! » *(¡ Qué angosta y miserable sería nuestra vida, si no fuera tan dilatada y espaciosa nuestra esperanza !)*

Quand le mélancolique vainqueur approcha de sa Grenade bien-aimée, la foule se massa dans les rues pour le voir, pleine d'impatience et de joie, car elle l'aimait comme un bienfaiteur. On avait élevé des arcs de triomphe en l'honneur de ses exploits guerriers, et partout où il passait on acclamait « el Ghalib », le vainqueur. En s'entendant appeler ainsi, Mohamed secoua la tête et s'exclama : *« Wale ghalib illâ Allah »*, « Il n'y a de vainqueur qu'Allah » ; depuis lors, il adopta cette devise, qu'il écrivit en travers de son écu, et ses descendants la conservèrent.

Mohamed avait acheté la paix en se soumettant au joug des chrétiens ; mais il savait que cet état de choses, fondé sur des éléments si discordants et empreints d'une hostilité si profonde, n'avait guère de chances de durer. Appliquant la vieille maxime : « Arme-toi durant la paix et habille-toi durant l'été », il tira parti de cet intervalle de tranquillité pour fortifier ses domaines, remplir ses arsenaux et encourager les arts utiles qui donnent à un empire la richesse et la puissance réelle. Il distribua des prix et des récompenses aux meilleurs artisans, protégea le développement de la race chevaline et des animaux domestiques, favorisa l'agriculture et, doublant par ses soins la fertilité naturelle de ses terres, transforma en jardins les belles vallées de son royaume. Il s'intéressa également à la production et à la fabrication de la soie, au point que les tissus de Grenade surpassèrent même ceux de Syrie en finesse et en beauté. Il fit exploiter activement les mines d'or, d'argent et d'autres métaux qu'on avait découvertes dans les régions montagneuses de son royaume et fut le premier roi de Grenade qui battit monnaie d'or et d'argent, veillant à ce que l'exécution en fût toujours soignée. C'est à ce moment, vers le milieu du XIIIe siècle et juste après son retour de Séville, qu'il entreprit de faire bâtir le splendide palais de l'Alhambra, dont il surveillait et dirigeait en personne les travaux, mêlé aux artistes et aux manœuvres.

Bien que magnifique dans ses œuvres et grand dans ses

entreprises, il était simple en privé, modéré dans ses plaisirs. Son costume, dépourvu de tout faste, ne le distinguait pas de ses sujets. Son harem n'abritait qu'un petit nombre de beautés, et encore ne les visitait-il que rarement, bien qu'il les entretînt avec opulence. Ses femmes étaient les filles des principaux nobles et il les traitait comme des amies et des égales. Mieux encore, il avait réussi à les faire vivre ensemble amicalement. Il passait beaucoup de temps dans ses jardins, surtout dans ceux de l'Alhambra, qu'il avait parés des plantes les plus rares et des fleurs les plus belles et les plus odorantes. Là, il prenait plaisir à lire des chroniques ou à s'en faire lire ; parfois, entre deux affaires, il s'occupait de l'instruction de ses trois fils, auxquels il avait donné les maîtres les plus instruits et les plus vertueux.

Comme il s'était proposé spontanément et volontairement comme vassal à Ferdinand, il lui resta toujours loyal et lui donna maintes preuves de fidélité et d'attachement. Lorsque ce glorieux monarque mourut à Séville en 1254, Mohamed Ibn Alahmar envoya des ambassadeurs apporter ses condoléances à Alphonse X, qui lui succédait, et avec eux une vaillante escorte de cent chevaliers maures de haut rang, chargés de veiller la dépouille mortelle, chacun tenant en main un cierge allumé. Le monarque musulman renouvela ce grand témoignage de respect à chaque anniversaire de la mort du roi Ferdinand le Saint : les cent gentilshommes maures se rendaient alors de Grenade à Séville, où ils reprenaient leur poste, cierges allumés, autour du cénotaphe royal, au centre de la somptueuse cathédrale.

Mohamed Ibn Alahmar conserva toutes ses facultés et sa vigueur jusqu'à un âge avancé. À soixante-dix-neuf ans, il partit à cheval, avec la fleur de sa chevalerie, pour résister à une invasion. Comme l'armée sortait de Grenade, un des principaux *adalides*, ou guides, qui avait pris les devants, brisa accidentellement sa lance contre l'arc de la porte. Alarmés par cette circonstance, qu'ils considéraient comme un mauvais présage, les conseillers du roi le supplièrent de revenir sur ses pas. Mais ce fut en vain. Le roi persista dans sa résolution et à midi le présage s'accomplit fatalement, disent les chroniqueurs maures. Mohamed, brusquement pris de malaise, faillit tomber de son cheval. On le plaça sur une litière et on voulut le ramener à Grenade, mais son mal s'aggrava à tel point que l'on dut planter sa tente dans la vega. Ses médecins consternés ne savaient quels remèdes prescrire. Au bout de quelques heures, il cracha du sang et mourut dans de violentes convulsions. Le prince castillan don Philippe était à ses côtés lorsqu'il expira. Son corps embaumé fut enfermé dans un cercueil d'argent et enterré à l'Alhambra dans un sépulcre de marbre précieux, au milieu des sincères lamentations de ses sujets qui le pleuraient comme un père.

Tel fut le patriote éclairé qui fonda l'Alhambra, le prince dont le nom reste entrelacé aux ornements les plus gracieux et les plus délicats du palais et dont la mémoire est bien faite pour inspirer les idées les plus hautes à ceux qui parcourent le théâtre désolé de sa magnificence et de sa gloire.

Malgré l'ampleur de ses entreprises et les dépenses qu'elles coûtèrent, les caisses de son trésor étaient toujours pleines. C'est cette apparente contradiction qui donna naissance à la légende selon laquelle le roi pratiquait la magie et possédait le secret de transmuer les vils métaux en or. Ceux qui auront suivi avec attention sa politique intérieure, telle qu'on l'a exposée ici, s'expliqueront aisément la magie naturelle et la simple alchimie qui faisaient déborder son trésor.

YUSEF ABUL HAGIG
OU L'ACHÈVEMENT DE L'ALHAMBRA

Sous l'appartement du gouverneur se trouve, à l'Alhambra, la mosquée royale où les monarques musulmans accomplissaient leurs dévotions privées. Bien que consacrée chapelle catholique par la suite, elle porte des traces de son origine mauresque : on y voit toujours les colonnes sarrasines avec leurs chapiteaux dorés et les galeries à jalousies destinées aux femmes du harem ; les écussons des rois maures sur les murs se mêlent à ceux des souverains castillans.

C'est en ce lieu saint que mourut l'illustre Yusef Abul Hagig, le prince magnanime qui acheva l'Alhambra et qui, pour ses vertus et sa valeur, mérite presque autant de renom que celui qui fonda ce palais. C'est avec plaisir que je tire de l'obscurité, où on l'a trop longtemps laissé, le nom d'un autre de ces princes d'une race évanouie et presque oubliée qui régna dans la splendeur et le raffinement, tandis que l'Europe était plongée dans une relative barbarie.

Yusef Abul Hagig (ou bien Haxis, comme on l'écrit parfois) accéda au trône de Grenade en 1333. Son aspect physique et ses qualités morales lui gagnèrent les cœurs et firent augurer d'emblée un règne heureux et prospère. Il était de noble prestance, d'une force singulière et d'une grande beauté virile. Il avait le teint exceptionnellement clair et, selon les chroniqueurs arabes, il rehaussait la gravité et la majesté de son apparence en conservant une longue barbe qu'il teignait en noir. Il avait une excellente mémoire, garnie de science et d'érudition. D'un génie vif, il était reconnu comme le meilleur poète de son temps. Ses manières étaient aimables, affables, élégantes. Yusef possédait le courage qui est commun à tous les esprits généreux, mais son caractère s'accordait mieux à la paix qu'à la guerre. Lorsqu'il prenait les armes, comme il fut contraint de le faire à plusieurs reprises, il échouait en général. Portant sa bénignité personnelle jusque dans la guerre, il interdisait toute cruauté inutile, et recommandait la pitié et la sollicitude à l'égard des femmes, des enfants, des vieillards, des infirmes, de tous les moines et religieux. Parmi ses malheureuses entreprises, figure la grande campagne qu'il fit avec le roi du Maroc contre les rois de Castille et de Portugal, qui le défirent dans la mémorable bataille de Salado, revers désastreux qui faillit porter un coup mortel à la domination musulmane en Espagne.

Après cette défaite, Yusef obtint une longue trêve, durant laquelle il se consacra à l'instruction de son peuple et au perfectionnement de ses mœurs. À cette fin, il établit des écoles dans tous les villages, avec un système d'éducation très simple et uniforme ; il obligea tout hameau de plus de douze maisons à posséder une mosquée et interdit les divers abus et inconvenances qui s'étaient introduits dans les cérémonies religieuses ainsi que dans les fêtes et divertissements publics. Il réglementa la police de la ville et établit des patrouilles et des gardes de nuit. Il inspecta les affaires municipales. Il se préoccupa également de parfaire les grands travaux architecturaux de ses prédécesseurs et d'en lancer d'autres, dont il détermina les plans. Complétant ce qu'avait entrepris le bon Ibn Alahmar, Yusef fit construire la belle porte de la Justice, parachevée en 1348, qui forme l'entrée de la forteresse. Il fit également orner plusieurs cours et salles du palais, ainsi qu'on peut le voir sur les inscriptions des murs, où son nom revient à maintes reprises, édifier le noble alcázar de Málaga, qui n'est plus aujourd'hui qu'une masse de ruines informes, mais qui devait montrer dans son intérieur une élégance et une magnificence analogues à celles de l'Alhambra.

Le génie d'un souverain marque son temps. Les nobles de Grenade, imitant les goûts élégants et gracieux de Yusef, emplirent bientôt la ville de palais magnifiques dont les salles étaient pavées de mosaïques, les murs et les plafonds, travaillés en dentelle et délicatement coloriés de bleu, de vermillon et d'autres brillantes couleurs, ou bien revêtus de cèdre et d'autres bois précieux. Malgré le passage des siècles, il en subsiste des spécimens dans tout leur lustre. Beaucoup de ces demeures avaient des fontaines dont les jets rafraîchissaient l'air. Elles avaient également de hautes tours de bois ou de pierre curieusement creusées et sculptées, et recouvertes de plaques de métal qui étincelaient au soleil. Telles étaient l'élégance et la délicatesse qui se manifestaient dans l'architecture de ce peuple si épris d'élégance ; pour reprendre la belle comparaison d'un écrivain arabe, « Grenade, au temps de Yusef, était un vase d'argent débordant d'émeraudes et de jacinthes ».

Une anecdote suffira à montrer la magnanimité de ce généreux prince. La longue trêve qui avait succédé à la bataille de Salado était parvenue à son terme et tous les efforts de Yusef en vue de la renouveler furent vains. Son ennemi mortel, Alphonse XI de Castille, se mit en guerre avec de gros effectifs et assiégea Gibraltar. Yusef, à contrecœur, prit les armes et envoya des renforts pour soutenir la ville. Or, voici qu'au milieu de son angoisse il apprit que son redoutable adversaire venait de succomber à la peste. Au lieu de s'en réjouir bruyamment, Yusef, touché d'une noble tristesse, rappela les grandes qualités du défunt : « Hélas ! s'écria-t-il, le monde a perdu un de ses princes les plus accomplis ; un roi qui savait honorer le mérite aussi bien chez ses ennemis que chez ses amis ! »

Les chroniqueurs espagnols eux-mêmes attestent sa magnanimité. Ils rapportent que les chevaliers maures, partageant les sentiments du roi, portèrent le deuil d'Alphonse XI. Même ceux de Gibraltar, qui avaient été assiégés de si près, lorsqu'ils apprirent que le monarque ennemi gisait dans son camp, décidèrent entre eux de ne faire aucun mouvement hostile contre les chrétiens. Le jour où l'adversaire leva le camp et emmena le corps d'Alphonse XI, les Maures sortirent en masse de Gibraltar et assistèrent, muets et mélancoliques, au cortège funèbre. La même révérence pour le défunt fut observée par tous les chefs maures de la frontière, qui laissèrent passer dans le calme le cortège qui ramenait le roi décédé de Gibraltar à Séville.

Yusef ne devait pas survivre longtemps à l'ennemi qu'il avait si généreusement pleuré. En 1354, un jour qu'il priait dans la mosquée royale de l'Alhambra, un fou bondit soudain derrière lui et lui enfonça une dague dans le flanc. Aux cris du roi, les gardes et les courtisans accoururent. Ils le trouvèrent baignant dans son sang et se tordant dans les convulsions. Mené aux appartements royaux, il expirait peu après. Le meurtrier fut déchiré en morceaux, ses membres, ensevelis publiquement pour satisfaire la furie de la populace.

Le corps du roi fut inhumé dans un superbe sépulcre de marbre blanc. Une longue épitaphe d'or sur fond bleu rappelait ses vertus : « Ci-gît un roi et un martyr d'illustre descendance, aimable, cultivé, vertueux ; renommé de par le royaume de Grenade pour la grâce de sa personne et de ses manières, ainsi que pour sa clémence, sa piété et sa bienveillance exaltées. Grand prince, illustre capitaine, il fut, entre les rois les plus puissants, l'épée tranchante des musulmans et leur vaillant porte-drapeau. »

La mosquée subsiste encore, qui entendit les derniers cris de Yusef, mais le monument qui rappelait ses vertus a disparu depuis longtemps. Son nom reste cependant inscrit parmi les ornements de l'Alhambra et survivra, mêlé au palais légendaire dont l'embellissement fit sa fierté et ses délices.

L'AUTEUR DIT ADIEU À GRENADE

Mon règne heureux et pacifique sur l'Alhambra devait brusquement prendre fin. Un jour que je goûtais voluptueusement la fraîcheur de la salle des bains, des lettres me parvinrent qui m'enjoignaient de quitter mon élysée musulman pour me retremper dans l'agitation et les affaires du monde trépidant. Comment allais-je affronter ses tracas et son tumulte, après avoir mené une telle vie de calme et de rêve ? Comment supporterais-je sa contrainte prosaïque, après avoir vécu dans la poésie de l'Alhambra ?

Peu de préparatifs furent nécessaires. Une carriole *(tartana)* devait nous conduire, un jeune Anglais et moi, par Murcie, Alicante et Valence, vers la France ; un escogriffe qui avait été contrebandier – et voleur, je crois bien – devait nous servir de guide et de garde du corps. Les préparatifs furent bientôt faits, mais le départ se révéla difficile. Jour après jour je le différais, et plus je m'attardais dans les lieux que j'aimais, plus je leur trouvais de charme.

Je m'étais attaché également au petit monde domestique et social parmi lequel j'évoluais, et l'intérêt que l'on me montra, à l'occasion de mon départ, me convainquit que mes sentiments étaient partagés. En fait, quand le jour arriva, je n'eus pas la force de prendre congé de la bonne Tía Antonia. Je sentais que le tendre cœur de la petite Dolores était gros à éclater... Je fis donc silencieusement mes adieux au palais et à ceux qui l'habitaient, puis je descendis en ville comme si je devais être bientôt de retour. Là, mon guide m'attendait avec la tartana. Après avoir déjeuné avec mon compagnon de voyage dans une posada, nous nous mîmes en route.

Humble fut le cortège et triste le départ du deuxième *Rey Chico!* Manuel, le neveu de Tía Antonia, Mateo, mon officieux écuyer, aujourd'hui désolé, et deux ou trois vieux invalides de l'Alhambra avec qui j'avais pris l'habitude de bavarder étaient descendus pour me dire adieu : c'est une belle coutume ancienne, en Espagne, que de faire plusieurs kilomètres pour accueillir un ami qui arrive ou pour accompagner un ami qui s'en va. Nous nous mîmes donc en route, ayant devant nous notre garde dégingandé, escopette en bandoulière, Manuel et Mateo de chaque côté de la tartana et les vieux invalides derrière.

À quelque distance au nord de Grenade, la route s'élève sur les collines ; je mis pied à terre et fis quelques pas avec Manuel, qui profita de l'occasion pour me confier le secret de son cœur et de ses amours avec Dolores, dont j'avais été informé depuis longtemps par cette agence de nouvelles qu'était Mateo Jiménez. Son diplôme de docteur rapprochait leur union, il ne leur manquait plus que la dispense du pape, à cause de leur consanguinité. S'il pouvait ensuite obtenir le poste de docteur dans la forteresse, son bonheur serait complet ! Je le félicitai du discernement et du bon goût dont il avait fait preuve dans le choix de sa compagne, souhaitai toute la félicité possible à leur union et exprimai mon assurance de voir la surabondante tendresse de la gentille Dolores se fixer sur un objet plus stable que des chats vagabonds et des pigeons volages.

Il me fut dur de quitter ces bonnes gens et de les voir lentement redescendre les collines, se retournant de temps en temps pour me faire de la main un dernier signe d'adieu.

Manuel, lui, avait de joyeuses perspectives pour se consoler, mais le pauvre Mateo semblait complètement abattu. De son poste de premier ministre et d'historiographe à son misérable emploi de tisserand, la chute était pénible ; et le pauvre diable, malgré son excessive obligeance, avait pris, je ne sais comment, une plus grande place que je ne pensais dans mes affections. C'eût été pour moi, à ce moment, une réelle consolation que de prévoir la bonne fortune qui l'attendait et à laquelle j'avais contribué : l'importance que j'avais attachée à ses histoires, à ses bavardages et à ses connaissances locales, ainsi que la familiarité dans laquelle je l'avais admis au cours de nos nombreuses promenades, en élevant chez lui l'idée de ses mérites, lui ouvrirent une nouvelle carrière. Le fils de l'Alhambra est devenu depuis un cicérone officiel et bien payé. La preuve en est qu'il n'a jamais été obligé de reprendre la vieille cape en guenilles dans laquelle je le trouvai la première fois.

Vers le crépuscule, j'arrivai au point où la route s'enfonce en zigzag dans les montagnes. Je m'arrêtai pour jeter un dernier coup d'œil sur Grenade. La colline sur laquelle nous étions dominait un merveilleux panorama de la ville, de la vega et des montagnes environnantes. Elle était juste à l'opposé de la Cuesta de las Lágrimas, celle du dernier soupir du Maure. Je pouvais maintenant ressentir quelque chose de la douleur qui étreignit le pauvre Boabdil lorsqu'il dit adieu au paradis qu'il laissait et vit devant lui la route stérile et caillouteuse qui le conduisait à l'exil.

Le soleil couchant, comme à l'accoutumée, répandit une mélancolique splendeur sur les tours cuivrées de l'Alhambra. Je pouvais à peine discerner le balcon de la tour de Comares où j'avais goûté si souvent les délices de la rêverie. Les bois touffus et les jardins autour de la ville reflétaient la riche dorure du soleil ; la buée violette des soirs d'été voilait la vega. Que tout était à la fois triste et charmant à mes derniers regards !

« Il faut que je quitte ce paysage avant le coucher du soleil, me dis-je, pour le conserver dans toute sa beauté. » Je poursuivis donc ma route parmi les montagnes. Quelques pas encore, et Grenade, la vega, l'Alhambra avaient disparu de ma vue. Ainsi s'acheva un des rêves les plus délicieux d'une vie qui, au gré du lecteur, paraîtra peut-être bien trop vouée au songe.

TABLE

DU MÊME AUTEUR

Aux Éditions Phébus

En littérature étrangère

Contes de l'Alhambra, esquisses et légendes inspirées par les Maures et les Espagnols, 1998.
Astoria ou le Roman vrai de la première conquête de l'Ouest, 1993.

Chez d'autres éditeurs

Rip Van Winkle, Corentin, 2011.
Œuvre complète, Bès Éditions, 2010.
Histoire de New York, depuis le commencement du monde jusqu'à la fin de la domination hollandaise par Diedrich Knickerbocker, Éditions Amsterdam, 2006.
L'Étudiant de Salamanque, Michel Houdiard éditeur, 2001.
Sleepy Hollow, Mille et une nuits, 2000 ; Pocket, 2004.
Contes d'un voyageur, Autrement, 1995.
Dans les prairies du Far West, 1832, Viviane Hamy, 1991.
La Légende de la vallée somnifère, Duculot, 1990.
Contes fantastiques, Aubier-Montaigne, 1979.

Cet ouvrage
a été reproduit et achevé d'imprimer
en juin 2022
dans les ateliers de Normandie Roto Impression s.a.s.
61250 Lonrai
N° d'imprimeur: 2203433

Imprimé en France

Dépôt légal: septembre 2011